Daniela Heitzmann | Uta Klein (Hrsg.)
Diversity konkret gemacht

Diversity und Hochschule

Herausgegeben von
Uta Klein | Daniela Heitzmann

Daniela Heitzmann | Uta Klein (Hrsg.)

Diversity konkret gemacht

Wege zur Gestaltung von Vielfalt
an Hochschulen

2. Auflage

Das Werk einschließlich aller seiner Teile ist urheberrechtlich geschützt. Jede Verwertung ist ohne Zustimmung des Verlags unzulässig. Das gilt insbesondere für Vervielfältigungen, Übersetzungen, Mikroverfilmungen und die Einspeicherung und Verarbeitung in elektronische Systeme.

Dieses Buch ist erhältlich als:
ISBN 978-3-7799-3780-7 Print
ISBN 978-3-7799-4806-3 E-Book (PDF)

2. Auflage 2017

© 2012 Beltz Juventa
in der Verlagsgruppe Beltz · Weinheim Basel
Werderstraße 10, 69469 Weinheim
Alle Rechte vorbehalten

Herstellung und Satz: Ulrike Poppel
Druck und Bindung: Beltz Bad Langensalza GmbH, Bad Langensalza
Printed in Germany

Weitere Informationen zu unseren Autoren und Titeln finden Sie unter: www.beltz.de

Inhalt

Daniela Heitzmann und Uta Klein
Einleitung — 7

Lehre und Beratung

Bettina Langfeldt, Sabine Mehlmann und Anina Mischau
Genderkompetenz – (k)ein Thema in der universitären
Lehramtsausbildung im Fach Mathematik? — 13

Uwe Sielert
Diversity Education im Bachelor- und Masterstudium der Pädagogik
an der Universität Kiel – ein hochschuldidaktisches Modell — 31

Susanne Lummerding
Diversifizieren. Zur Interrelation der Produktion von Wissen
und der Produktion von Differenz — 47

Elke Bosse und Corinna Tomberger
Vom Leitbild in die Hochschulpraxis: Kulturelle Diversität
und Gender in Lehre und Beratung — 64

Ulrike Lahn
Die widersprüchlich-markierten Körper der Forschenden –
Selbstreflexionen über Situiertheit in intersektionell informierter
Forschung und Lehre — 77

Vincenzo Cusumano
Bildungscoaching bei Berufstätigen sowie beruflich Qualifizierten –
ein Instrument des Diversity Managements an Hochschulen — 93

Organisationsentwicklung

Barbara Hey
Maßnahmen für eine geschlechtersymmetrische Organisationskultur.
Das Programm „Potenziale" der Grazer Universitäten — 112

Uta Klein und Fabian A. Rebitzer
Diskriminierungserfahrungen von Studierenden:
Ergebnisse einer Erhebung — 122

Anna Bouffier, Petra Kehr, Andrea Wolffram und
Carmen Leicht-Scholten
Diversity Monitoring als Instrument des Diversity Managements
an Hochschulen — 141

Uta Klein
Gleichstellungspolitiken und Diversitykonzepte an Hochschulen:
Problematische oder konstruktive Verbindungen? — 159

Die Autorinnen und Autoren — 181

Einleitung

Die Buchreihe *Diversity und Hochschule*, in der der vorliegende Band erscheint, befasst sich mit den Herausforderungen der Hochschulen durch die Vielfalt der Hochschulmitglieder, aber auch mit Herausforderungen, die sich durch die mangelnde Öffnung der Hochschulen für die gesellschaftliche Vielfalt ergeben. Gegenstand des ersten Bandes[1] waren verschiedene theoretische Zugänge zum Bereich Diversity und Hochschule. Zudem sollte eine empirische Bestandsaufnahme klären, welche Kategorien für Exklusionsmechanismen und Zugangsbarrieren durch die soziale Praxis relevant sind, d.h. wie sie intersektionell oder interdependent im Hochschulalltag bzw. der Organisationskultur erzeugt werden und wirken. Es ist deutlich geworden, dass Universitäten in Hinblick auf Diversity als besondere Organisationen zu begreifen sind. Zum einen haben sie einen öffentlichen Bildungsauftrag und damit eine Verpflichtung, Ungleichheiten in Bezug auf Bildungsteilhabe zu vermeiden bzw. abzubauen. Zum anderen sind sie Institutionen der Generierung neuen Wissens und der Wissensvermittlung. Die Geschlechterforschung hat aufgezeigt, inwiefern sie vergeschlechtlichte Institutionen sind und die Wissenschaft als androzentrische Wissenschaft in vielerlei Hinsicht einem gender bias unterliegt. Der Blick auf Diversity soll sich also nicht nur auf die Vielfalt *in* der Organisation beziehen oder auf die Vielfalt und Differenzierung *der* Organisation, sondern auch auf den Stellenwert vielfältigen Wissens, ausgegrenzten Wissens, womit sich auch die Frage nach einem – im englischsprachigen viel aussagekräftigeren – ethnic und racial bias stellt, wie die postcolonial studies aufzeigen. Ein solcher bias entsteht, nicht zuletzt durch den Ausschluss derjenigen, die erforscht werden. Virginia Woolfs Frage aus dem Jahr 1929 in *A Room of One's Own* – „Are you aware that you are, perhaps, the most discussed animals in the universe?" – war klar an Frauen gerichtet: Ließe sie sich nicht ähnlich richten an beispielsweise Menschen mit Behinderungen, an Homosexuelle, an Nicht-Weiße? Die Objektivierungen haben auch sie erfahren.

Solche und weitere Fragen werden in diesem Buch aufgegriffen und in den konkreten Wegen zur Gestaltung von Vielfalt an Hochschulen in Deutschland verortet. Einige Erfahrungen liegen inzwischen vor, sowohl für den Bereich Lehre und Beratung als auch in Hinblick auf die Organisationsentwicklung. 2008 wurde erstmals an einer deutschen Hochschule, nämlich an der Universi-

---

1 Uta Klein/Daniela Heitzmann (2012): Hochschule und Diversity. Theoretische Zugänge und empirische Bestandsaufnahme. Weinheim: Beltz Juventa.

tät Duisburg-Essen, eine Prorektorin für Diversity eingesetzt. An der RWTH Aachen arbeitet das Integration Team als Stabsstelle des Rektorats. Die TU Dortmund hat eine Abteilung für Chancengleichheit, Familie und Vielfalt gegründet und ein Prorektorat für Diversitätsmanagement eingerichtet. An der Goethe Universität Frankfurt ist am Gleichstellungsbüro die Koordinationsstelle Diversity Politics angesiedelt. Inzwischen sind weitere entsprechende Prorektorate, wie an der Universität Köln (Akademische Karriere, Diversität und Internationales), an der PH Heidelberg (Forschung, Internationalität und Diversität) und an der CAU Kiel eine Vizepräsidentschaft (Technologie- und Wissenstransfer und Diversity) eingerichtet worden.

Darüber hinaus begleiten zwei Projekte, die in Kooperation mit Hochschulen durchgeführt werden, diesen Prozess und treiben ihn zugleich an. Zum einen erarbeiten der Stifterverband und das CHE Consult im Projekt „Ungleich besser! Verschiedenheit als Chance" gemeinsam mit acht Hochschulen Kriterien für den produktiven Umgang mit Diversität im Hochschulalltag. Hier geht es v.a. um Benchmarking. Zum anderen setzt ein Projekt, das die Antidiskriminierungsstelle des Bundes angestoßen hat und das von der Prognos AG durchgeführt wird, mit seiner programmatischen Ausrichtung an einer normativen Orientierung an: Es geht um die „diskriminierungsfreie Hochschule" und in dem Kontext um Vielfalt. Zehn Hochschulen sind hier beteiligt.

Die Beiträge in diesem Band zeigen verschiedene Wege zur Gestaltung von Vielfalt auf und erheben den Anspruch, über die rein konzeptionelle Ebene hinaus, sehr konkret auf den Umsetzungskontext einzugehen. Damit können sie auch als praktische Ideengeberinnen und Handlungsanleitungen gelesen werden. Zugleich wird deutlich gemacht, dass Diversity sich nicht in wenigen Maßnahmen erschöpft, sondern einer nachhaltigen und ernsthaften Gesamtstrategie bedarf. Ebenso wird die große Herausforderung für die deutschen Hochschulen einmal mehr sichtbar, insofern Diversität die Wissenschaftskultur, also das alltägliche Wissenschaft-Machen und somit das Miteinander aller Hochschulakteur_innen adressiert.

Der erste Teil widmet sich dem Bereich Gender und Diversität in *Lehre und Beratung*. Hierzu gehören die Vermittlung von Wissen zu Gender und Diversity sowie dessen Anwendung. Die Kompetenzorientierung kann sich dabei – je nachdem, welche Studierenden angesprochen werden – auf Berufsfelder außerhalb der Wissenschaft richten. *Bettina Langfeldt, Sabine Mehlmann und Anina Mischau* zeigen für die Lehramtsausbildung, wie Genderwissen und damit verbunden Genderkompetenz in das – im Allgemeinen gender-unverdächtige – Fach Mathematik implementiert werden können. Neben den konzeptionellen Grundlagen werden insbesondere die thematischen Schwerpunkte beschrieben und somit konkrete Vorschläge für eine gendersensible Fachdidaktik, hier am Beispiel der Mathematik, aufgezeigt. Das bereits an der CAU Kiel erfolgreich curricular verankerte Konzept der Diversity Education für Pädagog_innen stellt *Uwe Sielert* dar. Es werden sowohl der Prozess der Implementierung, die Rahmenbedingungen sowie die inhaltliche Vorgehensweise und Evaluationsergebnisse des theorie- und praxisorientierten Lehrangebots erläutert. Sind Studierende zunächst Lernende im Modul Diversity Education, haben sie anschließend auch die Möglichkeit, zu Lehrenden (Tutor_innen) zu werden, um praktische Erfahrungen in der Umsetzung zu erlangen.

Die Vermittlung von Gender- und Diversity-Kompetenz ist mindestens genauso relevant für den Bereich des Wissenschaft-Machens. *Susanne Lummerding* diskutiert das komplexe Verhältnis von Diversität und Wissensproduktion am Beispiel von Graduiertenseminaren. Sie fragt danach, welche Bedeutung die Anerkennung von Diversität – im Sinne von Differenzsetzungen und daran anschließende Privilegierungen und Diskriminierungen – für Nachwuchswissenschaftler_innen hinsichtlich ihres wissenschaftlichen Zugangs sowie ihrer wissenschaftlichen Arbeit an sich und ihrer Einschätzung von Berufsperspektiven im deutschen Wissenschaftsbetrieb haben kann bzw. hat.

Unabhängig davon, ob sich die Vermittlung von Diversity-Wissen und Kompetenz auf wissenschaftliche oder nicht-wissenschaftliche Kontexte bezieht: zentrale Akteur_innen sind die Lehrenden. *Elke Bosse und Corinna Tomberger* stellen zwei Projekte vor, die Lehrende dabei unterstützen, sowohl kulturelle Diversität als auch Gender in die Lehrpraxis zu integrieren. Deutlich wird, dass einmalige Seminare als Anstoß oder Ideengeberinnen sinnvoll, aber unzureichend sind. Vielmehr bedarf es einer kontinuierlichen Begleitung und insbesondere auch Raum und Zeit für Reflexionen und Austausch zwischen den Kolleg_innen über gemachte Erfahrungen und Überlegungen zur konkreten Gestaltung der Lehre. Ebenso befasst sich *Ulrike Lahn* mit der besonderen Position der Forschenden und Lehrenden. Anhand eines Forschungsseminars zu Intersektionalität wird deutlich, dass die bewusste Erfahrung von und Begegnung mit Diversität nicht nur für die Studierenden, sondern auch für die Lehrenden und Forschenden relevant und nötig sind. Wissenschaftler_innen sind zugleich Wissensproduzent_innen und Wissensvermittler_innen, die nicht außerhalb der Gesellschaft stehen, sondern ebenso Praxen der Differenzsetzungen und Diskriminierungen reproduzieren.

Eine weitere Aufgabe für die Hochschulen im Bereich Diversität und Lehre ist im Kontext des Lebenslangen Lernens der Abschied vom „Normalstudenten" und somit auch die Öffnung des Studiums für beruflich Qualifizierte und Berufstätige. *Vincenzo Cusumano* gibt zunächst einen Überblick zu diesen (ebenfalls diversen) Studierenden und den bestehenden Barrieren und Hindernissen an deutschen Hochschulen. Anschließend stellt er mit dem Konzept des Bildungscoaching eine konkrete unterstützende Maßnahme vor und verortet diese im Kontext des Diversity Management.

Die im ersten Teil des Bandes vorgestellten Projekte und Maßnahmen sind, wie bereits gesagt, als Bausteine für ein Gesamtkonzept zu verstehen. Es ist unbestritten, dass es nicht bei der Durchführung einzelner Projekte bleiben darf, wenn es um eine Veränderung der Organisation, einen Wandel der Organisationskultur und ein „Managen von Vielfalt" geht. Für die Organisationsentwicklung, der sich die Beiträge im zweiten Teil widmen, geht es um Strategien. Einer der wesentlichen Bereiche ist die Personalentwicklung, auf die das Projekt „Potentiale" der Grazer Universitäten abzielt. *Barbara Hey* zeigt konkret und nachvollziehbar, wie ein Nachteilsausgleich für weibliche (Nachwuchs-) Wissenschaftlerinnen (Affirmative Action, Frauenförderung) in Verbindung mit Interventionen zum Abbau struktureller Hindernisse eine geschlechtersymmetrische Organisationskultur schaffen soll. Dabei wird die notwendige Gleichzeitigkeit von Maßnahmen bzw. Strategien, die sich einerseits an einzelne Akteur_innen und andererseits auf die gesamte (besondere) Organisation richten, deutlich.

Einen zentralen Bestandteil von Diversity-Strategien stellen Statistiken dar, um einerseits einen Überblick über die Diversität der „Organisationsmitglieder" zu erhalten und um andererseits Kenntnisse über Diskriminierungspotentiale in der Organisation zu erlangen. Statistisches Datenmaterial kann sowohl hilfreich für den ersten Zugang sein als auch für ein begleitendes Monitoring der Organisationsentwicklung. Jedoch ist es kein erschöpfendes Instrument, insofern verschiedene qualitative Aspekte, etwa Exklusions*mechanismen* in der Wissenschaftskultur, hierdurch nicht erfasst werden können. Anhand einer Studierendenbefragung zu Diversität und Diskriminierungserfahrungen diskutieren *Uta Klein und Fabian Rebitzer* Potentiale und Probleme einer solchen Erhebung hinsichtlich der Konzeption und Durchführung. Darüber hinaus werden erste Ergebnisse zu Erfahrungen und zur Zusammensetzung der Studierendenschaft an der Christian-Albrechts-Universität zu Kiel vorgestellt. *Anna Bouffier, Petra Kehr, Carmen Leicht-Scholten und Andrea Wolffram* übertragen das umfassende Konzept des Diversity Monitorings auf die Hochschulen. Diversity Monitoring ist ein Instrument zur Qualitätsbewertung, das sowohl mit quantitativen als auch qualitativen Verfahren arbeitet. Entlang der drei Analysebenen Strukturen, statistische Erfassung von Diversität und Konzeption wird jeweils beispielhaft die Systematik und die Übertragbarkeit auf den Hochschulkontext veranschaulicht.

Diversity als Strategie ist zwar relativ neu an deutschen Hochschulen, jedoch gibt es bereits seit den 1980er Jahren eine mehr oder weniger ernsthaft verfolgte Antidiskriminierungsstrategie, nämlich die Gleichstellungspolitik. Daher stellt sich die Frage nach dem Verhältnis dieser verschiedenen strategischen Ansätze. *Uta Klein* diskutiert problematische und konstruktive Verbindungen von Gender und Diversity resp. Gender Mainstreaming und Diversity

Mainstreaming an deutschen Hochschulen. Neben dem Vergleich von Bezugskategorien, rechtlichen und wissenschaftstheoretischen Grundlagen werden auch das jeweilige normative Leitbild sowie die Konzeptionalisierung an den Hochschulen untersucht. Während Gender Mainstreaming explizit der Herstellung von Gleichstellung dient, also eine normative Orientierung hat, gilt es, dies für Diversity Management noch zu formulieren – um eine (unabdingbare) Diversity*politik* an deutschen Hochschulen initiieren und gestalten zu können.

Kiel, den 12. Mai 2012
Daniela Heitzmann und Uta Klein

Bettina Langfeldt, Sabine Mehlmann
und Anina Mischau

Genderkompetenz – (k)ein Thema in der universitären Lehramtsausbildung im Fach Mathematik?

1. Ausgangslage bei der Neustrukturierung der universitären Lehramtsausbildung

TIMSS III (Third International Mathematics and Science Study) hatte bereits eine erhebliche Diskrepanz zwischen den in der Grundbildung anvisierten mathematischen Kompetenzen und den am Ende eines Ausbildungsgangs der Sekundarstufe II erreichten Fähigkeitsniveaus offenbart, als die erste PISA Untersuchung (OECD Programme for International Student Assessment) empirisch belegte, dass die mathematischen Leistungen deutscher Schüler_innen im Jahr 2000 signifikant unter dem OECD Durchschnitt lagen. Weitere Studien machten deutlich, dass das Fach Mathematik in Deutschland hinsichtlich der Kompetenz- und Interessensentwicklung, des fachbezogenen Selbstkonzepts und partiell der Leistungen Geschlechterdifferenzen zuungunsten der Mädchen aufweist (Beaton et al. 1996; OECD 2001; Mullis et al. 2000; OECD 2004; OECD 2007; Bos et al. 2008; OECD 2010). Bisher entwickelte Ansätze zur Erklärung von (geschlechterbezogenen) Unterschieden in der Schulleistung sind zumeist multifaktoriell, wobei die praktizierte Unterrichtskultur als ein wesentlicher Einflussfaktor gilt (z.B. Jungwirth/Stadler 2000; Klieme et. al. 2001; Coradi et al. 2003; Pauli/Lipowski 2007). Diese ist hierzulande häufig durch herkömmlichen lehrer_innenzentrierten Frontalunterricht und fachbezogene Wissensvermittlung statt durch moderne Problem- und Schüler_innenorientierung geprägt. Viele Lehrkräfte scheinen darüber hinaus nicht nur Schwächen bei der Konstruktion neuer Lernwelten zu besitzen, sondern auch hinsichtlich der Diagnostik des Lernfortschritts der Schüler_innen sowie der eigenen kritischen Selbstbeobachtung (Tenorth 2007). Diese Befunde regten in Verbindung mit den bekannten Problemlagen des Lehramtsstudiums wie der fehlenden Abstimmung der Ausbildungsphasen, der Beliebigkeit der Inhalte in den Bildungswissenschaften und der mangelnden Institutionalisierung der Fachdidaktiken ein intensives Nachdenken in Wissenschaft und Politik über Qualitätsentwicklung und -sicherung im deutschen Bildungswesen an, bei dem die Hochschullehre – und damit die erste Phase der Ausbildung von Lehrkräften – mittlerweile eine wichtige Rolle einnimmt.

Der Wissenschaftsrat (WR) forderte im Einvernehmen mit der Kultusministerkonferenz (KMK) als Konsequenz aus dem deutschen TIMSS- und PISA-Schock im Jahr 2001 die Hochschulen dazu auf, die Ausbildung von Lehrer_innen angemessen zu berücksichtigen und das Studium stärker an den professionellen Standards des Berufsfeldes auszurichten (Terhart 2000), womit beide Institutionen u.a. die Verbesserung der pädagogisch-fachdidaktischen Ausbildung angehender Lehrkräfte sowie die stärkere Orientierung des Lehramtsstudiums an der Berufspraxis und an den für den Lehrberuf entscheidenden Schlüsselkompetenzen verbinden.[2] Die Reform der Lehramtsausbildung ist zugleich in die Schaffung eines gemeinsamen europäischen Hochschulraumes eingebettet, weshalb bei der Neustrukturierung der Lehramtsstudiengänge an den meisten deutschen Universitäten auch Vorgaben der Bologna-Vereinbarung umgesetzt wurden (Terhart 2009) und eine Umstellung auf das Bachelor- und Mastersystem stattgefunden hat. Fachwissenschaftliche Module werden aus Kapazitätsgründen weiterhin selten allein für Lehramtsstudierende angeboten, sondern die universitäre Lehramtsausbildung ist – wie schon in der Vergangenheit – hinsichtlich der personellen Ressourcen auf das Wohlwollen der fachwissenschaftlichen Fakultäten, der Sozialwissenschaften und der Erziehungswissenschaft angewiesen (Weiler 2010). Diese messen den Lehramtsstudiengängen häufig eine geringe Wertigkeit bei und passen den Lehrstoff sowie die Vermittlung desselben nur selten an die Bedürfnisse der Lehramtsstudierenden an (Terhart 2000).

Die Qualitätsentwicklung von Lehre und Studium an Hochschulen hat im Kontext des Bologna-Prozesses sowie der Professionalisierungsdebatte formal an Bedeutung gewonnen, was durch den „Qualitätspakt Lehre", die Auslobung lehrbezogener Wettbewerbe durch Stiftungen sowie Programme zur Förderung der Zusammenarbeit zwischen Hochschulen und Studienseminaren in der Lehrer_innenausbildung zum Ausdruck kommt, sich aber auch in der wachsenden Zahl von Lehrpreisen, Lehrveranstaltungs- und Studiengangsevaluationen sowie in einer Ausweitung des hochschuldidaktischen Angebots an Universitäten

---

2 Die KMK verfasste zusätzlich die „Standards für die Lehrerbildung: Bildungswissenschaften" (KMK 2004) und die „Ländergemeinsamen inhaltlichen Anforderungen für die Fachwissenschaften und Fachdidaktiken in der Lehrerbildung" (KMK 2008), welche seitdem einen groben einheitlichen Rahmen der Ausbildung abstecken und als Reaktion auf den TIMSS- und PISA-Schock zu verstehen sind.

niederschlägt. Die Genderperspektive wird dabei weder auf der Diskursebene des Mainstreams der Bildungs- und hochschuldidaktischen Forschung (Stahr 2009) noch in der praktischen Umsetzung der Qualitätsoffensive systematisch berücksichtigt. Dies gilt insbesondere für die Lehramtsausbildung im Fach Mathematik (Michel/Löffler 2007; Auferkorte-Michaelis et al. 2009). Obwohl die geschlechtergerechte[3] Gestaltung von gestuften Studiengängen mittlerweile ein Akkreditierungskriterium darstellt (Berlin-Communiqué 2003), finden sich weder in den allgemeinen noch in den auf das Fach Mathematik bezogenen „Standards für die Lehrerbildung" (z.B. KMK 2004, 2008) explizite Verweise auf die Notwendigkeit der Integration von Befunden der Geschlechterforschung in das Studium.

Aktuelle Definitionen guter Lehre betonen auf der Mikroebene der einzelnen Lehrveranstaltung den „Shift from Teaching to Learning", der mit der Gestaltung einer Lernumgebung einhergeht, in der das Lernen einen forschenden, selbst-aktivierenden und mit-verantwortlichen Prozess darstellt, bei dem neben Wissen auch Lernstrategien angeeignet werden können (Wildt 2010; Reinmann/Jenert 2011). Diese Definitionen sind jedoch recht voraussetzungsvoll und basieren auf dem konstruktivistischen Idealbild bereits hoch motivierter und weitgehend autonomer Studierender, welche über Lernkompetenzen verfügen, die in der Realität mehrheitlich erst im Verlauf des Hochschulstudiums erworben werden müssen (Jenert 2008). Genderkompetente Lehre impliziert gute Lehre gemäß der oben genannten Kriterien sowie der Definition, dass eine gute Lehrkraft über ein „großes Repertoire an wirksamen Lehrstrategien, Lehrmethoden und Lehrfertigkeiten" (Weinert 1996: 146) verfügt und diese gendersensibel einsetzen kann. Bezogen auf die Lehramtsausbildung sind die Hochschulen somit gefordert, den Studierenden innovative Lehr- und Lernformen sowie Kompetenzen zur Selbstreflexion unter Einbeziehung der Genderperspektive zu vermitteln, damit die angehenden Lehrkräfte im späteren Berufsalltag einen guten Unterricht anbieten und auf diese Weise zur Leistungssteigerung der Schüler_innen beitragen können. Unsere bundesweite Analyse zur Neustrukturierung des Lehramtsstudiums im Fach Mathematik liefert nur vereinzelt Anhaltspunkte dafür, dass Universitäten bei der fachwissenschaftlichen Lehre von dem klassischen Prinzip der frontal-direktiven Vorlesung mit dazugehöriger Übung abweichen. In der Fachdidaktik sowie den erziehungs- und sozialwissenschaftlichen Anteilen des Lehramtsstudiums hingegen gestaltet sich die Lehre etwas methodenreicher.

Auf der Makroebene des Studiums setzt gute Qualität ein stimmiges Studiengangskonzept mit aufeinander aufbauenden bzw. ineinandergreifenden Stu-

---

[3] Zur Problematik der Definition einer geschlechtergerechten Hochschule und somit auch von gender- und diversitygerechter Lehre vgl. Franke 2008. Eine dem Forschungsprojekt „GenderMathematik" naheliegende Definition stammt von Becker et al. 2006.

dienelementen und Einzelveranstaltungen voraus, welches die Studierenden für das angestrebte Berufsfeld qualifiziert und dabei Theorie und Praxis sinnvoll verknüpft. Nur selten lassen sich auch nach der Neustrukturierung der Lehramtsstudiengänge innovative Ansätze zur Verbesserung der pädagogisch-fachdidaktischen Ausbildung sowie zur Optimierung der Verbindung fachdidaktischer und fachwissenschaftlicher Studienanteile erkennen. Lediglich an einigen Universitäten wird eine themenbezogene Verzahnung von Fachinhalten mit fachdidaktischen Aspekten innerhalb eines Moduls oder gar derselben Veranstaltung angestrebt.[4] Trotz mittlerweile flächendeckender Etablierung von Zentren für Lehrer_innenbildung als Koordinationsstellen der Lehramtsausbildung an Universitäten bleibt der kooperative Austausch zwischen den an der Lehramtsausbildung beteiligten Fächern zum Zweck einer besseren inhaltlichen Abstimmung der Lehrinhalte optimierbar. Gleiches gilt für die häufig zumindest geplanten Implementierungen von Befunden der Lehr-Lern-Forschung (Oelkers 2009) sowie der Gender- und Diversityforschung in das Lehramtsstudium, welche mühsam und stark abhängig von den strukturellen und personellen Konstellationen vor Ort erscheinen. Unsere Untersuchung zeigt, dass die Zentren für Lehrer_innenbildung wie auch diejenigen für Gender- und Diversityforschung einen direkten und institutionalisierten Einfluss auf die Ausgestaltung der universitären Lehramtsausbildung benötigen, damit der Wissenstransfer nachhaltig erfolgen kann.

2. Gründe für die Notwendigkeit der Aneignung von Genderkompetenz in der universitären Lehramtsausbildung im Fach Mathematik

Seit über 20 Jahren – und damit weit vor dem deutschen TIMSS- und PISA-Schock – betonen Fachdidaktiker_innen und genderbezogene Schul- und Hochschulforscher_innen, dass neben der Entwicklung und Umsetzung einer geschlechtersensiblen Didaktik in der Mathematik und den Naturwissenschaften auch die Notwendigkeit einer Sensibilisierung der Lehrenden dieser Fächer hinsichtlich ihres Beitrags zur Inszenierung und Reproduktion geschlechterstereotyper Trennlinien besteht. Lehrkräfte können als Multiplikator_innen zur Herstellung von Geschlechtergerechtigkeit mehr beitragen als bislang im Kontext der (internationalen wie nationalen) Reformmaßnahmen zur Schul- und

---

4 „Integratives Gendering", wie es an der Leuphana Universität in Lüneburg entwickelt wurde, repräsentiert aus unserer Sicht zwar ein ideales Konzept für eine geschlechtergerechte Hochschule, da bei jeder universitären Forschung sowie jeder Lehrveranstaltung Gender-und Diversitätsaspekte im alltäglichen Lehr-Lernprozess sowohl inhaltlich als auch didaktisch Beachtung finden (sollen), bildet aber bundesweit eher die Ausnahme.

Unterrichtsentwicklung sowie zur Lehramtsausbildung deutlich wird und durch genderkompetenten Unterricht den „vicious circle geschlechterstereotyper Trennlinien" in der Schule mittelfristig zumindest aufbrechen oder perspektivisch nachhaltig durchbrechen (z.B. Krahn/Niederdrenk-Felgner 1999; Jungwirth/Stadler 2005; Keitel 2010).

Die zumeist unbewussten geschlechterbezogenen Stereotypisierungen von Lehrer_innen beeinflussen die Leistungsentwicklung von Mädchen und Jungen unterschiedlich (OECD 2009), weshalb fehlende Genderkompetenz – neben anderen Faktoren – als ein zentrales Element der Reproduktion fachspezifischer Geschlechterdisparitäten in der Interessensentwicklung und dem Kompetenzerwerb von Schüler_innen betrachtet werden muss. Geschlechterstereotype Einstellungen, Erwartungen und Zuschreibungen von Lehrkräften strukturieren Handlungs- und Kommunikationsmuster im Unterrichtsgeschehen und sind mit entsprechenden begabungstheoretischen Überzeugungen und einem Bild von Mathematik als „männliche Domäne" verknüpft (z.B. Fennema et al. 1990; Duru-Bellat 1995; Keller 1997, 1998; Ziegler et al. 1998; Tiedemann 2000, 2002; Rustemeyer/Fischer 2007). Sie können nachweislich zu quantitativen wie qualitativen geschlechterbezogenen Divergenzen in Interaktionen zwischen Mathematiklehrer_innen und Schüler_innen führen und zur Verstärkung dominanter Misserfolgsorientierungen in der (Selbst-)Attribuierung von Leistung bei Mädchen beitragen (z.B. Koehler 1990; Jungwirth 1990; Taole et al. 1995; Dickhäuser 2001). Geschlechterbezogene Stereotypisierungen der Lehrkräfte spielen auf diese Weise eine bedeutende Rolle bei der Entwicklung von Geschlechterunterschieden in den fachbezogenen Selbstkonzepten der Schüler_innen, die als wesentliche Ursachen für den fachspezifischen Geschlechterbias im Kompetenzerwerb sowie für die Wahl der Leistungskurse, Studiengänge und Berufe gelten.

3. Das Projekt „GenderMathematik" – konzeptionelle Grundlagen und praxisbezogene Vorschläge zur Vermittlung von Genderkompetenz in der Lehramtsausbildung im Fach Mathematik

Aus Sicht des Verbundprojektes „Genderkompetenz als innovatives Element der Professionalisierung der Lehrer_innenausbildung für das Fach Mathematik (GenderMathematik)"[5] ist die systematische Integration von Genderkompetenz

---

5 Das vom BMBF finanzierte Forschungsprojekt wurde im Rahmen des BMBF-Förderschwerpunkts „Hochschulforschung" in der Förderlinie „Hochschulforschung als Beitrag zur Professionalisierung der Hochschullehre – Zukunftswerkstatt Hochschullehre" gefördert. Verbundpartnerinnen des interdisziplinären Projekts (vgl. http://www.uni-bielefeld.de/IFF/genderundmathe/) sind: Prof. Dr. Andrea Blunck (Universität Hamburg), Dr. Sabi-

in die Lehramtsausbildung für das Fach Mathematik aus den oben genannten Gründen ein wesentlicher Baustein der Professionalisierung, der Wissenschaftlichkeit, der Kompetenzvertiefung und der Qualitätssicherung einer berufsorientierten Hochschulausbildung von Mathematiklehrer_innen (Mischau et al. 2009, 2010). Bei der Ausarbeitung einer fachbezogenen Konzeption von Genderkompetenz für die Ausbildung von Mathematiklehrkräften stellt sich die Diskrepanz zwischen der übergreifenden Diskussion der genderbezogenen Schul- und Unterrichtsforschung und der eher fachdidaktisch ausgerichteten Diskussion in der Mathematik, welche zum Teil auf unterschiedliche geschlechtertheoretische Konzepte Bezug nehmen, insofern als problematisch dar, als mit den unterschiedlichen geschlechtertheoretischen Rahmungen unterschiedliche, z.T. konträre Perspektiven auf und Ansatzpunkte für eine „gendersensible" Gestaltung des (Mathematik-)Unterrichts verbunden sind (Jungwirth 2005). Während in der genderbezogenen Schul- und Unterrichtsforschung eine Erweiterung des Konzepts der reflexiven Koedukation um konstruktivistische Ansätze zu verzeichnen ist, welche die Prozesse des „doing gender" in Schule und Unterricht in den Blick nehmen (Jungwirth 2006; Paseka 2008) und auf eine „Entdramatisierung" von Geschlecht setzen (Faulstich-Wieland 2005), ist im Bereich einer gendersensiblen Fachdidaktik in der Mathematik eine stärker differenztheoretische Orientierung bei Geschlechterfragen festzustellen.

Das im Rahmen des Verbundprojekts entwickelte, zunächst an acht Universitäten erprobte, evaluierte, leicht überarbeitete und erneut an verschiedenen Universitäten gelehrte Seminar „Mathematik, Schule und Geschlecht" führt die bislang vorliegenden und zumeist wenig aufeinander bezogenen Ergebnisse der fachwissenschaftlichen und fachdidaktischen Diskussion zu genderorientierter Lehre und Forschung im Bereich der Mathematik (z.B. Effe-Stumpf 1999; Jahnke-Klein 2001; Niederdrenk-Felgner 2001; Eckelt 2003; Jungwirth 2005; Curdes 2007) mit zentralen Befunden der genderorientierten Schul-, Hochschul- und Bildungsforschung aus den Erziehungs- und Sozialwissenschaften sowohl in curricularer als auch in didaktisch-methodischer Hinsicht im Lichte einer konstruktivistischen Perspektive auf Prozesse des „doing" und „undoing gender" in Schule und Unterricht zusammen und ist damit zugleich interdisziplinär angelegt.

---

ne Mehlmann (Universität Gießen) und Dr. Anina Mischau (Universität Bielefeld). Das Projekt wurde zudem während seiner gesamten Laufzeit von der kooperierenden Partnerin Dr. Bettina Langfeldt (Helmut-Schmidt-Universität Hamburg) inhaltlich und methodisch begleitet.

3.1 Konzeptionelle Grundlagen des Genderkompetenzseminars

Die Konzeption der Lehrveranstaltung rekurriert auf ein Verständnis von Genderkompetenz[6] als – in diesem Fall – berufsfeldbezogene Schlüsselqualifikation, die folgende Dimensionen umfasst:

1. Fachkompetenz: Grundlagen- und Fachwissen aus der Geschlechterforschung über die soziokulturellen Konstruktionsmodi von Geschlecht und ihre Auswirkungen auf gesellschaftliche Strukturen, Institutionen, individuelles Handeln, aber auch auf die Entwicklung wissenschaftlicher Disziplinen und vergeschlechtlichter Fachkulturen (Dimension des Genderwissens);
2. Didaktisch-methodische Kompetenz: Fähigkeiten im Hinblick auf eine gendersensible Gestaltung von Lehr- und Lernprozessen (Dimension der Unterrichtsgestaltung);
3. Interaktionale Kompetenz: Fähigkeiten im Hinblick auf eine gendersensible Gestaltung von Interaktionsprozessen im Unterricht (Dimension des Unterrichtsgeschehens);
4. Selbstkompetenz: Fähigkeit zur Reflexion der eigenen Biographie als vergeschlechtlichtes Subjekt und der damit verbundenen Geschlechterbilder und Geschlechternormen sowie Fähigkeit zur Reflexion geschlechterbezogener Zuschreibungen, Erwartungen und Bewertungen in der schulischen Praxis (Dimension der Selbstreflexivität).

Auf der Grundlage dieses mehrdimensionalen Genderkompetenzbegriffs zielt das Seminar erstens auf eine Sensibilisierung der Studierenden für die Mechanismen und Auswirkungen geschlechterstereotyper Zuschreibungen bei der Reproduktion geschlechterbezogener „Interessens- und Wissensreviere". Zweitens fördert es die Kompetenz, das eigene berufliche Handeln, Interagieren und Kommunizieren in Bezug auf – möglicherweise unbeabsichtigte – geschlechterstereotypisierende Effekte zu hinterfragen und zu verändern. Drittens sollen zentrale theoretische Konzepte und didaktisch-methodische Ansätze für eine gendersensible Gestaltung des Mathematikunterrichts vermittelt werden, die geschlechterstereotype Verengungen und Vereinseitigungen von Lehr- und Lernprozesse zu vermeiden suchen. Viertens wird die Fähigkeit geschult, sich in der späteren Praxis als Lehrkraft selbst zu reflektieren, was ein kritisches Nachdenken über eigene geschlechterbezogene Sichtweisen und Haltungen sowie über die jeweiligen institutionellen Rahmenbedingungen der beruflichen Tätigkeit einschließt. Genderkompetenz bezieht sich im Kontext des Seminars auf

---

6 Relevante Bezüge für die Entwicklung des Begriffs von Genderkompetenz im Rahmen des Projektes waren u.a.: Metz-Göckel/Roloff 2002; Bremer/Mehlmann 2006; Grünewald-Huber/von Gunten 2009; Jansen-Schulz/van Riesen 2009; Rosenkranz-Fallegger 2009.

den Ansatz des „reflective practitioner" (Schön 1983; Adler 1991) und damit auf die Fähigkeit, geschlechterbezogene Konstruktionsprozesse zu verstehen, Fallstricke der Ko-Konstruktion zu erkennen und entsprechende Problemlösungsstrategien zu entwickeln und zu erproben. Da die vier skizzierten Dimensionen von Genderkompetenz systematisch ineinandergreifen, sind sie mit unterschiedlicher Akzentuierung bei der Konzeption der Einzelsitzungen bzw. der übergreifenden Themenblöcke berücksichtigt worden.

Um der Forderung nach stärkerer Praxisnähe der universitären Lehramtsausbildung nachzukommen, wird bei der didaktisch-methodischen Konzeption der Veranstaltung zum einen auf die Idee des „didaktisch-methodischen Doppeldeckers" (Wahl 2002) zurückgegriffen. Auf diese Weise können einige der für eine gendersensible Gestaltung des Mathematikunterrichts geeigneten didaktisch-methodischen Ansätze in die Konzeption der Lehrveranstaltung selbst integriert und so für die Studierenden „erfahrbar" gemacht werden. Zum anderen wird ein Schwerpunkt auf die Identifizierung von Möglichkeiten und Grenzen der Umsetzung der in der Lehrveranstaltung erarbeiteten theoretischen Konzepte und didaktisch-methodischen Ansätze für einen gendersensiblen Mathematikunterricht in der schulischen Praxis gelegt. Durch die vertiefende Bearbeitung der Dimensionen „Unterrichtsgestaltung" (Strukturierungsebene) und „Unterrichtsgeschehen" (Interaktionsebene) werden mittels der Verwendung von Unterrichtsaufzeichnungen und der Erprobung von Methoden zur Unterrichtsbeobachtung praxisnahe Instrumente für die Reflexion und Weiterentwicklung des (eigenen) Mathematikunterrichts unter Genderaspekten betrachtet.

Seminarbegleitend ist eine Portfolioarbeit (Reich 2003) vorgesehen, bei der die Studierenden neben ihren Arbeitsergebnissen aus den einzelnen Seminarsitzungen und ihren sitzungsbezogenen Hausaufgaben auch ihre Erfahrungen, Probleme und Erkenntnisse bezüglich der Inhalte und Methoden der einzelnen thematischen Blöcke dokumentieren und entlang der vier Dimensionen von Genderkompetenz reflektieren. Darüber hinaus sollen Materialien zu ergänzenden Themen und Fragestellungen – wie dem generellen Umgang mit Diversität im Klassenzimmer – aufgenommen und in die Reflexion einbezogen werden.

3.2 Thematische Schwerpunkte des Genderkompetenzseminars

In Block I werden die „Bilder der Mathematik" und deren Verknüpfungen mit der Kategorie Geschlecht im Hinblick auf Implikationen für die spätere schulische Praxis der Lehramtsstudierenden beleuchtet. Als Vorbereitung hierfür erhalten die Studierenden die Aufgabe, eine „mathematische Autobiographie" zur Reaktivierung der eigenen Erfahrungen und der persönlichen Bilder von Mathematik anzufertigen. Ausgehend von Forschungsbefunden zu Einstellungen und Überzeugungen zur Mathematik fokussiert die erste Sitzung zunächst allgemein auf das Mathematikbild der Lehramtsstudierenden, welches u.a. durch Elternhaus und Schule geprägt wurde und sich später in der eigenen beruflichen Praxis auf Unterrichtsgestaltung und -geschehen auswirken kann. Im Anschluss an die Auseinandersetzung mit der Vielfalt mathematischer Bilder und deren Einflüssen auf das Professionsverständnis der angehenden Mathematiklehrkräfte liegt das Augenmerk der zweiten Sitzung des Blocks I auf der Frage nach dem „Geschlecht" der Mathematik. Die „Vergeschlechtlichung" der Mathematik wird dabei mit Bezug auf die Kategorie Geschlecht unter verschiedenen Gesichtspunkten systematisch entfaltet: Neben der Auseinandersetzung mit geschlechterstereotypen Zuschreibungen hinsichtlich der mathematischen Begabung, die u.a. über bildliche Darstellungen reproduziert und popularisiert werden, wird die Stereotypisierung der Mathematik als „männliche Domäne" anhand aktueller Daten zu Geschlechterverhältnissen sowie aus historischer Perspektive mit Blick auf die Marginalisierung von Frauen in der Mathematik als „männliche Disziplin" kritisch analysiert.

Im Anschluss an diese erste Sensibilisierungsphase, die auf die Dimension der Selbstreflexion fokussiert, werden in den zwei Sitzungen des Blocks II „Empirische Befunde zu Geschlechterunterschieden im Unterrichtsfach Mathematik" näher betrachtet. Als Kontrastfolie zu weitverbreiteten geschlechterstereotypen Annahmen, die Mädchen eine geringere mathematische Begabung und entsprechend eine geringere Leistungsfähigkeit zuschreiben, werden in der ersten Sitzung des Blocks II zunächst anhand ausgewählter Ergebnisse der internationalen Leistungsvergleichsstudien PISA und TIMSS geschlechterbezogene Unterschiede in der Mathematikleistung detailliert analysiert. Im Mittelpunkt steht hierbei einerseits der Befund, dass sich weder auf internationaler noch auf nationaler Ebene ein einheitliches oder unveränderliches Bild geschlechterbezogener Unterschiede in Bezug auf die Mathematikleistungen feststellen lässt. In international vergleichender Perspektive soll andererseits verdeutlicht werden, dass und inwiefern gerade in Deutschland Geschlechterdifferenzen zumeist besonders stark ausgeprägt sind. Die zweite Sitzung fokussiert auf ausgewählte empirische Befunde zu Unterschieden in so genannten „Schüler_innenmerkmalen" (Interesse an Mathematik, motivationale Aspekte des Lernens von Mathematik, Selbstwirksamkeitserwartungen und fachspezifisches Fähigkeitsselbstkonzept), die als mögliche Einflussfaktoren auf die Mathematikleistung diskutiert werden. Im Zentrum der Analyse steht hierbei der Befund, dass die Ausprägungen geschlechterbezogener Unterschiede in den betrachteten „Schüler_innenmerkmalen" zwar ebenfalls zwischen Ländern, Regionen und den jeweiligen Merkmalen variieren, dass sie sich jedoch im Vergleich zu jenen der Mathematikleistung als weit homogener und über die Zeit stabiler erweisen und erneut in Deutschland in vielen Fällen besonders deutlich ausfallen. Ziel der Auseinandersetzung mit den genannten empirischen Ergebnissen ist zum einen die Problematisierung der – nach wie vor bestehenden – geschlechterbezogenen „Wissens- und Interessensreviere", die den Handlungsbedarf für eine veränderte Unterrichtsgestaltung im Fach Mathematik unterstreichen. Zum anderen werden so die Voraussetzungen für eine kritische Auseinandersetzung mit den im folgenden Themenblock behandelten „Erklärungsansätzen zu Geschlechterunterschieden in der Mathematik" geschaffen, die vor dem Hintergrund der empirischen Befunde auf ihre Plausibilität und Reichweite hin beurteilt werden sollen.

Die Frage nach den Ursachen für die festzustellenden Geschlechterdifferenzen in den Mathematikleistungen und im mathematikbezogenen Selbstkonzept steht im Zentrum der beiden Sitzungen des Blocks III, der ebenso wie Block II die Dimension des Genderwissens akzentuiert. In der ersten Sitzung des Blocks III werden zunächst die alltagstheoretisch geprägten Vorstellungen und begabungstheoretischen Überzeugungen sowie die wissenschaftlichen Wissensbestände der Studierenden zur Erklärung von Geschlechterunterschieden im Bereich Mathematik erschlossen und einer kritischen Reflexion zugänglich gemacht. In diesem Zusammenhang wird mit der Differenzierung der „nature"- und der „nurture"-Perspektive (Mehlmann 2006) eine Unterscheidung eingeführt, die eine erste Systematisierung des Spektrums der vorliegenden wissenschaftlichen Erklärungsansätze ermöglicht. Zunächst findet eine Auseinandersetzung mit biologischen Erklärungsansätzen im Rahmen der „nature"-Perspektive statt, die im Lichte heterogener empirischer Befunde, welche die historische und kulturelle Variabilität und die Kontextgebundenheit von Geschlechterdifferenzen im Unterrichtsfach Mathematik unterstreichen, hinterfragt werden sollen. Im Zentrum der zweiten Sitzung steht die vertiefende Beschäftigung mit wissenschaftlichen Erklärungsansätzen der „nurture"-Perspektive, die kulturelle Geschlechterstereotype und die Stereotypisierung von Mathematik als „männliche Domäne" als Ursache für die beobachteten geschlechterbezogenen Unterschiede im Bereich mathematischer Leistungen und in Bezug auf das fachbezogene Selbstkonzept in den Blick nehmen. Bei der Erschließung des Spektrums relevanter Einflussfaktoren entlang der Unterscheidung in „internale" und „externale" Faktoren liegt der Fokus auf den in Schule und Unterricht wirksamen Einflüssen. Hinsichtlich der späteren beruflichen Praxis der Studierenden sollen sowohl in der Auseinandersetzung mit den eigenen (Alltags-)Wissensbeständen als auch in der Beschäftigung mit den vorliegenden Forschungsergebnissen zur Genese von geschlechterbezogenen Unterschieden im Unterrichtsfach Mathematik die Implikationen der jeweiligen Erklärungsansätze für die (Möglichkeiten der) Gestaltung von Lehr- und Lernprozessen und das eigene Rollen- und Professionsverständnis explizit thematisiert und reflektiert werden.

Den Schwerpunkt des vierten Themenblocks bildet die Analyse ausgewählter Aspekte der Gestaltung des Mathematikunterrichts, die zur Reproduktion geschlechterbezogener Wissensreviere beitragen können. Inhaltlich knüpfen die drei unter der Überschrift „Unterrichtsgestaltung" gebündelten Sitzungen an die in der zweiten Sitzung des Blocks III skizzierten Forschungsergebnisse zu Lehr- und Lernformen und Unterrichtsmaterialien als „externale" Faktoren" für die Entstehung von Geschlechterunterschieden in der mathematischen Leistung und im fachbezogenen Selbstkonzept an. In der ersten Sitzung des Blocks IV werden genderrelevante Aspekte der Gestaltung des Mathematikunterrichts betrachtet, indem zum einen die Rolle des fragend-entwickelnden Mathematikunterrichts für die Unterrichtsbeteiligung von Schüler_innen problematisiert wird und zum anderen eine kritische Auseinandersetzung mit Mathematik-Schulbüchern und darin transportierten Geschlechterbildern stattfindet. Die zweite Sitzung widmet sich den Kriterien für eine gendersensible Gestaltung des Mathematikunterrichts auf der Folie vorliegender didaktischer Ansätze für einen gendersensiblen und damit immer auch guten Mathematikunterricht, während in der dritten Sitzung verschiedene methodische Instrumente erörtert werden, die es ermöglichen, den Mathematikunterricht für Schülerinnen und Schüler gleichermaßen interessant zu gestalten sowie Raum für individuelle Zugänge zur Mathematik und fachbezogene Kompetenzerfahrungen zu bieten. Mit Blick auf die zentrale Bedeutung methodischer Vielfalt im Mathematikunterricht werden neben gendersensiblen Unterrichtsmaterialien konkrete Unterrichtsmethoden behandelt, die im Sinne des didaktisch-methodischen Doppeldeckers teilweise bereits im Seminar selbst Anwendung gefunden haben. In Bezug auf die in der Definition von Genderkompetenz differenzierten Dimensionen und Kompetenzbereiche wird im Block „Unterrichtsgestaltung" besonderer Wert auf die Vermittlung didaktisch-methodischer Kompetenzen für eine gendersensible Gestaltung von Lehr- und Lernprozessen gelegt.

Die drei Sitzungen des Themenblocks V „Unterrichtsgeschehen" schärfen den Blick für das Interaktionsverhalten der Lehrer_innen und dessen Implikationen für die Reproduktion von Geschlechterdifferenzen im Bereich des fachbezogenen Selbstkonzepts und der Mathematikleistung. Während die erste Sitzung geschlechterbezogene Unterschiede im Interaktionsverhalten von Lehrkräften auf wissenschaftliche Befunde zu Unterschieden in der Aufmerksamkeitsverteilung und des Feedbacks fokussiert, werden in der zweiten Sitzung die Auswirkungen leistungsbezogener Rückmeldungen (und diesen zugrunde liegenden geschlechterbezogenen Begabungszuschreibungen) von Lehrer_innen auf die Attributionen von Erfolg und Misserfolg auf Seiten der Schüler_innen betrachtet, die wiederum für deren Selbsteinschätzung und Leistungshandeln wesentlich sind. Aus der Perspektive des „doing gender" wird in der dritten Sitzung genauer analysiert, wie und auf welche Weise in Interaktionen von Lehrkräften und Schüler_innen Geschlechterunterschiede im Umgang mit Mathematik „hergestellt" werden. Analog zum Vorgehen in Block IV, in dem Kriterien für einen gendersensiblen Mathematikunterricht auf der Ebene der didaktisch-methodischen Gestaltung und der Auswahl der Unterrichtsmaterialien entwickelt werden, werden in Block V für die Dimension des „Unterrichtsgeschehens" auf der Ebene der Interaktionen alternative Handlungsoptionen und Interventionsmöglichkeiten diskutiert, die je nach gewählter theoretischer Perspektive Unterschiede, aber auch Gemeinsamkeiten aufweisen. In Bezug auf die Vermittlung interaktionaler Kompetenzen geht es dabei zuallererst darum, die Studierenden für problematische geschlechterbezogene Interaktionsmuster und die diesen zugrunde liegenden geschlechterbezogenen Erwartungen, Zuschreibungen und Bewertungen zu sensibilisieren, ein Bewusstsein für die Notwendigkeit einer beständigen Reflexion der eigenen Unterrichtspraxis unter Genderaspekten zu erzeugen und hierfür entsprechende methodische Zugänge und Instrumente vorzustellen und (ansatzweise) zu erproben.

4. Implementierungschancen von Genderkompetenz in das Lehramtsstudium der Mathematik

Das praxisorientierte Konzept des oben beschriebenen Genderkompetenzseminars stellt Bezüge zwischen den Inhalten und Methoden der an der Lehrer_innenausbildung beteiligten Fächer und Disziplinen her und fördert damit die Professionalisierung ebenso wie die Polyvalenz des Lehramtsstudiums. Die Implementierung einer solchen interdisziplinären Veranstaltung in die Lehrplanung erfordert Hochschullehrer_innen, welche sowohl über Genderkompetenz verfügen als auch dem interdisziplinären Ansatz des Seminars gerecht werden. Nicht zuletzt aufgrund des Umstands, dass das Lehramtsstudium im Fach Mathematik in der Vergangenheit strukturell durch die Dominanz der Fachwissenschaft geprägt war, welche Mathematik mehrheitlich als eine neutrale, nicht vergeschlechtlichte Disziplin begreift, konstatieren die Lehrenden des Seminars, wie auch die zu Beginn unseres Forschungsprojekts befragten Expert_innen aus dem Bereich der Hochschulforschung und -praxis, in den mathematischen Instituten und Fakultäten ein eher geringes Interesse an der Vermittlung von Genderkompetenz und folglich einen Mangel an gendersensiblen Mathematiker_innen und Mathematikdidaktiker_innen.[7]

---

7 Dieses personelle Problem verschärft sich, wenn Genderkompetenz als Querschnittskompetenz in zahlreichen Veranstaltungen integriert sein sollte, wie es über die Hälfte der Teil-

Additional zum personellen Problem ist an denjenigen Hochschulen mit strukturellen Implementierungsschwierigkeiten eines Genderkompetenzseminars im Lehramtsstudium im Fach Mathematik zu rechnen, wo die Umsetzung der Bologna-Vorgaben zu unflexiblen Studienstrukturen geführt hat und sich interdisziplinäre sowie an Genderthemen ausgerichtete Lehrveranstaltungen nur schwer in bestehende Curricula integrieren lassen, weil Inhalte der Frauen- und Geschlechterforschung zumeist keine Prüfungsrelevanz besitzen. Nach ersten Erfahrungen ist die Verankerung eines Genderkompetenzseminars daher in inhaltlich offen formulierten Modulen der Mathematikdidaktik sowie im Bereich berufsrelevanter Schlüsselkompetenzen am ehesten möglich, wobei sich die auf ein spezielles Fach zugeschnittene Operationalisierung und Vermittlung von Genderkompetenz – wie in der beschriebenen Veranstaltung – positiv auf die Akzeptanz sowie die Integrierbarkeit auswirken.

Die generelle Bereitschaft, eine Genderperspektive in Gestalt von Einzelveranstaltungen oder als Querschnittsperspektive in das Lehramtsstudium zu integrieren, ist dann erhöht, wenn die Hochschulen offiziellen Vereinbarungen wie z.B. der „Förderung der Frauen- und Geschlechterforschung" oder der „Geschlechtergerechtigkeit an Hochschulen" nachkommen müssen. Um „Gender als Indikator für gute Lehre" (Auferkorte-Michaelis et al. 2009) jedoch nachhaltig an Hochschulen zu etablieren und den oben beschriebenen bestehenden Hemmnissen langfristig entgegenzuwirken, müssten zum einen der Gender-Mainstreaming-Gedanke noch stärker als bisher auf Lehre und Forschung ausgeweitet sowie Theorien, Methoden und Erkenntnisse der fachspezifischen Frauen- und Geschlechterforschung in den jeweiligen Lehrprogrammen prüfungsrelevant verankert werden (Becker et al. 2006). Zum anderen bedarf es der Anerkennung von Genderkompetenz als wichtige Voraussetzung für gute und gendersensible Lehre, welche ebenfalls als Qualitätskriterium und Baustein einer geschlechtergerechten Hochschule aufgefasst werden sollte. Die Hochschulleitungen wären in diesem Fall gefordert, hochschuldidaktische Weiterbildung zur Erlangung von Genderkompetenz – analog zur obligatorischen Lehrer_innenfortbildung in einigen Bundesländern – für das akademische Personal verpflichtend zu gestalten. Unser forschungsbasiertes und mittlerweile zweifach evaluiertes Genderkompetenzseminar, das angesichts der heterogenen Rahmenbedingungen der Lehramtsausbildung bereits implementierungsfreundlich in Form eines Baukastensystems mit kleineren, durch einen „roten Faden" miteinander verknüpften Lehreinheiten gestaltet ist, ließe sich problemlos für derartige hochschuldidaktische Zwecke modifizieren.

---

nehmer_innen des Seminars „Mathematik, Schule und Geschlecht" sowie die Projektgruppe selbst befürworten.

Hochschullehre sowie Hochschuldidaktik sollten dem allgemeinen Trend folgend evaluiert werden. Damit Evaluationen, die häufig allein aufgrund formaler Auflagen erfolgen, jedoch tatsächlich für die Qualitätsentwicklung mit Blick auf den zentralen Stellenwert von Gender an Hochschulen genutzt werden können, wird es verstärkt darauf ankommen, verlässliche Indikatoren zur Messung guter und gendersensibler Hochschullehre sowie ebensolcher Hochschuldidaktik (weiter) zu entwickeln.[8] Gute Instrumente im Bereich der empirischen Sozialforschung sind zugleich die Grundlage für eine systematische und evidenzbasierte Überprüfung des Ausbildungserfolgs in der Lehrer_innenbildung, welcher ein relativ neues Forschungsobjekt der empirischen Bildungsforschung repräsentiert und zu dem bisher wenig verlässliche Daten vorliegen (Oelkers 2009).

Literatur

Adler, Susan (1991): The Reflective Practitioner and the Curriculum of Teacher Education. In: Journal of Education for Teaching, 17, 2, S. 139-150.
Auferkorte-Michaelis, Nicole/Stahr, Ingeborg/Schönborn, Anette/Fitzek, Ingrid (2009) (Hg.): Gender als Indikator für gute Lehre: Erkenntnisse, Konzepte und Ideen für die Hochschule. Opladen u.a.: Budrich UniPress.
Beaton, Albert E./Mullis, Ina V.S./Martin, Michael O./Gonzalez, Eugenio J./Kelly, Dana L./Smith, Teresa A. (1996): Mathematics achievement in the middle school years: IEA's Third International Mathematics and Science Study (TIMSS). Chestnut Hill, MA. Online verfügbar unter: http://timss.bc.edu/timss1995i/TIMSSPDF/BMathAll.pdf [Zugriff: 25.02.2011].
Becker, Ruth/Jansen-Schulz, Bettina/ Kortendiek, Beate/Schäfer, Gudrun (2006): Gender-Aspekte bei der Einführung und Akkreditierung gestufter Studiengänge. Journal Netzwerk Frauenforschung NRW, 21, S. 21-32.
Berlin-Communiqué (2003): „Den Europäischen Hochschulraum verwirklichen". Communiqué der Konferenz der europäischen Hochschulministerinnen und -minister am 19. September 2003 in Berlin. Online verfügbar unter:
www.bologna-berlin2003.de/pdf/Communique_dt.pdf [Zugriff: 25.02.2011].
Bos, Wilfried/Bonsen, Martin/Baumert, Jürgen/Prenzel, Manfred/Selter, Christoph/Walther, Gerd (Hg.) (2008): TIMSS 2007. Mathematische und naturwissenschaftliche Kompetenzen von Grundschulkindern in Deutschland im internationalen Vergleich. Münster u.a.: Waxmann.
Bremer, Alida/Mehlmann, Sabine (2006): ‚Gender-Kompetenz in der LehrerInnenaus- und – fortbildung' – Ein Projekt der Arbeitsstelle Gender Studies. In: Le Gouvernement du Grand-Duché de Luxembourg Ministère (Hg.): Rôles des femmes et des hommes et stéréotypes en éducation et en formation. Luxembourg: Le Gouvernement du Grand-Duché de Luxembourg Ministère, S. 69-71.

---

8 Die Hochschuldidaktik betreffend teilen wir die Ansicht von Wildt (2010: 6): „Die Professionalisierung der Lehre kann nur gelingen, wenn auch die Hochschuldidaktik selbst einen Professionalisierungsweg nimmt".

Coradi Vellacott, Maja/Denzler, Stefan/Grossenbacher, Silvia/Vanhooydonck, Stéphanie (2003): Keine Lust auf Mathe, Physik, Technik? Zugang zu Mathematik, Naturwissenschaften und Technik attraktiver und geschlechtergerecht gestalten. Aarau: Schweizerische Koordinationsstelle für Bildungsforschung.

Curdes, Beate (2007): Genderbewusste Mathematikdidaktik. In: Curdes, Beate/Marx, Sabine/Schleier, Ulrike/Wiesner, Heike (Hg.) (2007): Gender lehren – Gender lernen in der Hochschule. Konzepte und Praxisberichte. Oldenburg: BIS-Verlag, S. 99-125.

Dickhäuser, Oliver (2001): Denken in Ursachen: Geschlechtsunterschiede bei der Erklärung eigener Erfolge und Misserfolge in Naturwissenschaft und Technik. In: Helfrich, Hede (Hg.): Patriarchat der Vernunft – Matriarchat des Gefühls? Geschlechterdifferenzen im Denken und Fühlen. Münster: Daedalus, S. 32-57.

Duru-Bellat, Marie (1995): Filles et garçons à l'école, approches sociologiques et psychosociales. In: Revue française de pédagogie, 110, S. 75-109.

Eckelt, Irmgard (2003): Mathematikunterricht in der Sek. I ... aus der Welt der Jugendlichen, MUED-Schriftenreihe Materialsammlungen. Appelhülsen: MUED e.V.

Effe-Stumpf, Gertrud (1999): Mathematik – Lieblingsfach der Mädchen. In: Praxis Schule 5-10, 10, 6, S. 47-52.

Faulstich-Wieland, Hannelore (2005): Spielt das Geschlecht (k)eine Rolle im Schulalltag? Vortrag am GenderKompetenzZentrum der Humboldt-Universität zu Berlin, Juli 2005.

Fennema, Elizabeth/Peterson, Penelope L./Carpenter, Thomas P./Lubinski, Cheryl A. (1990): Teachers' Attribution and Beliefs About Girls, Boys and Mathematics. In: Educational Studies in Mathematics, 21, S. 55-69.

Franke, Marion (2008):Die geschlechter-, gender-, diversitygerechte Hochschule. Alles Gender – alles roger? Alles Geschlecht – alles klar! In: Schwarze, Barbara/David, Michaela/Belker, Bettina C. (Hg.): Gender und Diversity in den Ingenieurwissenschaften und der Informatik. Bielefeld: Universitätsverl. Webler, S. 24-49.

Grünewald-Huber, Elisabeth/von Gunten, Anne (2009): Werkmappe Genderkompetenz. Materialien für geschlechtergerechtes Unterrichten. Zürich: verlag pestalozzianum.

Jahnke-Klein, Sylvia (2001): Sinnstiftender Mathematikunterricht für Mädchen und Jungen. Baltmannsweiler: Schneider-Verlag Hohengehren.

Jansen-Schulz, Bettina/van Riesen, Katharina (2009): Integratives Gendering in Curricula, Hochschuldidaktik und Aktionsfeldern der Leuphana Universität Lüneburg. In: Auferkorte-Michaelis, Nicole/Stahr, Ingeborg/Schönborn, Anette/Fitzek, Ingrid (Hg.): Gender als Indikator für gute Lehre: Erkenntnisse, Konzepte und Ideen für die Hochschule. Opladen/Farmington Hills: Budrich UniPress, S. 65-85.

Jenert, Tobias (2008). Ganzheitliche Reflexion auf dem Weg zu Selbstorganisiertem Lernen. In: Bildungsforschung 5, 2: 1-18. Online verfügbar unter: www.bildungsforschung.org/index.php/bildungsforschung/article/viewFile/76/79 [Zugriff: 22.08.2011].

Jungwirth, Helga (1990): Mädchen und Buben im Mathematikunterricht. Eine Studie über geschlechtsspezifische Modifikationen der Interaktionsstrukturen. Wien: Österreichisches Bundesministerium für Unterricht Kultus und Sport.

Jungwirth, Helga (2005): Geschlechtssensibler Unterricht als ‚geschlechtergerechtes' Ambiente. In: Bundesministerium für Bildung, Wissenschaft und Kultur (Hg.): Begabungsförderung durch Geschlechtssensibilität in Mathematik, Naturwissenschaften und Technik. Erweiterte Dokumentation des Gender-Sensitivity-Pfades des 4. Internationalen Begabtenkongresses. Wien: o.V., S. 37-50.

Jungwirth, Helga (2006): Die interaktive Etablierung von Gegenstandsbezügen: Ein theoretischer Ansatz zur Fassung von Geschlecht und Fach im Unterricht. In: Martignon, Laura/Niederdrenk-Felgner, Cornelia/Vogel, Rose (Hg.): Mathematik und Gender. Hildesheim: Franzbecker Verlag, S. 13-24.

Jungwirth, Helga/Stadler, Helga (2000): Der Geschlechteraspekt in TIMSS – Ergebnisse, Erklärungsversuche, Konsequenzen. In: Plus Lucis 2, S. 15-20.

Jungwirth, Helga/Stadler, Helga (2005): Sensibilisierung für Geschlechteraspekte im Unterricht: Prozesse, Schwierigkeiten, Gestaltungsmöglichkeiten. In: Bundesministerium für Bildung, Wissenschaft und Kultur (Hg.): Begabungsförderung durch Geschlechtssensibilität in Mathematik, Naturwissenschaften und Technik. Erweiterte Dokumentation des Gender-Sensitivity-Pfades des 4. Internationalen Begabtenkongresses. Wien: o.V., S. 11-36.

Keitel, Christine (2010): Geschlechtererziehung in der Mathematiklehrerinnenaus- und -fortbildung – Ein immer noch verdrängtes Problem? In: Koreuber, Mechthild (Hg.): Geschlechterforschung in Mathematik und Informatik. Eine (inter)disziplinäre Herausforderung. Baden-Baden: Nomos, S. 37-48.

Keller, Carmen (1997): Geschlechterdifferenzen. Trägt die Schule dazu bei? In: Moser, Urs/Ramseier, Erich/Keller, Carmen (Hg.): Schule auf dem Prüfstand. Eine Evaluation der Sekundarstufe I auf der Grundlage der Third International Mathematics and Science Study (TIMSS). Chur u.a.: Rüegger, S. 138-179.

Keller, Carmen (1998): Geschlechterdifferenzen in der Mathematik. Zürich: Dissertation, Universität Zürich.

Klieme, Eckhard/Schümer, Gundel/Knoll, Steffen (2001): Mathematikunterricht in der Sekundarstufe I: „Aufgabenkultur" und Unterrichtsgestaltung. In: Klieme, Eckhard/ Baumert, Jürgen (Hg.) 2001: TIMSS – Impulse für Schule und Unterricht. Forschungsbefunde, Reforminitiativen, Praxisberichte und Videodokumente. Bonn, S. 43-57.

KMK (2004): Standards für die Lehrerbildung: Bildungswissenschaften. Beschluss der Kultusministerkonferenz vom 16.12.2004. Online verfügbar unter: www.kmk.org/fileadmin/veroeffentlichungen_beschluesse/2004/2004_12_16-Standards-Lehrerbildung.pdf [Zugriff: 25.02.2011].

KMK (2008): Ländergemeinsame inhaltliche Anforderungen für die Fachwissenschaften und Fachdidaktiken in der Lehrerbildung. Beschluss vom 16.10.2008 i.d.F. vom 08.12.2008. Online verfügbar unter: www.kmk.org/fileadmin/veroeffentlichungen_beschluesse/Ohne_ Datum/00_00_00-Lehrerbildung-in-Deutschland.pdf [Zugriff: 25.02.2011].

Koehler, Mary S. (1990): Classrooms, teachers, and gender differences in mathematics. In: Fennema, Elizabeth/Leder, Gilah (Hg.): Mathematics and Gender. New York: College Press, Columbia University.

Krahn, Helga/Niederdrenk-Felgner, Cornelia (Hg.) (1999): Frauen und Mathematik: Variationen über ein Thema der Aus- und Weiterbildung von Lehrerinnen und Lehrern. Bielefeld.

Mehlmann, Sabine (2006):Unzuverlässige Körper: Zur Diskursgeschichte des Konzepts geschlechtlicher Identität. Königstein: Helmer.

Metz-Göckel, Sigrid/Roloff, Christiane (2002): Genderkompetenz als Schlüsselqualifikation. In: Journal Hochschuldidaktik 13, 1, S. 7-10.

Michel, Sigrid/Löffler, Sylvia (Hg.) (2007). Mehr als ein Gendermodul. Qualitative Aspekte des Qualitätsmerkmals Gender im Bologna-Prozess. Bielefeld: Usp-Publishing.

Mischau, Anina/Langfeldt, Bettina/Mehlmann, Sabine (2009): Genderkompetenz als innovatives Element der Professionalisierung der LehrerInnenausbildung für das Fach Mathematik. In: Journal des Netzwerks Frauenforschung NRW, 25, S. 50-53.
Mischau, Anina/Langfeldt, Bettina/Mehlmann, Sabine/Wöllmann, Torsten/Blunck, Andrea (2010): Auf dem Weg zu genderkompetenten LehrerInnen im Unterrichtsfach Mathematik. In: Journal Netzwerk Frauen- und Geschlechterforschung NRW, 27, S. 29-39.
Mullis, Ina V.S./Martin, Michael O./Fierros, Edward G./Goldberg, Amie L./Stemler, Steven E. (2000): Gender differences in achievement. IEA's Third International Mathematics and Science Study (TIMSS). Chestnut Hill, MA. Online verfügbar unter: http://timss.bc.edu/timss1995i/TIMSSPDF/t95_gender_all.pdf [Zugriff: 25.02.2011].
Niederdrenk-Felgner, Cornelia (2001): Die Geschlechterdebatte in der Mathematikdidaktik. In: Hoppe, Heidrun/Kampshoff, Marita/Nyssen, Elke (Hg.): Geschlechterperspektiven in der Fachdidaktik. Weinheim u.a.: Beltz, S. 123-144.
OECD (2001): Lernen für das Leben. Erste Ergebnisse der Internationalen Schulleistungsstudie PISA 2000. Paris. Online verfügbar unter: www.oecd.org/dataoecd/44/31/33691612.pdf [Zugriff: 25.02.2011].
OECD (2004): Lernen für die Welt von morgen: Erste Ergebnisse von PISA 2003. Paris. Online verfügbar unter: www.pisa.oecd.org/dataoecd/48/48/34474315.pdf [Zugriff: 25.02.2011].
OECD (2007): PISA 2006: Vol. 2 Data. Paris. Online verfügbar unter: www.oecd.org/dataoecd/30/18/39703566.pdf [Zugriff: 25.02.2011].
OECD (2009): Equally prepared for life? How 15-year-old boys and girls perform in school. Paris. Online verfügbar unter: www.pisa.oecd.org/dataoecd/59/50/42843625.pdf [Zugriff: 25.02.2011].
OECD (2010): PISA 2009 Results: What Students Know and Can Do. Student Performance in Reading, Mathematics and Science. Volume 1. Paris. Online verfügbar unter: http://browse.oecdbookshop.org/oecd/pdfs/browseit/9810071E.PDF [Zugriff: 25.02.2011].
Oelkers, Jürgen (2009): "I wanted to be a good teacher...". Zur Ausbildung von Lehrkräften in Deutschland. Berlin: Friedrich-Ebert-Stiftung.
Paseka, Angelika (2008): Gender Mainstreaming in der Lehrer/innenbildung. Widerspruch, kreative Irritation, Lernchance? Innsbruck: Studienverlag GmbH.
Pauli, Christine/Lipowsky, Frank (2007): Mitmachen oder Zuhören? Mündliche Schülerinnen- und Schülerbeteiligung im Mathematikunterricht. In: Unterrichtswissenschaft 35, 2, S. 101-124.
Reich, Kersten (2003): Portfolio. In: Reich, Kersten (Hg.): Methodenpool. Online verfügbar unter: http://methodenpool.uni-koeln.de [Zugriff: 25.07.2011].
Reinmann, Gabi/Jenert, Tobias (2011): Studierendenorientierung: Wege und Irrwege eines Begriffs mit vielen Facetten. In: Zeitschrift für Hochschulentwicklung 6, 2, S. 106-122.
Rosenkranz-Fallegger, Edith (2009): Gender-Kompetenz: Eine theoretische und begriffliche Eingrenzung. In: Liebig, Brigitte/Meyerhofer, Ursula/Rosenkranz-Fallegger, Edith (Hg.): Handbuch Gender-Kompetenz: Ein Praxisleitfaden für (Fach-)Hochschulen. Zürich: vdf, S. 29-48.
Rustemeyer, Ruth/Fischer, Natalie (2007): Geschlechtsunterschiede im Unterrichtsfach Mathematik – Zusammenhänge mit dem schülerperzipierten Lehrkraftverhalten. In: Ludwig, Peter/Ludwig, Heidrun (Hg.): Erwartungen in himmelblau und rosarot. Effekte, Determinanten und Konsequenzen von Geschlechterdifferenzen in der Schule. München: Juventa, S. 83-101.

Schön, Donald A. (1983): The Reflective Practitioner. How Professionals Think in Action. London: Temple Smith.

Stahr, Ingeborg (2009): Hochschuldidaktik und Gender? Gemeinsame Wurzeln und getrennte Wege. In: Auferkorte-Michaelis, Nicole/Stahr, Ingeborg/Schönborn, Anette/Fitzek, Ingrid (Hg.): Gender als Indikator für gute Lehre: Erkenntnisse, Konzepte und Ideen für die Hochschule. Opladen u.a.: Budrich UniPress, S. 27-38.

Taole, James K./Zonneveld, Marlies/Letsie-Taole, Lebohang (1995): Gender interaction in mathematics classrooms: reflection and transformation. In: Educational Studies in Mathematics 28, 3, S. 263-274.

Tenorth, Heinz-Elmar (2007): Inhaltliche Reformziele in der Lehrerbildung. In: Service-Stelle Bologna: Beiträge zur Hochschulpolitik 1: Von Bologna nach Quedlinburg. Die Reform des Lehramtsstudiums in Deutschland. Bonn, S. 34-46.

Terhart, Ewald (Hg.) (2000): Perspektiven der Lehrerbildung in Deutschland. Abschlussbericht der von der Kultusministerkonferenz eingesetzten Kommission. Weinheim u.a.: Beltz.

Terhart, Ewald (2009): Erste Phase: Lehrerbildung an der Universität. In: Zlatkin-Troitschanskaia, Olga/ Beck, Klaus/Sembill, Detlef/Nickolaus, Reinhold/Mulder, Regina (Hg.): Lehrprofessionalität: Bedingungen, Genese, Wirkungen und ihre Messung. Weinheim u.a.: Beltz, S. 425-437.

Tiedemann, Joachim (2000): Parents' Gender Stereotypes and Teachers' Beliefs as Predictors of Children's Concept of their Mathematical Ability in Elementary School. In: Educational Studies in Mathematics 50, 1, S. 40-62.

Tiedemann, Joachim (2002): Teachers' Gender Stereotypes as Determinants of Teacher Perceptions in Elementary School Mathematics. In: Educational Studies in Mathematics 50, 1, S. 49-62.

Wahl, Diethelm (2002): Mit Training vom trägen Wissen zum kompetenten Handeln? In: Zeitschrift für Pädagogik 48, 2, S. 227-241.

Weiler, Hans N. (2010). Lehrerbildung und Hochschulreform – eine kritische Zwischenbilanz. In Abel, Jürgen/Faust, Gabriele (Hg.), Wirkt Lehrerbildung? Antworten aus der empirischen Forschung. Münster u.a.: Waxmann, S. 15-24.

Weinert, Franz E. (1996): „Der gute Lehrer", „die gute Lehrerin" im Spiegel der Wissenschaft. In: Beitrag zur Lehrerbildung 14, 2, S. 141-151.

Wildt, Johannes (2010): Bestandsaufnahme und Trends guter Lehre. In: HDS.Journal. Perspektiven guter Lehre, 2, S. 5-10.

WR (Wissenschaftsrat) (2001): Empfehlungen zur künftigen Struktur der Lehrerbildung. Drs. 5065/01. Berlin: Wissenschaftsrat.

Ziegler, Albert/Kuhn, Cornelia/Heller, Kurt (1998): Implizite Theorien von gymnasialen Mathematik- und Physiklehrkräften zu geschlechtsspezifischer Begabung und Motivation. In: Psychologische Beiträge 40, 3/4, S. 271-287.

Uwe Sielert

Diversity Education im Bachelor- und Masterstudium der Pädagogik an der Universität Kiel – ein hochschuldidaktisches Modell

Themenstellung und hochschuldidaktische Besonderheit des Diversity-Education-Trainings

Im Fach Pädagogik, Abteilung Sozialpädagogik, der Universität Kiel können die Bachelor- und Masterstudierenden den Umgang mit Heterogenität (Diversity Education) als Thema der eigenen Persönlichkeitsentwicklung, des Umgangs miteinander im Studium und als didaktische Kompetenz in diversen pädagogischen Handlungsfeldern erlernen.

Die hochschuldidaktische Innovation besteht vor allem darin, dass fachliche, soziale und personale Kompetenzen handlungsrelevant zusammengebunden werden, die Studiensituation selbst als Erfahrungsfeld begriffen wird, die Studierenden in aufeinander aufbauenden Modulen in die Verantwortung als Lehrende und Beratende hineinwachsen, ein integriertes Feedback-System den eigenen Lernfortschritt transparent gemacht wird und durch eigene Gruppenleitungstätigkeit sowohl im Studium selbst als auch in einigen außeruniversitären Handlungsfeldern unmittelbare Handlungskompetenzen für die Praxis erworben werden.

Ausgangsbasis, bisherige Erfahrungen und Dokumentation

Mitte der 1990er Jahre beauftragte das Sozialministerium Schleswig-Holstein das Institut für Pädagogik der Universität Kiel mit einer empirischen Studie zur Situation schwul-lesbischer Menschen, deren Ergebnisse in den Bereichen Staat, Kirche und Wissenschaft zu Antidiskriminierungsmaßnahmen führen sollten. Die empirischen Ergebnisse förderten die Tatsache zutage, dass die sexuelle Orientierung nur in Verbindung mit weiteren Variablen die konkrete

Lebenssituation bestimmte, so dass ein hochschuldidaktisches Nachfolgeprojekt mit dem Titel „Difference Troubles" sich auf verschiedene Differenzverhältnisse bezog. Auf dem Hintergrund einzelner Expertisen zu den Bereichen der interkulturellen, integrativen und geschlechtsbewussten Pädagogik, der Themenzentrierten Interaktion sowie internationaler Erfahrungen mit Antirassismustrainings wurden in zweijähriger Arbeit die ersten Trainingsmodule erstellt und ab 2002 in einer Pilotphase umgesetzt. Die Erfolge waren derart ermutigend, dass die von Tutor_innen geleiteten Kompetenztrainings um weitere didaktische Elemente ergänzt wurden: Eine begleitende Vorlesung zur „Pädagogik der Vielfalt" und ein Modul zur Ausbildung von Mentor_innen, die an der Ausbildung der Tutor_innen beteiligt sind und sie während der Leitung der Trainingsgruppen unterstützend und kritisch begleiten.

Erreicht wurden mit der Vorlesung und dem angegliederten Kompetenztraining bisher seit 2002 etwa 800 Diplom-Studierende, 700 Lehramtsstudierende und seit 2007 alle 750 BA-Studierenden der Erziehungswissenschaft. Auf der weiterführenden Stufe wurden in allen Studiengängen ca. 400 Tutor_innen und 100 Mentor_innen ausgebildet. Auch in der reformierten BA-Ausbildung ab 2011 ist das Modul Pädagogik der Vielfalt mit Vorlesung und Kompetenztraining als Wahlpflichtmodul wieder enthalten. Aufgrund der evaluierten Erfahrungen mit diversen Studiengängen und unterschiedlichen Studienordnungen wurden sowohl inhaltliche als auch strukturelle Aspekte des gesamten didaktischen Systems mehrmals variiert und ausgewertet. Das in der alten Studienstruktur wegen seines Pilotcharakters noch freiwillige Studienangebot wurde in der ersten Bachelorordnung mit dem Kompetenztraining und der Vorlesung für alle Pädagogik-Studierenden des außerschulischen Sektors zur Pflicht und für die Lehramtsstudierenden als Wahlpflichtangebot zur Verfügung gestellt. Obwohl die Veranstaltungen generell auf große Resonanz stießen, gab es auch Studierende, die sich dem Pflichtcharakter widersetzten und mit einer entsprechend geringen Motivation in den Trainingsgruppen auftraten. Bei den Beratungen zu den neuen Studienordnungen für die Pädagogik- und Lehramtsausbildungen wurden alle zum Diversitythema gehörenden Module wieder als frei wählbare Alternativen etabliert.

Ein Handbuch (Sielert/Jaenecke/Lamp/Selle 2009) systematisiert die bis 2008 erarbeitete Fülle von Materialien aus dem Kompetenztraining und ermöglicht gleichzeitig, die im universitären Rahmen gemachten Erfahrungen für andere Ausbildungsstätten und die außeruniversitäre Praxis zu übertragen.

Bedeutung des Themas für Pädagog_innen sowie inhaltliche Intentionen

Diversity Education kennzeichnet eine erziehungswissenschaftliche Perspektive, die ihr Hauptaugenmerk auf die Tatsache richtet, dass Menschen in ihrer Individualität immer etwas Besonderes sind und die Entfaltung dieser Besonderheit mit einem Recht auf Anerkennung und pädagogische Förderung verbunden ist.

Diversity Education, hier auch als „Pädagogik der Vielfalt"[1] bezeichnet, hat zwei miteinander im Zusammenhang stehende Perspektiven: Sie beschäftigt sich zunächst mit Barrieren, die Menschen aufgrund ungerechtfertigter Macht- und Dominanzverhältnisse in ihrer Persönlichkeitsentwicklung einschränken. Pädagogik kann in den ihr zugänglichen Bereichen Diskriminierung mindern und darüber hinaus Orientierungs- und Handlungssicherheit im produktiven Umgang mit Vorurteilen und Stereotypen vermitteln. Pädagogik der Vielfalt setzt an den individuellen Bedürfnissen, Kompetenzen und Möglichkeiten Einzelner an und unterstützt die Menschen darin, Vielfalt in der eigenen Person zu entdecken und auf dieser Grundlage neue Handlungsbereiche zu erschließen. Diversity Education betont darüber hinaus aber die produktiven Chancen von Heterogenität und setzt sich für Anerkennungsverhältnisse ein, in denen Verschiedenheit sowohl technischen als auch sozialen und persönlichen Fortschritt im Dienste der Humanität vorantreibt. Sie reagiert damit auf ambivalente gesellschaftliche Entwicklungen, die mit den diagnostischen Standardbegriffen Entstrukturalisierung, Pluralisierung und Individualisierung sowie der Flexibilisierung von Lebensläufen im Rahmen der neuen Moderne beschrieben werden können. (Stellvertretend für viele Quellen sei hier nur auf Beck 1986; Honneth 1992 und 2002 hingewiesen.)

Die Chancen der größeren Wahlfreiheit zur Verwirklichung eines „eigenen Lebens"[2] liegen in der grundsätzlich besseren Selbstaktualisierung eines jedes Einzelnen, in der Hervorhebung individueller Persönlichkeitsmerkmale und der Chance aus einengenden Mustern zu entfliehen. Das sollte bei allen Prob-

---

[1] Das Kieler Kompetenztraining „Pädagogik der Vielfalt" hat seinen Ausgangspunkt bei Annedore Prengels gleichnamigem Buch aus dem Jahr 1996 genommen und sich anfangs vor allem auf die dort beschriebenen Prinzipien bezogen und sie hochschuldidaktisch bearbeitet. Inzwischen wurde das Konzept gemäß der fachwissenschaftlichen und didaktischen Weiterentwicklung und unter Berücksichtigung der Intersektionalitätsstudien ausdifferenziert und verändert.

[2] Der von Ulrich Beck geprägte Begriff „eigenes Leben" meint mehr als nur das „individuelle Leben". Er schließt die Möglichkeit mit ein, dieses „individuelle Leben" auch bewusst selbstbestimmt zu gestalten.

lemen der Verwirklichung eines „gelungenen Alltags"[3] nicht aus den Augen verloren werden. Der Blick in die eigene Vergangenheit und über die nationalen Grenzen hinaus macht immer noch deutlich, wie unwohl sich Menschen fühlen, die vom besseren Leben wissen, aber in einschränkenden Lebensbedingungen festgehalten werden. In vielen Bereichen wird heute Vielfalt und damit Verschiedenheit noch immer nicht wertgeschätzt, weil die Dominanzkultur sie als fremd und damit als störend definiert. Das ist oft ein Grund für Diskriminierung, weil das Fremde, das Andere, Ängste weckt statt als bereichernd und produktiv erfahren zu werden. Eine wesentliche Ursache dafür ist die Tatsache, dass vielen Menschen die notwendigen Ressourcen nicht zur Verfügung stehen, die ein selbst bestimmtes „eigenes Leben" im Angesicht der potenziellen Vielfalt erst ermöglichen würden. Sie werden durch eine neoliberale aktivierende Sozialpolitik in gewissem Sinne „doppelt freigesetzt": aus gewachsenen Sozialbezügen und materiellen Hintergrundressourcen gleichzeitig. Insofern darf eine Pädagogik der Vielfalt ihre gesellschaftspolitische Einbettung nicht aus den Augen verlieren und sollte alles in ihrer Verfügungsmacht stehende tun, um sich an der Verwirklichung sozio-ökonomischer Zugangsgerechtigkeit für alle Menschen zu beteiligen.

Vielfalt ist kein Wert an sich, ihr Gegenwert ist auch nicht (immer) Einfalt. Ohne Gleichheit im Sinne von Zugangsgerechtigkeit kann Vielfalt als ideologischer Begriff missbraucht werden und Ungerechtigkeit legitimieren. Neben der sozialstrukturellen Dimension der Gerechtigkeit, die die Frage nach der Verteilung sozialökonomischer Güter beleuchtet, geht es in einer Pädagogik der Vielfalt zugleich um die interaktionstheoretische Seite der Gerechtigkeit und somit um einen produktiven Umgang mit Vielfalt auf der Basis der Anerkennung eines jeden Individuums auf allen Ebenen des Subjektseins (zur zweidimensionalen Konzeption von Gerechtigkeit Fraser/Honneth 2003; Lamp 2007).

Das meint auf globaler Ebene das Eintreten für die Egalisierung von Machtstrukturen, damit Verschiedenheit immer weniger aufgrund ungleicher Ressourcenzuteilung erzeugt wird, auf interaktiver Ebene die Erleichterung intersubjektiver Anerkennung zwischen gleichberechtigt Verschiedenen und auf individueller Ebene die Befreundung der Menschen mit ihrer inneren Vielfalt, also den ihnen bekannten und fremden Kräften, die ihre je verschiedene Identität ausmachen.

Pädagogisch Tätige sollten sich selbstkritisch mit ihrer eigenen individuellen Vielfalt auseinanderzusetzen, um nicht unterdrückte Persönlichkeitsanteile an anderen „auszulassen". Sie brauchen eine kritische Position zur gesellschaftlichen Dominanzkultur, in deren Auftrag sie meist stehen und haben den pro-

---

3 Der Begriff des „gelungenen Alltags" meint in Analogie zum „eigenen Leben" mehr als die bloße Alltagsbewältigung. Er schließt den normativen Anspruch der nach selbst bestimmten Maßstäben gestalteten persönlichen Lebenswelt ein (Thiersch 1986).

fessionellen Auftrag, die Menschen, mit denen sie arbeiten, in ihrer jeweiligen Besonderheit zu begleiten, damit sie sich selbst und andere anerkennen. Pädagog_innen brauchen daher Informationen über differente Sozialisationsbedingungen, die bei der alltäglichen Identitätsarbeit der Individuen sowohl ermöglichend als auch begrenzend wirken können. Sie brauchen Wissen über die Zusammenhänge von Dominanzkultur und Minderheitspositionen und die Einsicht in die Funktion von Stereotypen, Vorurteilen, Diskriminierung und deren Vermeidung. Gleichzeitig brauchen sie differenzsensibles Handlungswissen und den dazugehörenden professionellen Habitus, um Räume und Möglichkeiten zu gestalten, in denen Vielfalt wachsen kann, weil Toleranz gefördert und gelebt wird.

Die hier nur kurz umrissenen Theoriebausteine einer Diversity Education werden in einer Vorlesung differenzierter entfaltet, die für alle Teilnehmenden am Kieler Modell verpflichtend angeboten und ständig weiterentwickelt wird. Die Inhalte orientieren sich – auch im Hinblick auf ihre Reihenfolge – in etwa an den im Basiskompetenztraining vertieften Themen:

1. Themenzentrierte Interaktion (TZI) als Konzept für subjektzentriertes Diversitylernen in Gruppen
2. Wissenschafts- und gesellschaftstheoretische Grundlagen von Diversity Education
3. Umgang mit Gleichheit und Differenz in zentralen Bereichen (Gender, Ethnie, Behinderung, Sexualität…)
4. Heterogenität und Identitätslernen (Stabilitäts-, Fitness- und Respektnarration)
5. Managing diversity – Anregungen aus der Wirtschaftswissenschaft und kritischer Transfer auf Einrichtungen des Erziehungs- und Bildungswesens
6. Positiver Umgang mit Diversity in Systemen des Erziehungs-, Bildungs- und Sozialwesens anhand von Best-Practice-Beispielen.

Zielgruppen und Struktur des Trainings

Erprobt und evaluiert wurde das Kompetenztraining mit Diplomstudenten_innen der Pädagogik, die im Grundstudium am Kompetenztraining teilnahmen und im Hauptstudium als Tutor_innen eingesetzt wurden. Studierende des Lehramts sowie anderer nicht-pädagogischer Studiengänge besuchten – vor allem wegen ihrer nur geringen Pädagogikstunden, aber auch wegen der großen Zahl – die Trainings als Gruppenteilnehmer_innen und seit der Studienreform von 2007 die zugehörige Vorlesung. Die Tutor_innen haben zuvor alle das Training als Teilnehmende erlebt und sind mit den Inhalten und Perspektiven der Pädagogik der Vielfalt auch durch die Vorlesung vertraut. Sie werden in einer eigens für das Kompetenztraining angebotenen Tutor_innen-

Ausbildung auf ihre Gruppenleitungsaufgabe vorbereitet. Im darauffolgenden Semester leiten sie jeweils zu zweit eine Gruppe und werden während dieser Zeit durch Mentor_innen begleitet, die sich immer in der Endphase eines erziehungswissenschaftlichen Studiums befanden bzw. heute den pädagogischen Einfach-Master absolvieren. Im Laufe der Entwicklung wurden diverse neue Zielgruppen vor allem für das Kompetenztraining sowohl innerhalb als auch außerhalb der Universität erschlossen. Das komplexe Gesamtsystem soll im Folgenden auf dem Hintergrund der aktuellen Studiensituation zunächst im Überblick und dann im Einzelnen genauer vorgestellt werden:

Die Gesamtleitung liegt bei den *hauptamtlichen Mitarbeitern_innen der Abteilung Sozialpädagogik*. Sie sorgen für den organisatorischen Rahmen und notwendige Räumlichkeit sowie die Ressourcen (Metaplanmaterial, Filme, Fachbücher, Referenten/-innen aus der Praxis etc.) und die offiziellen Prüfungsmodalitäten. Mit ihren je unterschiedlichen Erfahrungen in der sozial- und schulpädagogischen Lehre, in Supervision oder Lerngruppencoaching stehen sie in direktem Kontakt mit den Mentor_innen (Masterstudierende), die sie in den Bereichen Aus- und Fortbildungsdidaktik sowie Gruppencoaching ausbilden. Zudem leiten sie – zusammen mit den Mentor_innen als Co-Lehrende – die Tutor_innen-Ausbildung. Die hauptamtlichen Mitarbeitenden sind für die Qualitätssicherung verantwortlich, stehen aber vornehmlich nur noch mit den Mentor_innen in direktem Lehr- und Beratungskontakt.

Die *Mentor_innen* vertiefen unter Anleitung der hauptamtlichen Dozent_innen in der Tutor_innen-Ausbildung die verschiedenen Teilthemen der Pädagogik der Vielfalt und begleiten die neuen Tutor_innen bei der Gruppenleitung.

Die *Tutor_innen* leiten ihrerseits in der Basisveranstaltung, also im „Kompetenztraining Pädagogik der Vielfalt", die Kleingruppen zu jeweils 12 bis14 Studierenden und werden dabei von den Mentor_innen beraten bzw. gecoacht.

Die ideale Gruppengröße beträgt zwischen 10 und 16 Teilnehmenden, wünschenswert ist eine in jeder Hinsicht heterogene Zusammensetzung, weil ein Großteil der Lernprozesse und zu erwerbenden Kompetenzen in den Gruppen selbst erlebt und gefestigt werden kann. Nicht immer existiert Vielfalt im Hinblick auf Geschlecht, Alter, ethnische Herkunft, Lebensstil und Studiengang bzw. Tätigkeitsbereich, aber die potenziell mögliche Heterogenität sollte in den Gruppen repräsentiert sein. Bereits die Erkenntnis, dass es sich bei den Teilnehmenden um eine augenscheinlich recht homogene Gruppe handelt, kann jedoch in ihrer Bedeutung für die gemeinsame Arbeit und in Bezug auf das Thema zum Gegenstand der Reflexion werden.

Um einen plastischen Eindruck in die Gruppenarbeit zu vermitteln, sollen exemplarisch mögliche thematische Bausteine der Basisgruppe vorgestellt werden:

1. „Wir setzen die Segel": thematische und organisatorische Einführung
2. "Ankommen bei mir, bei uns, bei unserem Thema": Einführung in die Gruppenarbeit nach TZI
3. „Gemeinsam verschieden sein": Einführung in die Grundlagen einer Pädagogik der Vielfalt in Anlehnung an die Thesen von Annedore Prengel (Prengel 1995: 181–196)
4. „Den Alltag gestalten oder „Vielfalt, to go": Praktische Anwendung der „Prengel-Thesen"
5. „Spieglein, Spieglein an der Wand – Was dem produktiven Umgang mit Heterogenität im Wege stehen kann": Vorurteile, Stereotype, Diskriminierung, Toleranz und Anerkennung
6. „Ich sehe was, was Du nicht siehst!": Personale Differenzverhältnisse: Innere und äußere Dimensionen von Vielfalt
7. „Der Andere ist anders – er ist wie Du!": Integrative Pädagogik: Über die Verletzlichkeit von Psyche und Soma
8. „Fremdheit erleben!": Interkulturelle Pädagogik/Migrationspädagogik
9. „Was heißt hier schon normal?": Sexuelle Identität und Genderpädagogik
10. „Zeig nicht mit dem Finger auf mich!": Erfahrung und Reflexion von Randständigkeit durch biografische Selbstreflexion
11. „Was eint uns in der Trainingsgruppe und was unterscheidet uns voneinander?": Heterogenitätsthemen der Gruppe erkunden
12. „Gleichheit ist ein Verhältnis, in dem Verschiedenes zueinander steht": Bearbeitung des wichtigsten Differenzverhältnisses in der Trainingsgruppe
13. „Holt die Segel ein!": Auswertung des Kompetenztrainings in der Basisgruppe und Rückmeldung an die Tutor_innen

Die Erfahrungen aus der Durchführung des Trainings zeigen, dass es sich in der Ausbildung anbietet, ein drei Semesterwochenstunden umfassendes Seminar durchzuführen (das heißt, zweieinhalb Zeitstunden pro Woche und das ca. 13 Wochen hintereinander) mit einer möglichst zu Beginn integrierten Kompaktphase. So bietet sich die Möglichkeit zu intensiver Gruppen- und Kleingruppenarbeit, die zielorientiert sowohl Bereiche der personalen, der Sach- und Handlungskompetenz umfasst und den Umgang mit Heterogenität als Kompetenz erlernen lässt. Da die meisten Universitätsveranstaltungen zwei Semesterwochenstunden dauern, gab es unter den Studierenden immer wieder Irritationen über die Vergleichbarkeit der Anforderungen. Die abnehmende Bedeutung der reinen Anwesenheit und die zunehmende Bedeutung der „workloads" hat dieses Problem jedoch leicht reduziert. Dennoch gibt es immer noch Studierende, die deshalb diese Veranstaltung nicht wählen.

Wer sich von den Bachelorstudierenden nach dem Besuch des Basistrainings für die Weiterarbeit am Thema entscheidet, lässt sich zum_r Tutor_in ausbilden und leitet in dem darauf folgenden Semester eine Gruppe.

Das gilt fast durchweg für die Studierenden des „Bachelor of Arts in Education", die später im außerschulischen Bereich oder als Schulsozialarbeiter_innen arbeiten. Die angehenden Lehrer_innen können sich mit ihren wenigen Pädagogikstunden nur noch freiwillig auf diesen Themenschwerpunkt konzentrieren.

Bei der Vorbereitung auf die Vermittlungstätigkeit in Gruppen sollten sich die Gruppenleitenden über ihre Kompetenzen als Leitungspersonen bewusst werden. Dies beinhaltet, den eigenen Leitungsstil zu kennen, ihn mit der zu leistenden Aufgabe in Einklang zu bringen und professionell mit fruchtbaren Momenten und Störungen im Lernprozess umzugehen. Um den zu vermittelnden Inhalt auch angemessen umzusetzen, geht es darum, personenorientiertes und lebendiges Lernen zu praktizieren, partizipativ zu leiten und Störungen als Chance zu nutzen, um mit Heterogenität produktiv umzugehen.

Um die Prozesse in Trainingsgruppen verstehen zu können, muss ein gewisses Bewusstsein über die Bedeutung und Entwicklung von Gruppenphasen vorhanden sein. Es gibt zwar keine Gesetzmäßigkeiten in Gruppen, wohl aber eine plausible Phasenentwicklung und die Herausbildung von Normen und Rollen, die (fast) unabhängig vom Thema einer Gruppe immer wieder erkannt werden. In der Ausbildung von Gruppenleitenden für den Umgang mit Heterogenität sollten diese gruppenpädagogischen Erkenntnisse mit dem Inhalt in Verbindung gebracht werden, damit ein lebendiges und ganzheitliches Lernen ermöglicht wird.

Didaktische Kompetenz zur Vermittlung der Inhalte einer Pädagogik der Vielfalt erwerben die Tutor_innen durch die bereits oben angesprochene Übereinstimmung von Inhalt und Form, das heißt durch die Vermittlung von Grundhaltungen einer Pädagogik der Vielfalt mit dem dazu passenden methodischen Instrumentarium. Eine Trainingsgruppe lässt sich umso lebendiger und interessanter gestalten, je mehr die verschiedenen Lerngewohnheiten und -typen der Teilnehmenden in der eingesetzten Methodenvielfalt ihre Entsprechung findet. Methoden sollten aber nicht wahllos eingesetzt werden, sondern bedürfen einer Vorabreflexion im Hinblick auf ihre Nützlichkeit: Welche Methode ist für das Thema sinnvoll, für die Gruppe motivierend, für die Einzelnen von Bedeutung und in der aktuellen Gruppenphase angebracht? Vor allem soll vermieden werden, dass die Gruppenleitenden aus eigener Unsicherheit eine vorgefertigte didaktische Dramaturgie ohne Ansehen der konkreten Gruppe und ihrer Dynamik „abspulen" und dadurch dem eigentlichen Ziel des Trainings entgegenarbeiten. Andererseits haben sich gewisse Themen, Methoden und didaktische Abläufe in den schon evaluierten Trainings bewährt und können der Ausbildung als Sicherheit vermittelnde Basis zugrunde gelegt werden. Allen Tutor_innen wird zu Beginn des Ausbildungsmoduls ein umfangreicher Reader mit den entsprechenden Materialien ausgehändigt.

Um die gerade angesprochene Sicherheit des Gruppenleitens auch den noch lernenden Gruppenleiter_innen zu vermitteln, kommt die Ausbildung nicht daran vorbei, gewisse didaktische Arbeitsschritte und Methoden zu standardisieren. So hat sich etwa als nützlich erwiesen, einen variabel anwendbaren Fundus von didaktischen Impulsen anzubieten und deren Anwendung zu erlernen. So sollten die Leitenden verschiedene Phasen einer Übung kennen und in der Lage sein, die Auswertung so zu steuern, dass sowohl die Ich- und Wir-Ebene, als auch Thema und Struktur berücksichtigt werden.

Die Tutor_innen im Kompetenztraining der Vielfalt an der Universität Kiel haben die Inhalte des Trainings bereits durch die Teilnahme an den Gruppen im Semester davor erfahren. In ihrer Tutor_innenausbildung geht es jetzt darum, wichtige Übungen und Impulse aus der Perspektive der Anleitenden noch einmal zu erleben, um ein tieferes Verständnis des damals Erfahrenen zu gewinnen und sich nach und nach von dem ganz persönlichen Zugang zu der jeweiligen Übung lösen zu können. Das ist wichtig, um beim Einsatz des gleichen Impulses in einer Trainingsgruppe eine verständliche Einführung zu gestalten und sich ganz den Erfahrungen der Gruppenteilnehmer_innen zuwenden zu können. Zudem sollen in der Ausbildung Alternativen zu den bereits zuvor miterlebten Impulsen vorgestellt und unter Umständen erprobt werden.

In einem eigenen Modul mit dem Titel „Vermittlungskompetenz in Gruppen" werden die Tutor_innen auf ihre Aufgabe vorbereitet und während der Praxisphase durch die Mentor_innen begleitet. Zusammenfassend werden folgende Kompetenzen erlernt:

- inhaltliches Vertrautwerden mit den Themenbausteinen des Kompetenztrainings,
- didaktische Kompetenz zur Vermittlung der Inhalte einer Pädagogik der Vielfalt,
- Leitungskompetenz in Gruppen,
- Gruppenphasen und Gruppenprozesse erkennen und steuern,
- Anleiten und Auswerten von Übungen und inhaltlichen Impulsen sowie
- Selbstsupervision und Qualitätsentwicklung.

Die Studierenden des konsekutiven Masterstudiengangs werden mit Hilfe der Zusatzmodule „Curriculumentwicklung" und „Grupppenleitungscoaching" zu Mentor_innen, das heißt zu Lehrenden und Lerncoachs für die Tutor_innen ausgebildet.

Sie wirken in der Tutor_innenausbildung mit und beraten die Tutor_innen während ihrer Gruppenleitung. Nach jeder Trainingssitzung findet mit je drei oder vier Tutor_innen-Teams unter Leitung eines Mentors oder einer Mentorin eine zweistündige Praxisberatung statt. Die Mentor_innen verfügen über fundierte Kenntnisse zur Pädagogik der Vielfalt, gute Kompetenzen im Bereich der Gesprächsführung und sind in der Lage, auf einer Meta-Ebene die Leitungsrolle der Tutor_innen zu reflektieren. Auch für diese Anforderungen wurde ein Kompetenzprofil entwickelt, das hier in Form der zentralen Lernziele dargestellt wird. Die Mentor_innen können

- fachliche Hintergründe fortlaufend selbstständig vertiefen,
- Praxisbezüge suchen und analysieren,
- Aus- und Fortbildungen curricular planen, durchführen und auswerten,
- Gruppenprozesse und Leitungsverhalten differenziert wahrnehmen, analysieren und rückmelden,
- verschiedene methodische Möglichkeiten des Feedbackgebens anwenden,
- pädagogische Professionalität (z.B. Nähe und Distanzverhalten) ausstrahlen und vermitteln,
- mit ausreichenden Gesprächsführungskompetenzen Gruppenleiter_innen zur Optimierung ihres Verhaltens motivieren,
- Konflikte erkennen und Strategien des Konfliktmanagements anwenden,
- Grundlagen aus Supervisions- und Intervisionskonzepte situationsspezifisch auswählen und nutzen sowie,
- Strategien des Bildungsmanagements anwenden.

Das aufeinander aufbauende Lernmodell führt mit jeder neuen Stufe zu einer Vertiefung der Inhalte und der eigenen Gruppenleitungskompetenz. Das Ausbildungsmodell ermöglicht effektives Lernen, da sowohl die Gruppenleitungen (Tutor_innen als auch ihre Berater_innen und Mentor_innen) als Lernhelfer_innen fungieren und dabei ihrerseits einen Lernprozess durchlaufen, der von kompetenter Seite, nämlich hauptamtlichen Dozent_innen, begleitet wird. Inhaltlich sind sie auf der entsprechenden Ebene immer ein Stückchen weiter als die Studierenden in den Stufen davor und erfahren durch die partizipative Leitung sowie durch die jeweils eingenommene Metaebene einen zusätzlichen Lerngewinn. So wird es möglich, Pädagogik der Vielfalt Schritt für Schritt zu erfahren und zu verstehen, thematisch zu erfassen und als pädagogische Einstellung in das eigene pädagogische Selbstverständnis zu integrieren.

Berufsrelevanz und Transfer in die pädagogische Praxis

Das Trainingsprogramm befähigt die Bachelorstudierenden nach dem Studium in allen pädagogischen Bereichen Diversity-Kompetenz zu beweisen und Praxisgruppen zu leiten, in denen Heterogenität bewältigt werden muss. Die Masterstudierenden sind durch die spezifische didaktische und beraterische Ausbildung geeignet, als Multiplikator_innen in der Aus- und Weiterbildungspraxis tätig zu werden. Die meisten Inhalte und Methoden des Diversity-Lernens sind über die universitäre Anwendung hinaus hilfreich in der Ausbildung von Studierenden an Fachhochschulen, von Schüler_innen an Fach- und Berufsfachschulen für Sozialpädagogik. Da Teile des Diversity-Kompetenzerwerbs inzwischen auch in andere interdisziplinäre Studiengänge Eingang gefunden haben, werden in der Pädagogik ausgebildete Masterstudierende auch dort als Gruppenleitungen eingesetzt. So müssen die Teilnehmenden des Masterstudiums „Migration und Diversität" zum Beispiel das Modul „Umgang mit Heterogenität" absolvieren. Sie besuchen die Vorlesungen und werden in begleitenden Kompetenztrainings von – auf Interkulturalität spezialisierten – Tutor_innen angeleitet. Ähnliches gilt für einen weiteren berufsbegleitenden Masterstudiengang „Management Diversity" und ebenso für die Ausbildung von Erzieher_innen an der Kieler Fachschule für Sozialpädagogik. Da inzwischen mehr Tutor_innen und Mentor_innen ausgebildet als in der Pädagogik selbst benötigt werden, können einzelne Untergruppen sich auf andere Handlungsfelder spezialisieren.

Einzelne fachliche und methodische Bausteine eignen sich auch für die Schulsozialarbeit an allgemeinbildenden Schulen und mit Klient_innen-Gruppen in der Jugendarbeit. Themen und Arbeitsweisen müssen und können von den „überzähligen" Multiplikator_innen schon während des Studiums oder in einer daran anschließenden Berufstätigkeit dem jeweiligen Kontext angepasst werden.

Da das Bachelorpraktikum in der Pädagogik betreut wird, kann die Erfahrung des Kompetenztrainings mit ersten praktischen „Gehversuchen" auch in dieser Hinsicht in diversen Handlungsfeldern verbunden werden. Die Praxiseinheiten des Masterstudiums können flexibel an die Erfordernisse einzelner Einrichtungen angepasst werden, so dass die Studierenden in Schulen, Jugendeinrichtungen und allen Feldern der Sozialen Arbeit als Diversity-Fachkräfte lehrend und evaluierend tätig werden können.

Bisherige Evaluationserfahrungen

Während der inzwischen zehnjährigen Geschichte des Studiensystems zur Pädagogik der Vielfalt wurden verschiedene Formen der Input-, Prozess- und Produktevaluation durchgeführt, um das Angebot in Form einer „rollenden Reform" zu optimieren.

Zunächst standen die Zwischen- und Endauswertungen der Tutor_innen und Mentor_innen eines jeden Semesters mittels didaktisch nützlicher Feedbackmethoden zur Verfügung (Zielscheibendiagramm, Positionsstühle zu den TZI-Faktoren Ich, Gruppe, Thema, Struktur und Globe, strukturierte Gruppendiskussionen), mit denen im laufenden Prozess die nötigen Feinjustierungen vorgenommen, am Schluss eines jeden Durchgangs aber auch weitergehende Konsequenzen gezogen wurden.

Sehr aussagekräftig waren und sind immer noch die sowohl von den „Endverbrauchern" als auch von den Tutor_innen angefertigten TZI-Protokolle, mit denen jede einzelne Person rückwirkend die erfahrenen Lernprozesse analytisch betrachtet. Von Zeit zu Zeit wurden durch Diplomanden_innen oder auch Examenskandidaten_innen Inhaltsanalysen dieser Protokolle vorgenommen, so dass in einem qualitativ sehr aussagekräftigen induktiven Verfahren Einsichten zu dem Verlauf der Trainings und der Lernprozesse aller Beteiligter gewonnen wurden.

Des Weiteren wurden weitere empirische Verfahren zur Ergebnisevaluation eingesetzt, die in der Regel im Rahmen von Anschlussarbeiten angewandt und ausgewertet wurden: Fragebögen oder Interviews mit Absolvent_innen der Trainings oder auch mit den Gruppenleiter_innen sowie Gruppendiskussionen.

Im Folgenden werden wichtige Evaluationsergebnisse aus den verschiedenen Perspektiven der beteiligten Personengruppen in Thesenform vorgestellt, die während der gesamten Anwendungsphase mit Hilfe der mehrperspektivischen Evaluation relativ konstant eine Gesamteinschätzung des hochschuldidaktischen Modells ermöglichen.

Evaluationsergebnisse aus der Perspektive der Teilnehmenden der Trainings

Die große Gruppe der „Endverbraucher_innen" steht dem Peer-education-Ansatz zu 80 Prozent positiv bis sehr positiv gegenüber. Das lebendige Lernen nach der Themenzentrierten Interaktion wird als motivierend und nachhaltig bezeichnet. Die Tutor_innen arbeiten aus ihrer Perspektive sehr engagiert und in ausreichendem Maße gut vorbereitet. Etwa 20 Prozent kritisieren fast durchgehend die vor allem gruppendynamischen Trainingselemente als unnötig, oft auch als unangenehm und nutzen dazu oft die Bezeichnungen „Kuschelpädagogik", „Kreisspiele" oder ähnliche Abwertungen.

Die eingesetzten Arbeitsformen werden als hoch motivierend und vor allem für die Praxis als besonders relevant bezeichnet. Einige unsystematische Befragungen von Absolvent_innen hatten zum Ergebnis, dass sehr viele in ihren pädagogischen Tätigkeitsfeldern auf die didaktischen Impulse und methodischen Bausteine zurückgegriffen haben.

Sowohl die Themen als auch die Arbeitsformen regen informelle Kommunikation in den studentischen Peers an. Die Teilnehmenden berichten davon, konfliktreiche Auseinandersetzungen vor allem zu Genderthemen und Fragen der sexuellen Identität aber auch zu differenten Lebensstilen mit ihren Freund_innen weiterzuführen.

Die hochschuldidaktischen Arbeitsformen strahlen auf andere Seminare aus. Über die Hälfte der Teilnehmenden berichten davon, dass sie bei Referaten und Sitzungsleitungen auf diverse Sozialformen und Partizipationsideen zurückgreifen, die sie in den Trainings als hilfreich erfahren haben oder selbst im geschützten Raum der Gruppe mit wohlwollenden Rückmeldungen der anderen Teilnehmenden erproben konnten.

Als kritische Rückmeldung wird stets angegeben, dass in der zur Verfügung stehenden Zeit zu viele Einzelthemen bearbeitet werden und dann nicht alles „hängen bleibt". Genauere Erhebungen ergaben, dass die Interessen der Trainingsteilnehmenden, beispielsweise zwischen Lehramtsstudierenden und anderen Pädagog_innen oft so disparat sind, dass sie sich am Liebsten nur mit den ihr eigenes Berufsfeld betreffenden Themen auseinandersetzen würden. Hinzu kommt, dass weniger qualifizierte Tutor_innen sich aus Konfliktangst nicht trauen, den Gruppenprozess in die Tiefe zu moderieren und daher schneller von einem Thema zum anderen und von einem methodischen Impuls zum anderen wechseln.

Evaluationsergebnisse aus der Perspektive der Tutor_innen

Die Tutor_innen bezeichnen sich durchweg als sehr engagiert. Die Gruppenleitung erfahren sie als – im Hochschulalltag seltene – Ernstsituation, in der sie möglichst positiv auffallen und wertschätzende Rückmeldungen bekommen wollen.

Unabhängig von den erreichten Leistungspunkten steckt die Mehrheit sehr viel Arbeit in die Vor- und Nachbereitung der Sitzungen und registriert einen hohen Lernzuwachs in fachlicher und didaktischer Hinsicht.

Ein Großteil der Tutor_innen ist ohne Teamerfahrungen an die Hochschule gekommen und musste sich zum Teil mühsam an ein effektives Teamteaching gewöhnen. Sympathie und Verlässlichkeit sind den meisten dabei wesentlich wichtiger als Heterogenität der Kompetenzen.

Viele äußern sich unzufrieden mit dem „Service d'rum herum". Sie haben nicht immer die Zeit und die Energie, sich um Ausweichräume oder Materialien zu kümmern, die sie für die Gruppenarbeit benötigen. Das „Überstehen" der wöchentlich stattfindenden drei Trainingsstunden mit den oft anstrengenden Auswertungssitzungen führt zu einer Versorgungserwartung an die Mentor_innen.

Durchweg wird ein Mangel an Anerkennung von Seiten der Mentor_innen beklagt, die überwiegend kritische Rückmeldungen gäben und zu wenig berücksichtigen würden, dass sie als Tutor_innen das Gruppenleiten noch lernen müssten.

Evaluationsergebnisse aus der Perspektive der Mentor_innen

Die Mentor_innen sind noch mehr als die Tutor_innen mit Rollenfindungsproblemen befasst. Sie fühlen sich mehrheitlich didaktisch gut ausgebildet, spüren aber sehr oft deutliche Defizite im Umgang mit den Tutor_innen. Von denen fühlen sie sich in die Rolle von „kleinen Dozent_innen" hineingedrängt, die viel „herumnörgeln", ohne wirklich zu helfen.

Sie selbst betrachten mehrheitlich ihr Gruppenleitungscoaching als gelingend, spüren bei den Tutor_innen auch Engagement und Lernzuwachs durch die Rückmeldungsprozesse, gleichzeitig aber auch viel Angst vor Versagen und negativer Kritik. Nicht gelingende Sitzungen wären sehr schambesetzt und nur mit größter Vorsicht anschließend zu thematisieren.

In den Beratungssitzungen spiele ständig das Subthema der Bewertungskonkurrenz eine Rolle, da immer drei Teams zusammen beraten werden und die Angst vor Imageverlust das wechselseitige Lernen behindert.

Ein großes Problem des Gruppenleitens sei die oft mangelnde Balance zwischen Anerkennung von Verschiedenheit und produktiver Konfrontation. Die Tutor_innen fürchteten bei herausfordernden Statements den „Liebesverlust" ihrer Gruppenteilnehmenden und ließen vieles unter dem Stichwort „Anerkennung von Vielfalt" im Raum stehen, obwohl eine qualifizierte Auseinandersetzung alle Beteiligten weiter bringen könne.

Die Mentor_innen sind der Meinung, dass einige Sachthemen zu kurz kämen, weil die Tutor_innen aus Angst vor mangelnder inhaltlicher Kompetenz einer Vertiefung oft auswichen.

Vor allem die unsicheren Tutor_innen klebten zu sehr an der Beispiel-Grobplanung und achteten zu wenig auf den Gruppenprozess, so dass ein wesentliches Element des lebendigen Lernens nach TZI zu kurz käme.

Evaluationsergebnisse aus der Perspektive der hauptamtlichen Dozent_innen

Die viele Arbeit beim Start des Gesamtprogramms zahle sich jetzt aus. Im Fachbereich gäbe es eine partizipative Lehr- und Lernkultur und die Rahmenbedingungen seien im Laufe der Jahre etabliert worden. Die Raumplanung der

Universität habe sich auf die vielen Kleingruppen eingestellt, die Mediathek sei mit gutem Anschauungsmaterial bestückt und für alle Ausbildungsebenen gäbe es ein bewährtes Curriculum.

Das Qualitätsmanagement sei ihnen als Hauptverantwortlichen sehr wichtig, da das gesamte hochschuldidaktische Modell immer wieder nach außen verteidigt werden müsse. Manche Kolleg_innen neideten ihnen einerseits das große Engagement der Studierenden, zweifelten andererseits ständig an der fachlichen Qualität von Lernprozessen, die von Studierenden für andere Studierende angeboten werden.

Ein Problem sei immer wieder die im neuen Studiensystem verschärfte Notengebung, die nicht von den Tutor_innen vorgenommen werden dürfe, obwohl sie am meisten von den Lernprozessen der Teilnehmenden in den Basisseminaren mitbekämen. Eine diskursive Bewertung, die letztlich von ihnen als Hauptverantwortlichen vorgenommen werden müsse, sei sehr aufwändig.

Ein Ergebnis der Evaluation des Trainings im Rahmen verschiedener Studienordnungen sei die Notwendigkeit, sowohl die Basistrainings selbst als auch die Tutor_innen-Tätigkeit nur als Wahlpflichtangebot zur Verfügung zu stellen und in der Pädagog_innen-Ausbildung nicht verpflichtend zu machen. So wichtig das Thema für alle sei und vor allem für jene, die anfangs am wenigsten Interesse verspüren, so lähmend können unmotivierte Gruppenteilnehmer_innen vor allem für noch lernende Gruppenleitungen sein.

Alle Dozent_innen äußerten gelegentliche Probleme bei der Delegation von Verantwortung, weil sie letztlich die Ergebnisqualität zu verantworten hätten und das manchmal nicht zu verhindernde Misslingen von Lehr- und Lernprozessen nur schwer auszuhalten sei.

Literatur

Beck, Ulrich (1986): Risikogesellschaft. Riskante Freiheiten, Frankfurt a.M.: Suhrkamp.
Fraser, Nancy/Honneth, Axel (2003): Umverteilung oder Anerkennung? Eine politisch-philosophische Kontroverse. Frankfurt a. M.: Suhrkamp.
Honneth, Axel (1992): Kampf um Anerkennung. Zur moralischen Grammatik sozialer Konflikte, Frankfurt a. M.: Suhrkamp.
Honneth, Axel (2002): Befreiung aus der Mündigkeit. Paradoxien des gegenwärtigen Kapitalismus. Frankfurt a. M.: Campus.
Lamp, Fabian (2007): Soziale Arbeit zwischen Umverteilung und Anerkennung. Der sozialpädagogische Umgang mit Differenz. Bielefeld: transcript.
Langmaack, Barbara (2004): Einführung in die Themenzentrierte Interaktion TZI: Leben rund ums Dreieck. Weinheim: Beltz.
Langmaack, Barbara/Braune-Krickau, Michael (2000). Wie die Gruppe laufen lernt. Anregungen zum Planen und Leiten von Gruppen. Weinheim: Beltz.
Prengel, Annedore (1995): Pädagogik der Vielfalt. Opladen: Leske + Budrich.

Sielert, Uwe/Jaenecke, Katrin/Lamp, Fabian/Selle Ulrich (2009): Kompetenztraining Pädagogik der Vielfalt. Ein Handbuch. Weinheim: Juventa.

Thiersch, Hans (1986): Die Erfahrung der Wirklichkeit. Perspektiven einer alltagsorientierten Sozialpädagogik. Weinheim: Juventa.

Susanne Lummerding

Diversifizieren

Zur Interrelation der Produktion von Wissen
und der Produktion von Differenz[1]

Auf welche Weise genau hängen Diversität und Wissensproduktion zusammen? Was bedeutet dies für die Lehre? Und welche wissenschaftlichen und gesellschaftspolitischen Konsequenzen und Potentiale knüpfen sich an eine Praxis des Denkens und Handelns, die diesen Zusammenhang berücksichtigt? Diesen Fragen möchte ich im Folgenden mit Blick auf aktuelle bildungspolitische Entwicklungen nachgehen. Es kann nicht darum gehen, Diversität als „Gegenstand" von Wissen handhabbar und gewinnbringend managebar zu machen, sondern es gilt vielmehr, Diversität hinsichtlich ihrer konstitutiven Funktion und ihrer Voraussetzungen zu analysieren, um jenseits eines ökonomisch-organisatorischen Verwertungspotentials vor allem auf eine Argumentationsgrundlage für Kritik und Veränderung hegemonialer und vor allem diskriminierender und exklusiver Strukturen von Wissen und Gesellschaft zu fokussieren. Besonders die Vorstellung von Ein-deutigkeit (von Wissen/Realität/Identität) – als gängigen Parameter von Sicherheit bzw. Absicherung – gilt es kritisch zu re-vidieren und demgegenüber Un-ein-deutigkeit und Risiko in ihrer politischen Relevanz als Voraussetzung für Handlungsfähigkeit und Verantwortung (nicht nur im Lehr-/Lernprozess bzw. im Hochschulkontext) wahrnehmbar, also operabel zu machen.

Selbstorganisation – Bewegung statt Stillstand

Beispielhaft zeigte sich die gesellschafts- und bildungspolitische Relevanz einer kritischen Re-vision tradierter, an die Vorstellung von Kohärenz und Ein--

---

[1] Der vorliegende Text basiert in modifizierter und erweiterter Form auf einem früheren Artikel (ZuMutung als Anspruch. Diversität und Wissensproduktion im Kontext universitärer Seminarangebote für Graduierende), erschienen in Heft 3/2011 der Zeitschrift Diversitas - Zeitschrift für Managing Diversity und Diversity Studies, ‚Lernen, Wissen und Kompetenzen im Umgang und Managen von Vielfalt', hg. von Bendl, Regine/de Ridder, Daniela/Koall, Iris, München: USP Publishing Kleine Verlag 2011. S. 27-32.

deutigkeit gekoppelter Begriffe von Wissen, Identität und Handeln in den Studierendenprotesten vom Herbst 2009, insbesondere in Wien.[2] Dies nicht nur in den von den Studierenden artikulierten Forderungen nach antidiskriminatorischen Betriebsvereinbarungen in allen Bildungseinrichtungen, nach Demokratisierung statt Ökonomisierung von Bildung, nach selbstbestimmtem, forschendem Studieren und folglich auch forschungsgeleiteter, forschender Lehre, statt Verschulung und Bürokratisierung (Heissenberger/Mark/Schramm/Sniesko/Süss 2010),[3] sondern auch in der Organisation, Durchführung und Kommunikationskultur der Proteste selbst. Diversität und Inkohärenz der Positionen des Protests wurden nicht als „Störung" adressiert, sondern vielmehr als nicht nur unumgänglicher sondern vor allem konstitutiver Faktor konflikthaften Ausverhandelns gesellschaftlicher Realität kontinuierlich sichtbar gemacht sowie reflektierend und kontrovers verhandelt. Genau dieses Fokussieren auf Prozesshaftigkeit, Veränderbarkeit und auf die Involviertheit in hegemoniale Strukturen des Ausverhandelns heterogener Positionen und Interessen zeigt sich u.a. in einem – den beständigen Versuchen massenmedialer Berichterstattung, zentrale *key player* zu identifizieren sowie eine ein-deutige Rahmung der Proteste festzumachen entgegengesetzten – beharrlichen Verweigern vereindeutigender Festschreibungen und im wiederholten Hinweis zahlreicher Protestierender auf die dezentrale Struktur und die Agenda der Proteste und auf

---

2 Kurz darauf folgten österreichweit sowie an zahlreichen anderen europäischen Universitäten weitere Protestbewegungen, die seither wieder vielfach aufgenommen werden. Bemerkenswert nicht nur in Bezug auf diese Studierendenproteste, sondern auch in Bezug auf aktuelle, seit Februar 2011 in Nordafrika, Europa und Südamerika entstehende Protestbewegungen gegen jeweils spezifische Mißstände und Unterdrückungsverhältnisse ist weniger die in allen Fällen ungeachtet ihrer äußerst diversen gesellschaftlich-politischen Kontexte zu beobachtende zentrale Bedeutung so genannter neuer Medien bzw. Web 2.0 für ihre Organisation und Repräsentation, sondern vielmehr ihre dezentrale und anti-identitäre, diversitätsorientierte Organisation und (Selbst)Repräsentation. Siehe dazu ausführlicher Lummerding 2011c, 2012a, 2012b.
3 Siehe dazu den Forderungskatalog vom 25.10.2009, der nur wenige Tage nach der initialen spontanen Besetzung des Audimax der Universität Wien online verfügbar war: http://unibrennt.at/?p=383 [Zugriff: 09.10.2011]. Lehrende vor allem der mittleren und unteren universitären Hierarchieebenen, die die Proteste auch aktiv unterstützen, unterstrichen diese Forderungen ergänzend mit eigenen Forderungskatalogen.
http://unibrennt.at/?p=6188&lang=de;
http://unibrennt.at/wiki/index.php/Squatting_Teachers#Forderungen
[Zugriff: 11.10.2011]. Der breiten Solidarisierung unterschiedlicher Protestgruppen für bessere Arbeitsbedingungen gingen unter anderem heftige Auseinandersetzungen um die Einführung von Kollektivverträgen an den Universitäten voraus. Der mit Herbst 2010 in Kraft getretene Kollektivvertrag wird bis heute, sowohl Vertragsdauer als auch Lohnhöhe betreffend, in zahlreichen Fällen an unterschiedlichen Instituten nicht eingehalten. (Vgl. Interessensgemeinschaft LektorInnen und WissensarbeiterInnen (Hg.), 15 Jahre IG LektorInnen und WissensarbeiterInnen, Wien 2011, online:
http://ig-elf.at/fileadmin/homepage/Archiv/Texte/Broschuere_wissensarbeit-prekaer-organisiert.pdf, [Zugriff: 26.10.2011].

ihre jeweils eigene Position als variable Knotenpunkte in einem offenen Prozess (Wendt 2010).[4]

Von übergreifendem Interesse sind diese Proteste nicht nur, weil hier partizipatorisch-demokratische Prozesse innerhalb strikt hierarchisch organisierter Strukturen erprobt wurden und werden, sondern vor allem auch, weil hier alternative Formen der Zuerkennung von Expert_innenschaft und Vertretungsrecht bzw. Legitimierung in Sprecher_innenfunktion sowie auch Formen der Kritik und Ausverhandlung von Handlungsoptionen im Fall von sexistischen, homophoben, rassistischen oder in anderer Weise diskriminierenden Übergriffen entwickelt und praktiziert wurden. Mit nachhaltiger Wirkung wurde zudem von Beginn an in der gesamten Protestkommunikation online wie offline eine genderreflexive Schreibweise unter Verwendung des Unterstrichs durchgesetzt (vgl. F_L_I_T_Kollektiv 2010; Bernold 2012: 154f.). Die Beherbergung von Obdachlosen am organisatorisch wie auch medial-repräsentativ wohl wichtigsten Knotenpunkt der Proteste, im Audimax der Universität Wien, entsprach dabei nicht nur dem dezidiert anti-diskriminatorischen Selbstverständnis der Protestbewegung, sondern verwies darüber hinaus zum einen auf die gesamtgesellschaftlichen Probleme sozialer und bildungspolitischer Ungleichheit und zum anderen auf die wechselseitige Bedingtheit unterschiedlicher Sektoren des Bildungssystems, des Arbeitsmarkts, Rechtssystems, ökonomischer Strukturen und schließlich eines Kultur-, Wissens- und Bildungsbegriffs selbst.[5] Als „nach nur einem Jahr medial und wissenschaftlich best dokumentierte, meist beobachtete und rekapitulierte soziale Bewegung der letzten Jahre" (Bernold 2012: 150; www.unibrennnterfilm.at) konnten die Proteste zwar bis auf minimale Zugeständnisse keine Umsetzung ihrer Forderungen erreichen, bewirkten jedoch eine breite und nachhaltige öffentliche Diskussion des Themas Bildung und lenkten den Blick auf die Bedeutung des Bildungsbereichs für die Reproduktion (bzw. idealiter für die Bekämpfung) sozialer Ungleichheit und auf die Interdependenz gesellschafts-, wirtschafts- und wissenschaftspolitischer sowie wissenschaftstheoretischer Fragestellungen.

Viele der in den Protesten zu beobachtenden Forderungen, Kompetenzen und Praktiken – wie antidiskriminatorische Maßnahmen und Strukturen, gleichberechtigte Partizipation aller, Selbstorganisation und Selbstverantwortung, kritische Begriffsanalyse und -praxis sowie prozessorientiertes Vorgehen – entsprechen im wesentlichen jenen Zielsetzungen, die auch für eine diversitätsreflexive Forschung, Beratung und Lehre geltend zu machen sind. Spätestens die Proteste konnten also verdeutlichen, dass Lehre – entgegen einer di-

---

4 Vergleichbar in Bezug auf die Proteste in Tunesien und anderen Ländern siehe u.a. Ben Mhenni 2011: 8.
5 Zur Ambivalenz der Partizipation der Obdachlosen an den Protesten, durch die zugleich entscheidende Differenzen keineswegs aufzulösen waren, vgl. Bernold 2012: 155.

chotomen Vorstellung von Wissen versus Nicht-Wissen, Forschen versus Lehren, oder Lehren versus Lernen – nicht auf die Vermittlung gegebenen Wissens zu reduzieren, sondern vielmehr als kontingente Herstellung von Wissen zu verstehen ist, als ergebnisoffener und unabschließbarer Prozess des Ausverhandelns einer Vielzahl unterschiedlicher Positionen und Interessen, zu dessen Gestaltung und Wirkung alle Beteiligten entscheidend beitragen. Dass dies nicht als Ein-Weg-Kommunikation gedacht werden kann, ist nicht gleichbedeutend mit der Aufhebung von Machtverhältnissen, sondern bedeutet vielmehr, diese – als wechselseitige Bedingtheiten – neu zu denken (Schuller 2010: 201). Diversität und Wissensproduktion sind nicht nur auf einer je konkreten Wahrnehmungs- und Artikulationsebene eng verknüpft, sondern – und das ist für eine theoretische wie politische Praxis entscheidend – auf eine fundamentale bzw. konstitutive Weise, nämlich auf der Ebene ihrer Möglichkeitsbedingung bzw. Intelligibilität. Eine kritisch-reflexive Auseinandersetzung mit Diversität ist daher nicht ohne die Frage nach ihren Herstellungsbedingungen und damit nach ihrer Funktion zu denken. Es gilt also, nicht nur in Bezug auf die Wahrnehmung von Ressourcen und Potentialen, sondern auch hinsichtlich der Anfechtbarkeit vermeintlich „gegebener" Realitäten und Identitäten, Denkmöglichkeiten zu erweitern und zu verändern. Inwiefern diese Überlegungen für eine Forschungs-, Beratungs- und Lehrpraxis relevant sind, will ich exemplarisch am Beispiel von Graduierendenseminaren zeigen, da sich in diesem Kontext zentrale, für den Wissenschaftsbetrieb repräsentative Fragenkomplexe als besonders virulent erweisen.

Situiertheit und Prekarität

Mehr noch als andere Lehrveranstaltungen stellen Seminare für Graduierende (wie Forschungs- oder Dissertand_innen-/Diplomand_innenseminare) in mehrfacher Hinsicht eine vielschichtige Schnittstelle unterschiedlicher gesellschaftlich-kultureller, politischer und ökonomischer Spannungsfelder dar. Zum einen befinden sich die Studierenden, die an ihren Abschlussarbeiten, Dissertationen oder Diplomen arbeiten, an einem Punkt ihrer beruflichen Laufbahn, an dem es darum geht, eine Ausbildung abzuschließen, sich damit in einem bestimmten Feld zu qualifizieren und Entscheidungen bezüglich weiterer Karriereschritte zu treffen. Dies erfolgt aktuell in einem Kontext, der geprägt ist durch drastische Umstrukturierungen im gesamten Bildungssektor (u.a. durch neue Hochschulgesetze und durch unterschiedliche Umsetzungsmaßnahmen des Bologna-Prozesses in EU-Mitgliedsstaaten), die nicht nur die Rahmenbedingungen (Finanzierung, Personalpolitik, Management und Entscheidungsstrukturen) von Hochschulen/Universitäten als Organisationen betreffen, sondern damit auch die Arbeitsbedingungen und Karriereoptionen aller in diesen Organisationen Tätigen. Prekarität prägt auch die Situation von Gastprofessor_innen bzw. Gastdozent_innen, die als Lehrende ohne festen Lehrstuhl in temporären, in der Regel vier- bis sechsmonatigen Vertragsverhältnissen und deutlich geringeren Gehaltseinstufungen als fest angestelltes Hochschul-/Universitätspersonal beschäftigt werden.[6] In dieser Funktion sind sie in Graduierendenseminaren mit einem Setting konfrontiert, in dem besonders in Bereichen wie den Gender Studies, die den Status von Erweiterungs-, aber nicht von Hauptfächern besitzen, Hörer_innen unterschiedlicher Studienrichtungen und zum Teil auch unterschiedlicher Universitäten versammelt sind. Das heißt, Diversitäten in Bezug auf ethnische, gender-, soziale, alters-, oder befähigungsspezifische Zuordnungen gilt es hier als verschränkt mit Diversitäten in Bezug auf wissenschaftliche Sozialisation, Fachbereich, Forschungsrichtung, Interessen, Karrierestadium, Status bzw. Position und damit verbunden Selbst- bzw. Rollenverständnis sowie unterschiedlich bedingtem Wissenschaftsverständnis (der Studierenden wie auch der Lehrenden selbst) zu berücksichtigen. Wie diese Verschränkung unterschiedlicher Prekaritäten und Diversitäten als Zusammenhang einander wechselseitig bedingender Prozesse zu verstehen ist und auf welche Weise diese Erkenntnisse im Lehr-Lern-Prozess produktiv gemacht werden können und inwiefern didaktisch-methodische Aspekte von inhaltlichen nicht zu trennen sind, will ich im Folgenden beleuchten.

Als Leiter_innen von Graduierendenseminaren, in deren Zentrum per definitionem die Fertigstellung einer Dissertation, Master- oder Diplomarbeit steht, sind Gastprofessor_innen bzw. Dozent_innen gefordert, eine wissenschaftlichfachliche und professionelle Prozessbegleitung zu bieten, die auf die jeweiligen Einzelprojekte mit je spezifischen Fragen, Wissenskonstruktionen und Problemen eingeht und zugleich die verbindenden, auf das Format Abschlussarbeit gerichteten Fragestellungen berücksichtigt. Dies erfolgt meist parallel zu bestehenden Begutachtungs- und Betreuungssituationen und erfordert hohe Sensibilität in Bezug auf mögliche Konkurrenz- und Kompetenzkonflikte oder Abhängigkeitsprobleme. Die von der Seminarleitung notwendig einzunehmende Doppel- bzw. Mehrfach-Rolle als gleichzeitige Vertreter_in von Profession (als

---

6 Zur Lage der Lektor_innen (in Österreich bis zur Einführung befristeter Angestelltenverträge 2002 als „externe LektorInnen" tituliert, seither aber keinesfalls besser gestellt, sondern bereits seit der Implementierung des Universitätsorganisationsgesetzes 1993, insbesondere aber seit der Implementierung des Universitätsgesetzes 2002 durch Gehaltssenkungen, Stelleneinsparungen und Einschränkungen des universitätspolitischen Stimmrechts eher noch mehr prekarisiert) siehe die Studien und Stellungnahmen der Interessensgemeinschaft LektorInnen: http://www.ig-elf.at/index.php? id=38 [Zugriff: 11.10.2011], sowie: Universitätsgesetz 2002 (Stand: 11.10.2011) http://www.ris.bka.gv.at/GeltendeFassung/Bundesnormen/20002128/UG,%20Fassung%20vom%2006.02.2011.pdf [Zugriff: 11.10.2011].

Wissenschaftler_in und als Coach) und Forschung spiegelt zudem zum einen eine aktuelle Entwicklung dynamisierter und diversifizierter Märkte und Arbeitsfelder (Pazzini/Schuller/Wimmer 2010; Horst et al. 2010; Lohmann et al. 2011) und zum anderen die besondere Herausforderung, mit der auch die Seminarteilnehmer_innen spätestens an jenem Punkt ihrer wissenschaftlichen Ausbildung konfrontiert sind – der Herausforderung, sich einen „Markt" zu schaffen, also Möglichkeiten zur selbständigen bzw. unselbständigen Erwerbsarbeit, eine identifizierbare/distinkte Position sowohl in *scientific communities* als auch *professional communities* und damit eine Identitätsbildung, die mehr als nur *eine* hochspezifische Berufsrolle integriert.[7]

Funktion von Grenzziehungen und Absicherungsstrategien

Wesentlich geht es bei dieser Professionalisierung um Distinktionsmechanismen, also um das Artikulieren von Unterschieden hinsichtlich fachlicher Positionierung und Statusgewinn (Bourdieu 2000). Für ein Verständnis dieser Prozesse ist entscheidend, dass es sich dabei zugleich um unterschiedliche Formen von Versicherungs- bzw. Absicherungsstrategien handelt, das heißt, um das Herstellen von „Sicherheit" zum einen in Form von Zugehörigkeit und Anerkennung und zum anderen in Form von Positionierung bzw. Profilbildung und Abgrenzung. Entsprechend der Bedeutung, die Techniken und Ritualen der Zugehörigkeit und Distinktion (etwa einer Abschlussarbeit) beigemessen wird, knüpfen sich daran Ängste, Hemmungen, Ansprüche und Erwartungen. Ebenso eng verbunden mit der Herstellung von Distinktion sind Vorstellungen und Definitionen von Erfolg, Qualität, Wissenschaftlichkeit, oder Originalität. Genau diese Kategorien und daran geknüpfte Vorstellungen von Wahrheit, Objektivität, Universalität bzw. Allgemeingültigkeit oder Vollständigkeit gilt es in Hinblick auf ihre Prämissen und auf implizite Hierarchiebildungen, Normierungen und Machtrelationen in Lehr-Lern-Prozessen kritisch zu analysieren. Unabdingbare Voraussetzung dafür ist das Schaffen eines angstfreien und wertschätzenden Kommunikationsklimas, um allen Teilnehmer_innen den offenen Austausch auch über Unsicherheiten, Ängste und Schutzpanzerungen hinweg zu ermöglichen. Neben unterschiedlichen Methoden zur Beförderung der

---

7 Zur Definition von Profession, Beruf und Rolle vgl. Buer 1999: 27; Buer 2001: 15. Monika Klinkhammers mit Referenz auf Buers Unterscheidung zwischen „professional community" und „scientific community" formulierte Definition von Wissenschaft als „Meta-Profession" birgt das Problem, dass sie einen Anspruch auf Diskurshegemonie und Autonomiestatus impliziert und zudem keinen Hinweis auf die Komplexität (anstatt ‚Meta'-Position) der Rollenkombination genau dieser Profession bietet (Klinkhammer 2004: 62).

gleichberechtigten Partizipation aller,[8] empfehlen sich gemeinsam entwickelte Arbeitsvereinbarungen über die Modalitäten der Zusammenarbeit und Kommunikation sowie gruppendynamisch-systemisch fundierte Methoden und Techniken zur Unterstützung der Selbstwahrnehmung, der Reflexion der Diskussions- und Beziehungsdynamik und nicht zuletzt Verfahren des Feedbacks und der Überprüfung und gegebenenfalls Modifikation der gemeinsam formulierten Vereinbarungen und Zielsetzungen.

Diversitäten in ihrer komplexen Verschränktheit sind nicht einfach als Gegebenheiten zu sehen, die es zu *managen* gilt, sondern als *hergestellt* zu verstehen und auf ihre Herstellungsbedingungen hin zu analysieren und darauf hin, in welcher Weise sie einander wie auch die Produktion von Wissen bedingen. Dem Risiko ist in diesem Sinn der Vorzug gegenüber vermeintlichen Sicherheiten zu geben. Entscheidend ist ein Verständnis dafür, dass die Unmöglichkeit von ‚Totalität' bzw. ‚Vollständigkeit' oder ‚Letzt-gültigkeit' keinesfalls einem Defizit etwa spezifischer Methoden, Formate oder Techniken geschuldet ist, sondern vielmehr in einer *konstitutiven* Kontingenz (also: Bedingtheit) jeglicher Bedeutungsproduktion begründet ist. Die Berücksichtigung von Kontingenz als notwendiges Konstitutiv, erweist sich als grundlegend für eine adäquate Bewältigung der hier zur Debatte stehenden Anforderungen, die als exemplarisch zu verstehen sind für die Herstellung von Wissen generell. Mechanismen der Identifikation, Legitimation und Anerkennung werden auf diese Weise in ihrer Funktion als notwendige Kontingenzbewältigung verständlich, Versicherungs- und Absicherungsstrategien als solche wahrnehmbar und Bedeutungs-/Identitätskonstruktionen als solche anfecht- und verhandelbar. Genau dieses Verständnis wiederum ist geeignet, eine tragfähige Basis für Kritik, Selbstreflexion und Handlungsfähigkeit zu gewährleisten. Anstelle eines Postulierens und Vermittelns „gegebener", kanonisierter Wissensbestände sind also Respekt und Wertschätzung für divergierende Artikulationen von Wissen sowie Techniken zur (selbst-)kritischen Reflexion anzubieten. Vor allem aber gilt es, kontinuierlich die Frage nach der Funktion der jeweiligen Setzung/Artikulation zu stellen und dieser Frage ausreichend Aufmerksamkeit zu widmen (Koall/ Bruchhagen 2005: 30; Butler 2010: 307-308).

Prozesse der Wissensproduktion als zumeist nach wie vor an Idealen von „Objektivität" orientierte Herstellung von Realitätskonstruktionen,[9] die mittels

---

8 Verschiedene Moderationstechniken, die Erhebung des Status Quo z.B. durch Blitzlicht, Rückmeldung von Beobachtungen, Nachfragen, Anerkennen und Reflektieren von Verweigerung oder Widerstand sowie Strukturieren von Wortmeldungen etwa durch Reißverschlussprinzip u.a. können hier nur beispielhaft für eine Vielzahl von Techniken genannt werden, die jeweils situationsspezifisch zu wählen und anzuwenden sind.
9 So entscheidende Erkenntnisse objektivitätskritische Ansätze der letzten Jahrzehnte (auch in den Naturwissenschaften) bieten, so limitiert bleibt ihre Breitenwirkung. Siehe dazu kritisch wissenschaftstheoretische Ansätze wie jene von Sandra Harding, Donna Haraway

unterschiedlicher Formen der Evidenzproduktion „abgesichert" werden, um von einer wissenschaftlichen „Gemeinschaft" (*scientific community*) approbiert zu werden, sind grundsätzlich – wie jede andere Form der Bedeutungsproduktion auch – als Differenzierungsprozesse zu verstehen – und als solche *per definitionem* nicht abschließbar. Was damit zur Debatte steht, ist neben dem Begriff der „Realität" zum einen der Begriff der „Sicherheit" (Unzweifelhaftigkeit bzw. Unhintergehbarkeit) und zum anderen der Begriff der Handlungsfähigkeit, der zum Teil nach wie vor an tradierte Vorstellungen von (Subjekt)-Kohärenz und Autonomie geknüpft wird.[10] Der Grund, weshalb diese tradierten Vorstellungen nahezu ungebrochen wirkmächtig bleiben, ist darin zu sehen, dass Evidenzproduktion vor allem auf die Herstellung von Sicherheiten in Form ein-deutiger, unanfechtbarer Bedeutungs- und Identitätskonstruktionen ausgerichtet ist und damit immer auch auf die Herstellung von „Gemeinschaft" und Zugehörigkeit. Die dafür notwendigen Grenzziehungen bedeuten immer auch das Vornehmen von Ausschlüssen und somit hegemoniale Auseinandersetzungen um Realitätskonstruktionen und daran geknüpfte Machtrelationen. Entscheidend für eine theoretisch wie politisch relevante wissenschaftliche Praxis ist in diesem Sinn die Reflektion der Voraussetzungen genau dieser Prämissen. Die unterschiedliche Situiertheit der Studierenden wie auch der Lehrenden erweist sich in diesem Sinn als enormes Potential, das in mehrfacher Hinsicht produktiv zu nützen ist.

Seitens der Lehrenden gilt es, Hilfestellungen zur produktiven Wahrnehmung von Divergenzen oder Konflikten als Ressource anzubieten und mit strukturierenden Interventionen die Anerkennung von Antagonismen und Differenzen und das Diskutieren und argumentative Aushandeln mit der Frage nach der Funktion auch des jeweiligen Konflikts zu verbinden. Anerkennung ist dabei deutlich von Toleranz zu unterscheiden (u.a. Murti 2010: 313). Methoden zur Beförderung der Selbstwahrnehmung, der Reflexion der Gruppendynamik und der systemischen Wechselwirkungen erweisen sich hierfür als ebenso unverzichtbar wie die Unterstützung von Selbstorganisation und Selbstverantwortung, um ein Wahrnehmen der jeweils eigenen Verantwortung für die Herstellung von Wissen und damit von Realitäten zu ermöglichen (Murti 2010: 306; Baig 2009: 84; Koall/Bruchhagen 2005: 41). Nicht zuletzt im Lehr-Lern-Kontext von Graduierendenseminaren/-coaching geht es darum, Auf-

---

oder Lorraine Daston bzw. auch schon Heinz von Foerster u.a. (Foerster 1990; Harding 2003; Daston 2001; Haraway 1988).

10 Zu erinnern ist an die Debatten der achtziger und neunziger Jahre um strukturalistische und konstruktivistische Theorieansätze und den darin vermeintlich implizierten „Subjektverlust" – eine Fehlinterpretation, mit der sich auch noch Judith Butlers Kritik an der Unterscheidung von sex und gender in den neunziger Jahren konfrontiert sah, die zum Teil nach wie vor kursiert und der genau jenes Streben nach Kohärenz und unhintergehbaren Fixpunkten zugrunde liegt, das es kritisch zu reflektieren gilt.

merksamkeit und entsprechende theoretische Grundlagen für eine essentialismuskritische Argumentation der Anfechtbarkeit des je spezifisch ‚Gegebenen' bzw. je spezifischer Wissensbestände zu vermitteln, die über diskursivistische Verweise auf eine Konstruiertheit hinausgeht. Eine Fokussierung der Frage der Begründbarkeit erlaubt, die Voraussetzungen für Anfechtbarkeit nicht auf einer objektivistischen oder etwa moralischen, sondern auf einer sprachlogischen Grundlage zu argumentieren, welche die Definition von Handlungsfähigkeit und die Definition eines politischen Subjekts (eines Subjekts des *Politischen*) jenseits tradierter Autonomie-Vorstellungen ermöglicht. Genau auf dieser Basis sind daher die Kategorien Freiheit, Notwendigkeit, Verantwortung und somit jene des *Politischen* und von Ethik zu diskutieren, die für jede Wissensproduktion zentral sind.[11]

Kontingenz und das Moment des Politischen

Die Frage nach den logisch-strukturellen Voraussetzungen je konkreter Bedingtheiten von Wissensproduktion – d.h. des Denkmöglichen – und die Berücksichtigung von Kontingenz als Konstitutiv jeglicher Herstellung von Bedeutung als solcher, impliziert letztlich die Frage nach der Notwendigkeit von Differenzierung *als solcher*. Denn Differenzierung ist nicht als deskriptiver Akt der Unterscheidung bereits „gegebener", von der Unterscheidung selbst unabhängiger Identitäten (im Sinn ein-deutiger, klar abgrenzbarer Entitäten) zu verstehen, sondern als Prozess der *Herstellung* von Identität. Identität konstituiert sich nur als stets temporäres Resultat einer Differenzierung, also eines sprachlichen Prozesses.[12] Die kritische Reflexion sprachlicher Konventionen, Begriffsbildungen und Kategorien hinsichtlich ihrer konstitutiven Produktivität (als Herstellung von Realität) bildet daher eine unverzichtbare Aufgabe in Lehr-Lern-Prozessen. Identität ist *Folge*, nicht Grundlage, einer Differenzierung – und gerade in diesem Sinn *Realität*. Die jeweilige Konstruktion eines „Außen" ist somit keineswegs eine von der jeweiligen Identitätskonstruktion, der jeweiligen Konstruktion eines „Innen" getrennte Entität, sondern konstitutiver Teil ebendieser Konstruktion. Es geht also bei der Herstellung und Vermittlung von Wissen nicht um eine Vorgängigkeit, um „Etwas", das es zu erkennen und zu vermitteln gälte. Vielmehr bringt der Prozess der Wahrnehmung und der Vermittlung, also der Herstellung von Bedeutung das jeweilige „Etwas" hervor.

---

11 Siehe dazu ausführlich: Lummerding 2005: 97-180. Vgl. auch Koall/Bruchhagen 2005: 33, 37.
12 Für eine differenzierte Kritik einer Identitätslogik sowie für die Argumentation des Moments einer Anfechtbarkeit von Realitätskonstruktionen und die Entwicklung einer entsprechenden Ethik siehe Lummerding 2005: 113-149, 241-273.

Dies bedeutet nicht, dass es keine Realität gäbe, sondern dass es keinen „unvermittelten" Zugang zu einer etwaigen „außer-sprachlichen" Realität gibt, also keinen Zugang, der nicht bereits sprachlich, d.h. über Prozesse der Differenzierung, vermittelt wäre.[13] Differenzkonstruktionen wie Gender-, ethnische, soziale, Alters-, oder andere Zuordnungen sind in diesem Sinn nicht als bloß gesellschaftlich-kulturell überformte Referenzen auf vorgängige „Gegegebenheiten" zu verstehen.[14] Auch Ansätze der Intersektionalität greifen diesbezüglich insofern zu kurz, als sie von distinkten „Achsen der Differenz" ausgehen und damit letztlich Identitätslogik reproduzieren (Klinger/Knapp/Sauer 2007). Dagegen erlaubt eine Berücksichtigung der Unmöglichkeit von Identität (im Sinn einer kohärenten und stabilen Totalität), Diversität als stets nur temporäres Ergebnis einander konstitutiv bedingender und ermöglichender Differenzierungsprozesse zu verstehen. Für eine kritische Analyse von Wissensproduktion sowie für eine Forschungs-, Beratungs- und Lehrpraxis sind diese Überlegungen dahingehend relevant, dass sie argumentativ begreifbar machen, worauf sich die logisch-strukturelle Notwendigkeit von Differenzierung/Identifizierung gründet. Entgegen einer Vorstellung „gegebener" Wissensbestände und unantastbarer Autorität von Texten gilt es daher in Lehr-Lern-Prozessen institutionalisiertes Wissen auf seine Voraussetzungen, Situiertheit, Interessen und Funktionalität hin kritisch zu befragen – nicht, um neue „Wahrheiten" dagegen zu setzen, sondern auf der Basis der Wahrnehmung von Bedingtheit, Relationalität und Funktion (auch der eigenen Wissensproduktion) Analyse und Kritik zu entwickeln, das heißt, das jeweilige Wissen bzw. die jeweilige Realität im Verhältnis zu anderen zu begreifen und als anfechtbar und verhandelbar wahrzunehmen.

Die konstitutive Unmöglichkeit einer Schließung/Fixierung von Bedeutung/Identität als latente Bedrohung je spezifischer Identitätskonstruktionen erfordert entsprechende Bewältigungsstrategien, um die Illusion verlässlicher Fixpunkte bzw. vermeintlicher ‚Garantien' für die jeweilige Identitäts- und Realitätskonstruktion aufrecht zu erhalten, diese also abzusichern. Versicherungs- bzw. Absicherungsstrategien als Versuche der Herstellung von Unhintergehbarkeiten/„Evidenzen" – sei es in Form verlässlicher, unanfechtbarer Identitäten, sei es in Form von „Gemeinschaft" und Zugehörigkeit und damit immer auch von Grenzen und Ausschlüssen, sei es in Form einer Meta-Position – müssen demgemäß unaufhörlich erneuert werden – gerade *weil* die Herstellung einer gesicherten Bedeutung, ebenso wie die einer kohärenten Identität

---

13 Vgl. dazu Lummerding 2005: 97-180; Lummerding 2011a.
14 Für einen anti-essentialistischen Begriff von Geschlecht, der theoretisch wie politisch entscheidend über Judith Butlers Konzeption von sex/gender hinausgeht, insofern er nicht auf eine diskursive Konstruktion reduziert ist, sondern die Voraussetzung jeglicher diskursiver Konstruktion fokussiert, ohne auf Vorstellungen prädiskursiver Vorgängigkeiten zu rekurrieren, siehe Lummerding 2005: 97-180; Lummerding 2011a.

oder „Gemeinschaft", als geschlossene Totalität *per definitionem* unmöglich ist – als Phantasma gleichwohl aber eine konstituierende Funktion der Kontingenzbewältigung erfüllt. Damit wird auch deutlich, weshalb Kontingenz *als solche* nicht *determiniert*, was sich auf der Ebene des Soziosymbolischen als Identität/Diversität einschreibt, sondern vielmehr begründet, weshalb sich das, was sich auf dieser Ebene einschreibt und damit als „Realität" in je konkreten Bedingtheiten hergestellt wird, niemals etwas anderes sein kann als das vorläufige Resultat hegemonialer Auseinandersetzungen – und genau aus diesem Grund *anfechtbar* ist. Eine jeweilige Identitätskonstruktion ist in diesem Sinn *Folge*, nicht Voraussetzung einer Differenzierung bzw. eines Ins-Verhältnis-Setzens. Gerade das Fehlen einer „Garantie" als Voraussetzung für Neu-Artikulationen von Bedeutung/Identität/Realität impliziert somit *Verantwortung*. Denn für jedwede Artikulation bzw. jede Setzung als Entscheidung gilt, dass sie gerade in dem Sinn politisch ist, als sie sich eben *nicht* auf einen äußeren Referenten bzw. eine vorgängige oder übergeordnete Instanz berufen kann, sondern eine Verhandlungsposition innerhalb eines bestimmten Kontextes im Verhältnis zu anderen Interessen und Kräften darstellt – und somit grundsätzlich zur Debatte steht.

Denkmöglichkeiten erweitern

Die Herstellung von Ein-deutigkeit, Sicherheit und Totalität/Ganzheit (in einem absoluten Sinn) hat also phantasmatischen Charakter, ist zugleich aber (als temporäre Konstruktion) funktional und dem Prozess der Signifikation, also der Herstellung von Bedeutung/Identität immanent – sie ist (als temporäre Fixierung) unumgänglich, aber zugleich stets kontingent/bedingt. Dies ernst zu nehmen und im Rahmen von Lehr-Lern-Prozessen zu analysieren bildet eine wesentliche Grundlage für die kritische Reflexion sowie für einen produktiven Umgang mit Un-sicherheit und Un-eindeutigkeit im Kontext akademischer Wissenschaftsproduktion. Es gilt, den Teilnehmer_innen zu ermöglichen, auch die jeweils eigene Forschungspraxis als kontingente, d.h. als vielfältig bedingte zu reflektieren und auf der Grundlage einer Analyse der Zusammenhänge von Subjektposition, gesellschaftlicher, kultureller, politischer und theoretischer Situiertheit und Kontextualisierung auch schon die Wahl der Fragestellungen und der Methoden als wesentlich kontingenten Teil der theoretischen und politischen Artikulation selbst kritisch zu befragen. Während unhinterfragte Prämissen und bestehende Vorstellungen von „Sicherheit" und „Absicherung" im Lehr-Lern-Prozess überprüft und gegebenenfalls relativiert oder verabschiedet werden, gilt es zugleich, selbstverantwortliches und selbstkritisches Vertrauen in die jeweils eigenen Kompetenzen der Teilnehmer_innen zu stärken. Die

Interaktion und der Austausch (in Kleingruppen wie im Plenum) zwischen den Teilnehmer_innnen ist hierfür ebenso wichtig wie Perspektivenwechsel (durch verschiedene Simulations-, Reflexions-, oder Visualisierungsverfahren u.a.m.) und die unausgesetzte Analyse der Funktion der jeweiligen Setzung. Damit können (Ver-)Handlungsspielräume erweitert und eine Basis geschaffen werden für eine theoretisch wie politisch relevante und auf konkrete Handlungspotentiale ausgerichtete Forschungspraxis. Die Diversität und Interdisziplinarität des Arbeitszusammenhangs ist dabei als eine unschätzbare Ressource für die Auseinandersetzung mit unterschiedlich markierter Heterogenität, Vorannahmen und Zuschreibungen gezielt zu nutzen. Prozessorientiertes Vorgehen im Lehr-Lern-Prozess und methodenübergreifende Coachingtechniken, als Kombination z.B. psychodramatischer, systemischer oder gruppendynamischer Herangehensweisen, ermöglichen den situationsgerechten und variablen Einsatz unterschiedlicher Kommunikations-, Beratungs-, Moderations- und Visualisierungstools und situationsbezogener Interventionen, um etwa Gruppen- und Rangdynamiken im Zusammenhang mit dem Arbeitsprozess hinsichtlich impliziter und expliziter Normierungen und Diversitäten zu analysieren, die für das Feld universitärer und außeruniversitärer Wissensproduktion signifikant sind. Diversitätsreflexive Lehre, die den oben genannten Ansprüchen entspricht, hat in diesem Sinn Rollenzuschreibungen, fachliche, soziale, ethnische und genderspezifische Zuschreibungen bzw. Identifikationen hinsichtlich ihrer Bedeutung für die Kommunikation, Konflikt- und Kooperationsfähigkeit bzw. -bereitschaft, Artikulation und Habitus und damit für die Prozessentwicklung sowie für die wissenschaftliche Arbeit zu thematisieren und kritisch zu analysieren.

Vor dem Hintergrund zunehmender Prekarisierung im Wissenschaftsfeld stellt der Umgang mit Konkurrenz und Diversität eine besondere Herausforderung dar. Gerade hier bietet sich die Möglichkeit, zu verdeutlichen, inwiefern soziale Formationen ebenso wenig wie Subjektidentität als kohärente Entität (Einheit im Sinn einer Totalität) zu verstehen sind, sondern sich vielmehr immer über Antagonismen konstituieren. Diese sind also keineswegs als „Störfaktoren" zu betrachten, sondern als dem jeweiligen System bzw. der jeweiligen sozialen Formation inhärentes Konstitutiv. Unter Berücksichtigung gerade dieser Aspekte soll ein produktiver Umgang mit Kritik, das Erkennen eigener Stärken sowie Mut zur Artikulation einer eigen- bzw. widerständigen Position ermöglicht werden – als Voraussetzung für die Entwicklung einer professionellen Identität als Wissenschaftler_in und eines Verständnisses des eigenen Handelns als stets bedingte Herstellung von Wissen/Realität. Die Forschenden sind in Hinblick auf das *Wahrnehmen* von Handlungsfähigkeit darin zu unterstützen, je konkrete ZuMutungen in positivem Sinn als Herausforderung zu verstehen und diese mit Mut zum Risiko gezielt als Potential zu nutzen. Die kritische

Überprüfung vermeintlich unhintergehbarer und unanfechtbarer Wissensbestände, Kategorien, Normen und Positionen, welche als Produktionen von Bedeutung immer zugleich auch hegemoniale Konstruktionen dessen darstellen, was wir als Realität wahrnehmen, ist nicht zu trennen von der ZuMutung und vom bewussten Eingehen des Risikos, die je eigene Position zur Debatte zu stellen. Auch in Zukunft werden Karrierewege von Wissenschaftler_innen nicht durch Linearität, sondern durch Diskontinuität und in zunehmendem Maß durch Rollenvielfalt und Rollenkomplexität gekennzeichnet sein, die Studierende/Forschende/Lehrende in einem polydimensionalen Feld universitärer und außeruniversitärer Forschung, Lehre und Projektarbeit sowie spezialisierter Dienstleistungen betreffen. Insofern lassen sich aus den in diesem Kontext gewonnenen Erkenntnissen und Erfahrungen Schlussfolgerungen und Transfermöglichkeiten für andere Bereiche der Wissens- bzw. Kulturproduktion ableiten, die vergleichbaren Struktur- und Marktentwicklungen unterliegen und vergleichbar komplexen Wettbewerbs- und Evaluierungssystemen und entsprechenden Auswahl- und Entscheidungsverfahren folgen.

Mit der fortgesetzten Umstrukturierung von Hochschulen und Forschungsstrukturen steigt nicht nur die Komplexität dieses Feldes und seiner Verbindung zu anderen Feldern der Wissensproduktion. In gleichem Maß erhöhen sich die Anforderungen an die Professionsrolle, also unter anderem an Kompetenzen im Projekt- und Selbstmanagement, Mobilität, internationale Vernetzung, Sozialkompetenz etc., aber auch Widersprüchlichkeiten wie Selbstvermarktung versus Präsenzforderungen in Lehre und Studierendenbetreuung, Personalmanagement versus Forschungsarbeit, Profilierungs-/Publikationsdruck und Spezialisierungszwang bei gleichzeitiger Anforderung trans- bzw. interdisziplinären Wissens. Zu einer steigenden Komplexität und Widersprüchlichkeit des Anforderungsprofils – in der Professionsrolle, sowie in der Hochschulkultur[15] – kommt zudem eine zunehmende Prekarisierung einer überwiegenden Zahl der Lehrenden und vor allem der freien Wissenschaftler_innen.[16] Die Benachteiligung minorisierter Gruppen im Wissenschaftsbetrieb hinsichtlich Anforderungen, Einkommen und Aufstiegschancen – ent-

---

15 Hier mag sich eine bemerkenswerte Parallele zum Verständnis von Diversität/Vielfalt im Bereich der Technik aufdrängen, wo Diversität als Strategie zur Erhöhung der Ausfallssicherheit verstanden wird. Im Sinn einer auf Stabilität ausgerichteten Herstellung von Ein-Deutigkeit bzw. ein-deutiger Identitäten und klarer Differenzen und damit von Sicherheit ist dieser Aspekt sicher auch in einer zunehmenden Kontrolle und stabilisierenden Einschränkung von Diversität im gesamten Bildungsbereich wirksam.
16 Zu aktuellen Studien, Stellungnahmen und Initiativen siehe die Website des Verbands feministischer Wissenschafterinnen: http://www.vfw.or.at/, der Interessensgemeinschaft LektorInnen: http://www.ig-elf.at/index.php?id=38, sowie: Zukunft der Wissenschaften – Beschäftigte an Österreichs Universitäten mit prekären Dienstverhältnissen: https://lists.univie.ac.at/mailman/listinfo/zukunft-d-wissenschaften
[last access: 11.10.2011].

sprechend spezifischer ethnischer, Gender-, Alters- oder Befähigungszuschreibungen – muss trotz diverser Gleichbehandlungsrichtlinien, Gender Mainstreaming, Diversity Management oder spezifischer Fördermaßnahmen als eher zugespitzt denn minimiert bezeichnet werden (Kubes-Hoffmann 2005), jedenfalls als keineswegs in einer strukturell relevanten Dimension entschärft. Umso dringlicher erscheint eine kritische Analyse von Diversität in Lehr-Lern-Prozessen bzw. im Hochschulkontext hinsichtlich ihrer Möglichkeitsbedingung und ihrer konstitutiven Funktion, um eine (selbst-)kritisch-reflexive theoretische und politische Praxis zu befördern.

Ein verantwortungsvoller, (selbst-)kritisch-reflexiver Umgang mit Diversität, der sich nicht auf ein Verwalten eines Status Quo reduziert, sondern effektiv eine Veränderung von Praxisformen und Realitäten zu bewirken und zu fördern geeignet ist, hat – nicht zuletzt angesichts dieser Entwicklungen – im Sinn der oben erläuterten Überlegungen nicht bloß auf einer Gleichstellungsebene, sondern auf einer wesentlich fundamentaleren Reflexionsebene anzusetzen, nämlich jener der logisch-strukturellen Möglichkeitsbedingung von Differenzkonstruktionen, also Realität und Diversität. Eine dichotome und implizit hierarchisierende Trennung zwischen Theorie und Praxis ebenso wie zwischen Lehre und Lernen erweist sich hier als kontraproduktiv. Gerade im Kontext der Herstellung von Wissen als Praxis der Realitätsproduktion ist eine Analyse der Voraussetzungen von Intelligibilität – also des Denkmöglichen – notwendig, um Diskurshegemonien eine differenzierte Analyse und Kritik entgegenzusetzen und weitestgehende (Ver-)Handlungsspielräume und Handlungsfähigkeit zu gewährleisten. Genau darin ist die Verantwortung (selbst-)kritisch-reflexiver und in diesem Sinn notwendig diversitätsreflexiver Lehre zu sehen. Nicht nur die „Gegenstände" des Wissens, sondern ebenso die (Subjekt-)Position/Identität der Forschenden als Wissensproduzent_innen gilt es als stets temporäre, kontingente Resultate von Ausverhandlungsprozessen – das heißt, als anfechtbar und verhandelbar – reflektierbar zu machen, Denkmöglichkeiten zu erweitern und diesen Prozess als kontinuierliche Herausforderung nicht nur wahrzunehmen, sondern auch offen zu halten.

Literatur

Abdul-Hussain, Surur/Baig, Samira (Hg.) (2009): Diversity in Supervision, Coaching und Beratung. Wien: Facultas.

Baig, Samira (2009): Diversity sozialpsychologisch betrachtet. In: Abdul-Hussain, Surur/Baig, Samira (Hg): Diversity in Supervision, Coaching und Beratung. Wien: Facultas, S. 61-91.

Ben Mhenni, Lina (2011): Vernetzt Euch! Übers. von Patricia Klobusiczky (fr. OA [2011]: Tunesian Girl – Blogueuse pour un printemps arabe, Indigène éditions, Montpellier). Berlin: Ullstein.

Bernold, Monika (2012): Bewegungsöffentlichkeiten, mediale Selbst-Aktivierung und Geschlecht. Die Studierenden Proteste in Wien im Oktober 2009. In: Maier, Tanja/Theile, Martina/Linke, Christine (Hg.): Medien, Öffentlichkeit und Geschlecht in Bewegung. Forschungsperspektiven der kommunikations- und medienwissenschaftlichen Geschlechterforschung. Bielefeld: transcript. S. 141-161.

Bourdieu, Pierre (2000[1979]): Die feinen Unterschiede. Kritik der gesellschaftlichen Urteilskraft. Übers. von Bernd Schwibs und Achim Russer (frz. OA [1979]: La distinction. critique sociale du jugement, Paris: Éds. de Minuit). Frankfurt/M.: Suhrkamp.

Buer, Ferdinand (2001): Praxis der psychodramatischen Supervision. Ein Handbuch. Opladen: Leske.

Buer, Ferdinand (1999): Lehrbuch der Supervision. Der pragmatisch-psychodramatische Weg zur Qualitätsverbesserung professionellen Handelns. Münster: Votum Verlag.

Butler, Judith (2010): Kritik, Dissens, Disziplinarität. In: Horst, Johanna-Charlotte et al. (Hg.): Unbedingte Universitäten. Was passiert? Stellungnahmen zur Lage der Universitäten. Zürich: Diaphanes, S. 307-308.

Daston, Lorraine (2001): Die Kultur der wissenschaftlichen Objektivität. In: Hagner, Michael (Hg.): Ansichten der Wissenschaftgeschichte. Frankfurt/M.: Fischer, S. 137-160.

F_L_I_T_Kollektiv (stellvertretend verfasst von Elena Barta, Kathrin Glösel, Iris Hajicekk, Angela Libal, Magdalena Schrott) (2010): Wir sind Laut! – Der besetzte Frauen_Lesben_Inter_Trans_Raum. In: Heissenberger, Stefan u.a. (Hg.): Uni Brennt. Wien: Turia & Kant, S. 281-288.

Foerster, Heinz von (1990): Wahrnehmen (1988). In: Barck, Karlheinz/Gente, Peter/Paris, Heide/Richter, Stefan (Hg.): Aisthesis. Wahrnehmung heute oder Perspektiven einer anderen Ästhetik. Leipzig: Reclam, S. 434-443.

Haraway, Donna (1988): Situated Knowledge: The Science Question and the Privilege of Partial Perspective. In: Feminist Studies 14, 3, S. 575-599.

Harding, Sandra (2003) Starke Objektivität. In: Vogel, Mathias/Wingert, Lutz (Hg.): Wissen zwischen Entdeckung und Konstruktion. Erkenntnistheoretische Kontroversen. Frankfurt/M.: Suhrkamp, S. 162-190.

Hartmann, Gabriella/Judy, Michaela (Hg.) (2005): Unterschiede machen. Managing Gender & Diversity in Organisationen und Gesellschaft. Wien: Verband Wiener Volksbildung.

Heissenberger, Stefan/Mark, Viola/Schramm, Susanne/Sniesko,Peter/Süß, Rahel Sophia (Hg.) (2010): UNI BRENNT. Grundsätzliches – Kritisches – Atmosphärisches. Wien: Turia & Kant.

Horst, Johanna-Charlotte et al. (Hg.) (2010): Unbedingte Universitäten. Was passiert? Stellungnahmen zur Lage der Universitäten. Zürich: Diaphanes.

Klinger, Cornelia/Knapp, Gudrun-Axeli/Sauer, Birgit (Hg.) (2007): Achsen der Ungleichheit – Achsen der Differenz: Zum Verhältnis von Klasse, Geschlecht und Ethnizität. Frankfurt/M.: Campus.

Klinkhammer, Monika (2004): Supervision und Coaching für Wissenschaftlerinnen. Theoretische, empirische und handlungsspezifische Aspekte. Wiesbaden: VS Verlag.

Koall, Iris/Bruchhagen, Verena (2005): Zum Umgang mit Unterschieden im Managing Gender & Diversity – eine angewandte Systemperspektive. In: Hartmann, Gabriella/Judy, Michaela (Hg.): Unterschiede machen. Managing Gender & Diversity in Organisationen und Gesellschaft. Wien: Verband Wiener Volksbildung, S. 17-51.

Kubes-Hoffmann, Ursula (2005): Gender Mainstreaming oder die Kunst, Begriffe zu fluten. Ergebnisse aus Politik, Arbeitswelt und Bildung. In: Hartmann, Gabriella/Judy, Michaela (Hg.): Unterschiede machen. Managing Gender & Diversity in Organisationen und Gesellschaft. Wien: Verband Wiener Volksbildung, S. 93-128.

Lohmann, Ingrid/Mielich, Sinah/Muhl, Florian/Pazzini, Karl-Josef/Rieger, Laura/Wilhelm, Eva (Hg.) (2011): Schöne neue Bildung? Zur Kritik der Universität der Gegenwart. Bielefeld: transcript.

Lummerding, Susanne (2012a): Anti-identitärer Protest und agonale Ausverhandlungsräume. In: Bildwelten des Wissens. Kunsthistorisches Jahrbuch für Bildkritik, Bd. 1 „Plätze, Räume, Orte". Hg. von Horst Bredekamp, Matthias Bruhn und Gabriele Werner. Berlin: Akademie Verlag (i.E.).

Lummerding, Susanne (2012b): Identität[s]_Kritik beanspruchen – no risk no pun. In: FKW//Zeitschrift für Geschlechterforschung und visuelle Kultur, 53 (i.E.).

Lummerding, Susanne (2011a): Signifying theory_politics/*queer*? In: Castro Varela, María do Mar/Dhawan, Nikita/Engel, Antke (Hg.): Hegemony and Heteronormativity. Revisiting 'the political' in queer politics. Aldershot/Hampshire: Ashgate, S. 143-168.

Lummerding, Susanne (2011b): ZuMutung als Anspruch. Diversität und Wissensproduktion im Kontext universitärer Seminarangebote für Graduierende. In: Bendl, Regine/de Ridder, Daniela/Koall, Iris (Hg.): Diversitas - Zeitschrift für Managing Diversity und Diversity Studies 3, Lernen, Wissen und Kompetenzen im Umgang und Managen von Vielfalt. München: USP Publishing Kleine Verlag, S. 27-32.

Lummerding, Susanne (2011c): Facebooking – What You Book is What You Get – What Else? In: Leistert, Oliver/Röhle, Theo (Hg.): Generation Facebook. Über das Leben im Social Net. Bielefeld: transcript, S. 119-215.

Lummerding, Susanne (2005): Agency@? Cyber-Diskurse, Subjektkonstituierung und Handlungsfähigkeit im Feld des Politischen. Wien u.a.: Böhlau.

Murti, Kamakshi P. (2010): Deliberative Dialogue. In: Weidemann, Arne/Straub, Jürgen/Nothnagel, Steffi (Hg.): Wie lehrt man interkulturelle Kompetenz? Theorien, Methoden und Praxis der Hochschulausbildung. Bielefeld: transcript, S. 301-316.

Pazzini, Karl-Josef/Schuller, Marianne/Wimmer, Michael (Hg.) (2010): Lehren bildet? Vom Rätsel unserer Lehranstalten. Bielefeld: transcript.

Schuller, Marianne (2010): Szenen des Lehrens. In: Pazzini, Karl-Josef/Schuller, Marianne/Wimmer, Michael (Hg.): Lehren bildet? Vom Rätsel unserer Lehranstalten. Bielefeld: transcript, S. 201-208.

Weidemann, Arne/Straub, Jürgen/Nothnagel, Steffi (Hg.) (2010): Wie lehrt man interkulturelle Kompetenz? Theorien, Methoden und Praxis der Hochschulausbildung. Bielefeld: transcript.

Wendt, Kurto (2010): Audimaxismus und Tupperware? Über den eher verzweifelten Versuch der etablierten Medien, die Studierendenbewegung 09 zu verstehen. In: Malmoe, 48. Online verfügbar unter: www.malmoe.org/artikel/widersprechen/1965 [Zugriff: 19.01.2010].

Websites:

http://unibrennt.at/
http://unibrennt.at/wiki/index.php/Squatting_Teachers#Forderungen
http://www.ig-elf.at/
http://www.ris.bka.gv.at/GeltendeFassung/Bundesnormen/20002128/UG,%20Fassung%20vom%2006.02.2011.pdf
http://www.vfw.or.at/
https://lists.univie.ac.at/mailman/listinfo/zukunft-d-wissenschaften

Elke Bosse und Corinna Tomberger

Vom Leitbild in die Hochschulpraxis: Kulturelle Diversität und Gender in Lehre und Beratung

Der vorliegende Beitrag erörtert exemplarisch, wie sich Ziele der Hochschulentwicklung, die der wachsenden Bedeutung von Diversität Rechnung tragen, mit der Lehr- und Beratungspraxis verbinden lassen. Am Beispiel der Universität Hildesheim werden projektbezogene, diversitätsorientierte Maßnahmen vorgestellt, die darauf abzielen, entsprechende Leitlinien der Hochschule in Lehre und Beratung zu verwirklichen. So wird der Blick zunächst auf Gleichstellung, Internationalisierung und Bildungsintegration als zentrale Elemente des Leitbildes gerichtet, um im zweiten Schritt zu veranschaulichen, wie sich die praktische Bedeutung dieser Ziele gemeinsam mit den Lehrenden einer Hochschule erkunden lässt. Im Fokus stehen folglich Ansatzpunkte für die Förderung einer gender- und diversitätssensiblen Hochschulpraxis in Lehre und Beratung.

1. Gleichstellung, Internationalisierung und Bildungsintegration an der Universität Hildesheim

Entwicklungsziele der Universität Hildesheim sind ihrem Leitbild zu entnehmen, das sich auf den folgenden Grundsatz beruft:

> Die Stiftung Universität Hildesheim verwirklicht ihr Leitbild als europäische Universität im Respekt vor der freiheitlich-demokratischen Verfassung der Bundesrepublik Deutschland und in der besonderen Verantwortung des Landes Niedersachsen. Ein besonderes Anliegen ist ihr die Gleichstellung von Frauen und Männern sowie von Menschen unterschiedlicher sozialer, ethnischer und religiöser Herkunft. Sie respektiert die Vielfalt des Einwanderungslandes und fördert die Integration.[1]

---

1 Das vom Senat der Universität Hildesheim verabschiedete Leitbild ist unter

Vor dem Hintergrund dieser übergeordneten Zielsetzung, die Gleichstellungsfragen einen besonderen Stellenwert zuweist, werden unter anderem Internationalisierung und Bildungsintegration als gesonderte Leitlinien weiter ausformuliert. So soll die internationale Vernetzung der Universität Hildesheim neben internationalen Forschungsaktivitäten auch die Vermittlung internationaler und interkultureller Inhalte in Studium und Lehre befördern. Das Ziel der Bildungsintegration ist wiederum mit der Anerkennung vielfältiger Erfahrungshintergründe und der Förderung von Chancengerechtigkeit verknüpft.

Mit den genannten Zielen bekennt sich die Universität Hildesheim zu einer gender- und diversitätssensiblen Hochschulkultur. Für die Umsetzung der Ziele im Hochschulalltag sind allerdings die konkreten institutionellen Rahmenbedingungen zu berücksichtigen, die sich wie folgt darstellen:

Als Profiluniversität konzentriert sich die Universität Hildesheim auf ausgewählte Wissenschaftsbereiche der Bildungs- und Kulturwissenschaften. Das Studienangebot gliedert sich in die vier Fachbereiche Erziehungs- und Sozialwissenschaften, Kulturwissenschaften und Ästhetische Kommunikation, Sprach- und Informationswissenschaften sowie Mathematik, Naturwissenschaften, Wirtschaft und Informatik. Auf diese Fachbereiche verteilen sich nahezu 600 Beschäftigte und fast 6.000 Studierende. Am stärksten nachgefragt ist das Lehramtsstudium, das vorrangig mit dem Berufsziel Lehramt an Grund- und Hauptschulen absolviert wird. Der Frauenanteil der Studierenden liegt insgesamt bei rund 80 Prozent.[2] Die Zusammensetzung der Studierenden ist zudem durch die vergleichsweise hohe ERASMUS-Mobilität gekennzeichnet, die insbesondere den Fachbereich Sprach- und Informationswissenschaften betrifft: In jedem Wintersemester schreiben sich derzeit ca. 150 Studierende aus dem europäischen Ausland an der Universität Hildesheim ein, während etwa 240 Hildesheimer Studierende ein Auslandssemester absolvieren. Zur kulturellen und sprachlichen Diversität trägt außerdem bei, dass 6 Prozent der regulären Studierenden aus dem Ausland stammen.[3]

Mit dem Gleichstellungsbüro und dem International Office verfügt die Universität Hildesheim über Einrichtungen, die sich mit ihren Aktivitäten an alle

---

www.uni-hildesheim.de/media/presse/Sonstiges/Leitbild_-_2011-03-09.pdf einzusehen [14.09.2011].

2 Angaben zur Geschlechterverteilung siehe Gleichstellungsplan vom 25.11.2009 unter www.uni-hildesheim.de/media/gleichstellung/PDFs/Gleichstellungsplan_Endfassung_21.01.2010.pdf [Zugriff: 14.09.2011].

3 Zahlen zu Studierenden und Beschäftigten mit Migrationshintergrund werden an der Universität Hildesheim nicht erhoben. Wie auch an anderen Hochschulen üblich, wird in der Statistik allein zwischen ausländischen (Austausch-)Programm- und Vollzeitstudierenden unterschieden, wobei letztere wiederum in „Bildungsinländer_innen" und „Bildungsausländer_innen" eingeteilt werden, je nachdem, ob sie ihre Hochschulzugangsberechtigung in Deutschland oder im Ausland erworben haben.

Studierenden und Beschäftigten richten und zur Umsetzung von Entwicklungszielen in allen Fachbereichen beitragen können. Hinzu kommen bestimmte Lehrstühle, Institute und Studienangebote einzelner Fachbereiche, die aufgrund ihrer fachlichen Ausrichtung besondere Anknüpfungspunkte für diversitätsorientierte Entwicklungsziele bieten. Hierzu gehören beispielsweise die Professur für Diversity Education im Institut für Allgemeine Erziehungswissenschaft, das Institut für Interkulturelle Kommunikation sowie die Professur für Deutsch als Zweitsprache im Fachbereich Sprach- und Informationswissenschaften. Das Engagement der zentralen Einrichtungen für die Entwicklungsziele der Universität Hildesheim zeigt sich nicht zuletzt am umfangreichen Serviceangebot für international mobile Studierende und Lehrende seitens des International Office sowie an Projekten des Gleichstellungsbüros wie „ProKarriere-Mentoring. Karriereförderung für Studentinnen und Absolventinnen mit und ohne Migrationshintergrund", „Männer und Grundschullehramt" und „Gender in die Lehre". Ferner spiegeln sich die Entwicklungsziele auch in Projekten auf Institutsebene wider, wie beispielsweise am Institut für Interkulturelle Kommunikation, das den Internationalisierungsprozess der Universität Hildesheim im Rahmen des Projekts „Qualifizierung für interkulturelle Kommunikation in Lehre, Beratung und Forschung" (qualiko LBF) durch gezielte Angebote für den so genannten akademischen Mittelbau unterstützt.

Da sowohl qualiko LBF als auch „Gender in die Lehre" auf das Handlungsfeld Hochschullehre ausgerichtet sind, wurde im Sommersemester 2011 das „Forum für kulturelle Diversität und Gender in Lehre und Beratung" als gemeinsames Veranstaltungsangebot erprobt, das diese beiden Diversitätsaspekte praxisnah zu verknüpfen sucht. Bevor das Forum und die Projektzusammenarbeit mit Blick auf die praktische Umsetzung von Entwicklungszielen der Universität Hildesheim näher dargestellt werden, folgen zunächst Angaben zu der jeweils spezifischen Ausrichtung der beiden Projekte.

1.1 Qualifizierung für interkulturelle Kommunikation

Das Projekt qualiko wird im Rahmen des DAAD-Programms zur Förderung der Integration ausländischer Studierender (PROFIN) durchgeführt, das einen Paradigmenwechsel einfordert, um bislang eher einseitige, defizitorientierte Unterstützungsangebote für internationale Studierende an deutschen Hochschulen weiterzuentwickeln. Angestrebt wird eine Form von Integration, die auf der Anerkennung unterschiedlicher kultureller Erfahrungshintergründe basiert und an der möglichst alle Akteur_innen einer Hochschule mitwirken (DAAD 2010). Damit sind Strategien interkultureller Organisationsentwicklung gefragt, die den konstruktiven Umgang mit kultureller und sprachlicher

Diversität durch individuelle Qualifizierung und institutionellen Wandel befördern (Otten 2009).

Im PROFIN-Projekt des Instituts für Interkulturelle Kommunikation der Universität Hildesheim wird diese Zielsetzung unter dem Titel „Qualifizierung für interkulturelle Kommunikation in Lehre, Beratung und Forschung" verfolgt.[4] Der sprachwissenschaftlichen Ausrichtung des Instituts entsprechend, wird kulturelle Diversität dabei nicht auf die unterschiedliche nationale Herkunft von Studierenden und Hochschulmitarbeiter_innen reduziert. Vielmehr geht es um Kultur im Sinne der einer Gruppe gemeinsamen Wissensbestände und sprachlichen Handlungsformen. So zeichnet sich interkulturelle Kommunikation dadurch aus, dass die Interagierenden als Angehörige unterschiedlicher Gruppen divergierende Wissensbestände und Handlungsformen in die Begegnung einbringen und ggf. kommunikativ bearbeiten (Knapp 2004: 413). Zugleich geht es um solche Interaktionsprozesse, in denen die Zugehörigkeit der Beteiligten zu unterschiedlichen Gruppen kommunikativ relevant gemacht wird (Hausendorf 2007). Dieser Zugang bedeutet, dass jeweils für den Einzelfall zu bestimmen ist, inwiefern Interkulturalität an Kategorien wie Nationalität oder Muttersprache festgemacht wird, inwieweit Wissen und Handlungsweisen in der Interaktion divergieren und ob sich ein Kommunikationsereignis aus der Perspektive der Beteiligten und/oder für Außenstehende als interkulturell darstellt (Bosse 2011: 34).

Vor diesem Hintergrund widmet sich qualiko LBF den Fragen, inwiefern interkulturelle Kommunikation im Hochschulalltag mit besonderen Herausforderungen verbunden ist und wie sich ein konstruktiver Umgang mit kultureller Diversität in Lehre, Beratung und Forschungszusammenarbeit erreichen lässt. Das Projekt richtet sich insbesondere an den akademischen Mittelbau, der neben dem International Office wesentliche Aufgaben im Internationalisierungsprozess übernimmt.[5] So trägt diese Gruppe des akademischen Personals einen großen Teil der Verantwortung für die Förderung der Integration internationaler Studierender. Dabei sind die zu bewältigenden Aufgaben in besonderer

---

4 In einem Vorgängerprojekt wurden bereits studienbegleitende und berufsvorbereitende Qualifizierungsangebote für Studierende an der Universität Hildesheim erfolgreich eingeführt. Nähere Informationen zum Aufbau, zu den Zielen und zu den bereits durchgeführten Veranstaltungen beider Projekte finden sich auf der Projekthomepage www.uni-hildesheim.de/qualiko/ [14.09.2011].

5 Diese Ausrichtung des Projekts ist auch darin begründet, dass der Projektantrag gemeinsam mit dem Institut für Interkulturelle Bildung und Entwicklung an der Fachhochschule Köln ausgearbeitet wurde. Das dort angesiedelte Projekt iCommposer ist insofern komplementär angelegt, als es sich auf die Professor_innenschaft und das Verwaltungspersonal konzentriert. Die Projektkooperation soll nicht zuletzt ermöglichen, die erprobten Maßnahmen mit Blick auf unterschiedliche Hochschulen und Zielgruppen auszuwerten. Nähere Informationen zum Kölner Projekt finden sich unter
www.kopf.ik-bildung.fh-koeln.de/content/e69/e1652/index_ger.html [14.09.2011].

Weise von kultureller und sprachlicher Diversität geprägt. In der Lehre gilt es beispielsweise, die Integration und Kooperation internationaler und einheimischer Studierender gezielt anzuregen, divergierende Lehr-/Lerngewohnheiten zu berücksichtigen sowie Leistungsanforderungen und Bewertungsmaßstäbe in besonderer Weise transparent zu machen. In der Beratung ist wiederum zu berücksichtigen, dass Studierende zunehmend unterschiedliche Lernbiographien aufweisen und über ein sehr unterschiedliches Maß an institutionellem Vorwissen verfügen. In der Forschung spielt schließlich nicht nur die internationale Kooperation eine wichtige Rolle, sondern auch die Integration internationaler (Nachwuchs-)Wissenschaftler_innen in lokale Forschungszusammenhänge sowie die Zusammenarbeit in interkulturellen Teams.

Das exemplarisch skizzierte Anforderungsspektrum soll in der Entwicklungsphase von qualiko LBF genauer bestimmt werden, um darauf aufbauend bedarfsgerechte Fortbildungsangebote zu konzipieren, zu erproben und zu evaluieren. So bestehen die konkreten Projektziele darin, zum einen Austausch und Vernetzung unter den in den Internationalisierungsprozess involvierten Hochschulmitgliedern zu fördern. Zum anderen geht es darum, bedarfsgerechte Fortbildungen für den akademischen Mittelbau zu Fragen der interkulturellen Ausrichtung von Lehr-, Beratungs- und Forschungstätigkeiten anzubieten.

Mit diesem Ansatz geht qualiko LBF von den im Internationalisierungsprozess entstehenden Diversitätspotentialen (Leenen/Groß 2007) aus und folgt dem Grundsatz interkultureller Organisationsentwicklung, institutionellen Wandel mit individueller Qualifizierung zu verschränken (Otten 2009). Bei der praktischen Umsetzung dieses Grundsatzes werden Erkenntnisse sprachwissenschaftlicher Untersuchungen interkultureller (Hochschul-)Kommunikation[6] berücksichtigt, insbesondere die Idee der Entwicklung tragfähiger „diskursiver Interkulturen" (Koole/ten Thije 1994). Dies bedeutet, die konkreten Möglichkeiten erfolgreicher wechselseitiger Verständigung in Lehre, Beratung und Forschung zu erkunden, um die geplanten Interventionsmaßnahmen auf die alltägliche Bewältigung interkulturell und institutionell bedingter Herausforderungen auszurichten.

Ein solcher Ansatz, der aktuelle Erkenntnisse aus dem interdisziplinären Feld der Interkulturellen Kommunikation und der Hochschulforschung praktisch umsetzt, wurde für studentische Zielgruppen bereits erfolgreich erprobt und empirisch untersucht (Bosse 2011) und soll nun mit Blick auf die Zielgruppe des Hochschulpersonals weiterentwickelt werden. So besteht der Modellcharakter des Projekts darin, mit einem wissenschaftlich fundierten und auf Nachhaltigkeit angelegten Programm über sporadische hochschuldidaktische Maßnahmen zur Förderung der interkulturellen Ausrichtung von Lehre und

---

6 Siehe hierzu insbesondere Knapp/Schumann (2008) und Lévy-Tödter/Meer (2009).

Beratung hinauszugehen. Dies soll der Tendenz entgegenwirken, die für die Internationalisierung notwendige Expertise an Einzelpersonen zu binden und die Bewältigung der vielfältigen interkulturellen Herausforderungen im Hochschulalltag dem Engagement Einzelner zu überlassen. Interkulturelle Qualifizierung beruht nicht auf der Vermittlung von „Rezepten" für die im Internationalisierungsprozess wachsenden Anforderungen an Lehre, Beratung und Forschung. Das Projekt verfolgt vielmehr einen partizipativen Ansatz, in dem die Chancen und Herausforderungen der Internationalisierung von den involvierten Akteur_innen gemeinschaftlich erkundet werden, um neue Gestaltungsmöglichkeiten zu erschließen und zu nutzen. Zur Umsetzung dieser Ziele dient zum einen das Format des Forums und zum anderen die Durchführung hochschuldidaktischer Workshops, die den kollegialen Austausch um Weiterbildungselemente erweitern.

1.2 Gender in die Lehre

Das Projekt „Gender in die Lehre – Lehren mit Genderkompetenz" führt die Universität Hildesheim von Juni 2010 bis Mai 2012 als zusätzliche gleichstellungsfördernde Maßnahme im Rahmen des Professorinnenprogramms durch. Angesiedelt im Gleichstellungsbüro, soll das Projekt die Integration von Geschlechterperspektiven in die Lehre in allen vier Fachbereichen der Hochschule fördern. Eine der Herausforderungen des Projekts besteht darin, aus einer Einrichtung der Universitätsverwaltung heraus wirksame Impulse für eine geschlechtergerechte Gestaltung der universitären Lehre (Dehler/Gilbert 2005) zu geben. Um dies zu ermöglichen, setzt das Projekt auf die größtmögliche Beteiligung interessierter Lehrender. Grundgedanke ist, dass nur ein partizipativer Ansatz ermöglicht, die Bedarfe Lehrender angemessen aufzugreifen und die Rahmenbedingungen ihrer Lehre einzubeziehen. Dies ist umso mehr der Fall, als es jeweils zu konkretisieren gilt, was es für einzelne Fächer beziehungsweise Studiengänge bedeuten kann, Geschlechterperspektiven in die Lehre zu integrieren. Dies stellt sich für Studienbereiche, in denen bereits ein Angebot an Veranstaltungen mit Gender-Themen etabliert ist, wie etwa die Bildungs- und Sozialwissenschaften, anders dar als für Bereiche, in denen kaum fachspezifische Ansätze existieren.

Grundsätzlich zielt das Projekt auf drei Ebenen ab. Erstens soll Genderkompetenz als ein Element von Diversity-Kompetenz gefördert werden. Dabei soll Lehrenden die Möglichkeit geboten werden, sich Wissen über die Wirksamkeit der sozialen Kategorie Geschlecht anzueignen und dieses auf die eigenen Arbeitsbereiche zu übertragen. Zum Zweiten gilt es, Ansätze geschlechtergerechter Didaktik zu vermitteln. Hier geht es verstärkt um praxisbezogene

Impulse, die Lehrende dabei unterstützen, die eigene Lehrtätigkeit geschlechterkritisch zu reflektieren und Interaktion, Kommunikation und Betreuung geschlechtergerecht zu gestalten. Eine dritte Ebene bilden die Lehrinhalte. Diesbezüglich soll das Projekt Anregungen geben, Perspektiven der Geschlechterforschung in die Lehre zu integrieren.

Der partizipative Ansatz des Projekts bestand zunächst darin, fachbereichsweise alle interessierten Lehrenden zu Brainstorming-Treffen einzuladen. Die Gesprächsrunden dienten zum einen dazu, Einschätzungen zum Stand der Integration von Geschlechterperspektiven in den einzelnen Fachbereichen und Studiengängen zu erhalten. Die persönlichen Stellungnahmen der Lehrenden bildeten eine notwendige Ergänzung zu einer datenbasierten Bestandsaufnahme des Status quo, die zuvor anhand von Veranstaltungsverzeichnissen und Studienordnungen durchgeführt worden war.

Zum anderen boten die Treffen Raum, um gemeinsam Ideen für die konkrete Projektumsetzung zu entwickeln. Dabei zeigte sich, dass für Lehrende jener Fächer, in denen wenig fachspezifische Ansätze der Geschlechterforschung existieren, die beiden erstgenannten Projektebenen und diesbezügliche Fragen vorrangig sind. Was bedeutet es konkret, genderkompetent zu lehren? Wie kann ein geschlechtergerechter Umgang mit Lerngruppen aussehen? Inwiefern werden Geschlechterverhältnisse in Veranstaltungen wirksam, die überwiegend oder ausschließlich weibliche Studierende besuchen (eine Situation, die an der Universität Hildesheim mit einem Schwerpunkt auf Grund- und Hauptschullehramt häufig auftritt)?

Diesen Fragen widmete sich ein hochschuldidaktischer Workshop unter dem Titel „Gender lehren – Gender lernen". Hier zeigte sich einmal mehr, dass ein Patentrezept für geschlechtergerechte Lehre nicht zu haben ist. Vielmehr gilt es, jeweils zu reflektieren und zu konkretisieren, wie Grundsätze einer geschlechtergerechten Didaktik in einer spezifischen Lehrsituation umzusetzen sind. Aus dieser Erkenntnis resultierte das Bedürfnis nach einem Rahmen für regelmäßigen Austausch, in dem konkrete Situationen aus dem Lehralltag mit Kolleg_innen besprochen und diskutiert werden können. Einen solchen Rahmen bildet das „Forum für kulturelle Diversität und Gender in Lehre und Beratung", das im Folgenden vorgestellt werden soll.

2. Forum für kulturelle Diversität und Gender in Lehre und Beratung

Die beiden kooperierenden Projekte, qualiko LBF und „Gender in die Lehre", haben sich in der Idee getroffen, ein Veranstaltungsformat zu entwickeln, das Mitarbeiter_innen der Universität die Möglichkeit zum kollegialen Austausch über Situationen aus der Lehr- und Beratungspraxis bietet. Gemeinsame theoretische Grundlage bildet ein konstruktivistischer Ansatz, der den Fokus auf „doing difference" (Fenstermaker/West 1995) richtet, also auf die interaktive Herstellung von Differenz in sozialen Situationen.[7] Kultur und Gender werden als soziale Differenzkategorien in den Blick genommen, die in alltäglichen Kommunikations- und Interaktionssituationen der Lehr- und Beratungspraxis relevant gemacht werden. Das Forum hat zum Ziel, einerseits einen Raum zu eröffnen, um diesbezügliche Probleme zu formulieren und gemeinsam zu reflektieren. Andererseits soll es den Teilnehmenden ermöglichen, eigene Strategien im Umgang mit kultureller Diversität und Gender zu identifizieren und zu diskutieren sowie zusätzlichen Unterstützungsbedarf durch die Organisation Hochschule zu formulieren. Den zeitlichen Rahmen des Forums bildet eine jeweils 90-minütige Abendveranstaltung, wobei Impulsreferate oder Kleingruppengespräche als Einstieg in eine moderierte Plenumsdiskussion dienen.

Im Sommersemester 2011 wurde das „Forum für kulturelle Diversität und Gender in Lehre und Beratung" mit vier Veranstaltungsterminen zu unterschiedlichen Themenschwerpunkten initiiert. Neben einer einleitenden Veranstaltung zu „Doing difference – Pädagogik der Vielfalt" waren der „ERASMUS-Austausch als Bereicherung und Herausforderung", „Doing und undoing gender in der Hochschullehre" sowie „Deutsch und Englisch als (fremde) Wissenschaftssprachen" Themen der Veranstaltungen. Die Themenauswahl beruhte auf Vorgesprächen mit Kolleg_innen aus verschiedenen Fachbereichen und wurde gemeinsam mit der Leiterin des International Office sowie der Koordinatorin des Projekts „ProKarriere- Mentoring" abgestimmt. Maßgeblich war zum einen die spezifische Situation der Hochschule, an der ein hoher Anteil von ERASMUS-Studierenden und damit verbundene sprachliche Herausforderungen den Unterrichtsalltag vieler Lehrender prägen. Zum anderen sollte der wechselweise auf kulturelle Diversität und Gender gerichtete Fokus eine Verknüpfung beider Perspektiven befördern.

3. Bilanz und Perspektiven

Die Veranstaltungen des Forums im Sommersemester 2011 dienten in erster Linie einer Bestandsaufnahme, indem Herausforderungen im Umgang mit kultureller Diversität und Gender mit Blick auf die Lehr- und Beratungspraxis aus der Perspektive der Teilnehmenden benannt wurden. Zur Sprache kam dabei ein sehr breites Spektrum an Problemsichten, da Expertise und Betrof-

---

7 Für einen entsprechenden Ansatz in der Interkulturellen Kommunikation siehe Günthner (2010).

fenheit der Teilnehmenden je nach Themenbereich der einzelnen Veranstaltungen variierte. So zeigte sich beispielsweise, dass viele Teilnehmende zwar über eine fachliche Expertise in Bezug auf kulturelle Diversität und Gender verfügen – bislang aber kaum mit Fragen einer diversitäts- und gendersensiblen Gestaltung von Lehre und Beratung in Berührung gekommen sind. Darin spiegelt sich zum einen wider, dass hochschuldidaktischen Kompetenzen im bundesdeutschen Wissenschaftsbetrieb nach wie vor ein deutlich geringerer Stellenwert eingeräumt wird als fachlicher Expertise. Zum anderen bildet sich darin ab, dass diversitätsbezogene Aspekte vielfach nicht als hochschuldidaktische Kernkompetenzen angesehen, sondern eher als spezifisches Sonderwissen wahrgenommen werden.[8]

Andere Teilnehmende näherten sich den Themen wiederum vor dem Hintergrund konkreter Herausforderungen aus der Praxis (z.B. mit Fragen zur Organisation von Gruppenarbeiten oder zur Betreuung von Seminararbeiten) und hatten Interesse an der gemeinsamen Reflexion institutioneller Rahmenbedingungen. Das Forum ermöglichte einen interdisziplinären, kollegialen Austausch über diese unterschiedlichen Herangehensweisen, der zu neuen, gemeinsamen Themen und Fragestellungen führte.

Angesichts dieser positiven Bilanz sollen die in den ersten Diskussionsrunden generierten Themen im Wintersemester 2011/12 durch die Fortführung des Forums aufgegriffen werden, um den angestoßenen Austausch zu vertiefen und den Teilnehmendenkreis zu erweitern. Während anfangs die besonderen Herausforderungen im Vordergrund standen, die sich im Zusammenhang mit Internationalisierung, Bildungsintegration und Gleichstellung in der Lehr- und Beratungspraxis ergeben können, soll es bei der Fortführung des Forums verstärkt um Praxisbeispiele gehen. So sind Mitarbeiter_innen der Universität Hildesheim dazu eingeladen, Beispiele aus ihrer Lehr- und Beratungspraxis vorzustellen, die sich als produktiv für den Umgang mit kultureller Diversität und Gender erwiesen haben. Im kollegialen Austausch soll daraufhin erörtert werden, inwiefern die präsentierten Beispiele Impulse über Fächergrenzen hinweg bieten können. Gerahmt wird dieses Programm von Diskussionsrunden zu grundsätzlichen Fragen der diversitätsbezogenen Hochschulentwicklung mit Vertreter_innen aus Hochschulleitung und zentralen Einrichtungen. Indem der praxisorientierte Schwerpunkt im kommenden Semester durch Informations- und Diskussionsveranstaltungen über die Voraussetzungen auf organisationaler Ebene ergänzt wird, reagiert die Veranstaltungsreihe auf einen Klärungsbedarf, den die vergangenen

---

8 Dies dokumentiert etwa der oben genannte hochschuldidaktische Workshop „Gender lehren – Gender lernen", der im Rahmen des Niedersächsischen Bausteinprogramms „Weiterbildung in der Hochschullehre" (WindH) des Kompetenzzentrums Hochschuldidaktik für Niedersachsen ein optional wählbares Modul außerhalb des Kerncurriculums bildet.

Veranstaltungen wiederholt deutlich werden ließen. Obwohl Grundsätze und Leitbild der Universität bekannt sind, besteht Unklarheit, was organisationale Vorgaben für spezifische Situationen im Lehr- und Beratungsalltag bedeuten. Wenn etwa Hilfskraftstellen in einem vorrangig von weiblichen Studierenden gewählten Studienbereich zu vergeben sind, in welcher Form sollte die Kategorie Geschlecht bei der Vergabe eine Rolle spielen? Wenn eine begrenzte Anzahl von Plätzen für ein Lehrangebot zur Verfügung steht, sollen/können/dürfen Lehrende Plätze nach Diversitätskriterien vergeben, um eine größtmögliche Vielfalt in der Lerngruppe herzustellen? Wiederholt zeigte sich in den Diskussionen das Dilemma, dass die gezielte Berücksichtigung von Differenz zugleich bedeutet, diese relevant zu machen – und somit Differenzkategorien zu reifizieren droht. Dies verdeutlicht, dass sich in der Hochschulpraxis zahlreiche Fragen nach dem konkreten Umgang mit Differenzkategorien stellen, deren Antworten keineswegs unmittelbar auf der Hand liegen. Auch wenn grundsätzliche Leitlinien der Hochschule zum Umgang mit Diversität vorliegen, bedarf es in der Regel der Auslegung, um daraus Handlungsperspektiven für konkrete Situationen abzuleiten. Hier zeigt sich u.E. ein struktureller „Übersetzungsbedarf", dem Rechnung getragen werden muss, um in Einklang mit hochschulpolitischen Vorgaben anwendungsbezogene Strategien für eine diversitätsorientierte Hochschulpraxis zu entwickeln. Wünschenswert ist dafür neben einer kollegialen Dialogkultur unter Lehrenden/Beratenden auch ein Austausch zwischen Akteur_innen aus Hochschulleitung und Verwaltungseinrichtungen einerseits, aus Lehre und Beratung andererseits.

Neben der Notwendigkeit, Bezüge zur organisationalen Ebene herzustellen, stellt sich in der Zwischenbilanz zudem die Frage, wie in praxisbezogenen Diskussions- und Reflexionsprozessen eine stärkere Verschränkung unterschiedlicher Differenzkategorien, hier insbesondere kulturelle Diversität und Gender, erreicht werden kann. Die im Forum praktizierte Unterscheidung spezifischer Problemfelder und der wechselnde Fokus auf einzelne Differenzkategorien ermöglichten zwar einerseits, sich ganz konkreten Situationen des Hochschulalltags zu nähern. Andererseits gelang es nur stellenweise, kulturelle Diversität und Gender im Sinne eines intersektionalen Ansatzes in ihrem Zusammenspiel zu reflektieren.[9]

Festzuhalten ist insgesamt, dass kulturelle Diversität von Lehrenden weitaus häufiger als Differenzkategorie relevant gemacht wurde. Während diesbezügliche Anforderungen in der Hochschulpraxis, oftmals vermittelt über das Thema Sprachkompetenz, leicht thematisierbar erschienen, stellte sich dies hinsichtlich der Kategorie Gender anders dar. Hier bedurfte es eher zusätzlicher theoreti-

---

9 Zur Entwicklung eines entsprechenden Ansatzes in der Hochschuldidaktik siehe Czollek/Perko (2008).

scher Impulse und praktischer Beispiele, um die Wirksamkeit in der Lehr- und Beratungspraxis zu reflektieren. Das mag den spezifischen Bedingungen der Universität Hildesheim mit einem Studentinnenanteil von rund 80 Prozent geschuldet sein, innerhalb derer die Wirksamkeit der Kategorie Geschlecht vielfach nicht in tradierten Ungleichheits-Arrangements wie einer mangelnden Präsenz oder Beteiligung weiblicher Studierender identifiziert werden kann. Vor dem Hintergrund einer nahezu durchgängigen Überrepräsentanz weiblicher Studierender wird der Umgang mit Gender oftmals nur schwerlich als notwendige Herausforderung für die eigene Lehr- und Beratungspraxis wahrgenommen.

Um Gender und kulturelle Diversität in der Hochschulpraxis anwendungsbezogen zu verknüpfen, bedarf es sowohl der weiteren praktischen Erprobung als auch begleitender theoretischer Reflexion und empirischer Forschung.[10] Fachliteratur zu Gender und Diversity, die Perspektiven für die konkrete Hochschulpraxis bietet, liegt bislang nur vereinzelt vor. Nicht selten ist der Fokus dabei auf jene Studienfächer gerichtet, in denen eine Unterrepräsentanz weiblicher Studierender zu verzeichnen ist, also auf den naturwissenschaftlich-technischen Bereich.[11]

Eine stärkere Zusammenarbeit von Projekten oder Einrichtungen, die unterschiedliche Differenzkategorien fokussieren, kann vor dem Hintergrund der durchgeführten Veranstaltungen aufgrund vielfältiger Synergieeffekte empfohlen werden. Da die Projektkoordinatorinnen innerhalb ihrer jeweiligen Netzwerke einen spezifischen Interessent_innenkreis anzusprechen vermochten, konnte die Veranstaltungsreihe durch die Zusammenarbeit auch thematische Neulinge für den jeweils anderen Themenschwerpunkt gewinnen. Der Wechsel der Expert_innenposition, der die Veranstalter_innen wechselweise selbst die teilnehmende Position ohne einschlägiges Fachwissen einnehmen ließ, war dem partizipativen Ansatz des Angebots sicherlich förderlich. Inwiefern eine stärkere Verzahnung der unterschiedlichen Differenzkategorien realisierbar ist, wird sich im weiteren Verlauf der Veranstaltungsreihe zeigen. Offen bleibt zudem die Frage nach der Handlungswirksamkeit und Nachhaltigkeit der im kollegialen Austausch hergestellten Verbindungen. Hier wird es zukünftig darauf ankommen,

---

10 Einen ersten Ansatzpunkt für empirische Untersuchungen bietet beispielsweise die Audioaufzeichnung der Veranstaltungen des Forums. Denn die auf dieser Basis angefertigten Transkripte ermöglichen nicht nur eine eingehende Dokumentation von Gesprächsinhalten für die nachträgliche Auswertung. Vielmehr ist im Rahmen von qualiko LBF geplant, mit Hilfe der Angewandten Diskursforschung (Becker-Mrotzek/Meier 2002) herauszuarbeiten, auf welche Weise Differenzkategorien interaktiv relevant gemacht und bearbeitet werden. Der so gewonnene Einblick in den kommunikativen Umgang mit Diversität verspricht Anknüpfungspunkte für die Entwicklung von Handlungsperspektiven.
11 Siehe hierzu die Beiträge von Bessenrodt-Weberpals, Jansen-Schulz und Schwarze in Haasper/Jansen-Schulz (2008). Zu Checklisten für eine fachübergreifende gender- und diversitygerechte Hochschuldidaktik siehe Czollek/Perko (2008: 42ff.).

weitere Schnittstellen zwischen Einzelprojekten zu schaffen sowie Netzwerke im Sinne von „communities of practice" (Wenger 1998) zu etablieren. Denn Veranstaltungsformate wie das vorgestellte Forum können lediglich Impulse für eine Reflexion der didaktisch-methodischen Implikationen von Entwicklungszielen bieten. Für die tatsächliche Umsetzung neuer Ideen bedarf es hingegen längerfristiger Unterstützung und Anreize. Diesbezüglich ist zu überlegen, wie sich die aktive Mitwirkung an der Umsetzung von Entwicklungszielen von Seiten der Institution unterstützen ließe. Denkbar sind hier einerseits Zertifikate, wie sie bereits für die Teilnahme an hochschuldidaktischen Weiterbildungen existieren. Andererseits könnten auch Instrumente zur Entlastung von Hochschulmitarbeiter_innen, wie z.B. eine Lehrdeputatsreduktion, den notwendigen Raum schaffen, um sich mit der Weiterentwicklung der eigenen Lehr- und Beratungspraxis zu befassen.

Literatur

Becker-Mrotzek, Michael/Meier, Christoph (2002): Arbeitsweisen und Standardverfahren der Angewandten Diskursforschung. In: Brünner, Gisela/Fiehler, Reinhard/Kindt, Walter (Hg.): Angewandte Diskursforschung Bd.1. Grundlagen und Beispielanalysen. Radolfzell: Verlag für Gesprächsforschung, S. 18-45.

Bosse, Elke (2011): Qualifizierung für interkulturelle Kommunikation: Trainingskonzeption und -evaluation. München: Iudicium.

Czollek, Carola/Perko, Gudrun (2008): Eine Formel bleibt eine Formel ... Gender- und diversitygerechte Didaktik an Hochschulen. Ein intersektionaler Ansatz. Wien: FH Campus Wien.

DAAD (2010): Programm zur Förderung der Integration ausländischer Studierender. Online unter: http://www.daad.de/hochschulen/betreuung/profin/09309.de.html [07.12.2011]

Dehler, Jessica/Gilbert, Anne-Françoise (2005): Geschlechtergerechte Gestaltung der Hochschullehre. In: Berendt, Brigitte/Voss, Hans-Peter/Wildt, Johannes (Hg.): Neues Handbuch Hochschullehre. Lehren und Lernen effizient gestalten. Stuttgart: Dr. Josef Raabe Verlags GmbH, G 2.6.

Fenstermaker, Sarah/West, Candace (1995): Doing Difference. In: Gender & Society, Bd. 9, 1, S. 8-37.

Günthner, Susanne (2010): Interkulturelle Kommunikation aus linguistischer Perspektive. In: Krumm, Hans-Jürgen et al. (Hg.): Deutsch als Fremd- und Zweitsprache. Ein internationales Handbuch. HSK Handbücher zur Sprach- und Kommunikationswissenschaft, Bd. 35, Halbbd. 1. Berlin: de Gruyter, S. 331-342.

Haasper, Ingrid/Jansen-Schulz, Bettina (Hg.) (2008): Key Competence: Gender. HAWK-Ringvorlesung 2007/2008. Münster: Lit-Verlag.

Hausendorf, Heiko (2007): Gesprächs- und Konversationsanalyse. In: Straub, Jürgen/Weidemann, Arne/Weidemann, Doris (Hg.): Handbuch Interkulturelle Kommunikation und Kompetenz. Stuttgart: Metzler, S. 403-415.

Knapp, Annelie/Schumann, Adelheid (2008): Mehrsprachigkeit und Multikulturalität im Studium. Frankfurt a. M.: Lang.

Knapp, Karlfried (2004): Interkulturelle Kommunikation. In: Knapp, Karlfried/Antos, Gerd/ Becker-Mrotzek, Michael/Deppermann, Arnulf/ Göpferich, Susanne/Grabowski, Joachim/ Klemm, Michael/Villinger, Claudia (Hg.): Angewandte Linguistik. Ein Lehrbuch. Tübingen: Francke, S. 409-430.

Koole, Tom/Thije, Jan D. ten (1994): The Construction of Intercultural Discourse. Team Discussions of Educational Advisers. Amsterdam: Rodopi.

Leenen, Wolf Rainer/Groß, Andreas (2007): Internationalisierung aus interkultureller Sicht: Diversitätspotenziale der Hochschule. In: Otten, Matthias/Scheitza, Matthias/Cnyrim, Andrea (Hg): Interkulturelle Kompetenz im Wandel. Bd. 2: Ausbildung, Training und Beratung. Frankfurt a. M.: IKO-Verlag, S. 185-214.

Lévy-Tödter, Magdalène/Meer, Dorothee (Hg) (2009): Hochschulkommunikation in der Diskussion. Frankfurt a. M.: Lang.

Otten, Matthias (2009): Academicus interculturalis? Negotiating interculturality in academic communities of practice. In: Intercultural Education 20, 5, S. 407-417.

Wenger, Etienne (1998): Communities of Practice: Learning, Meaning, and Identity. Cambridge: Cambridge University Press.

Ulrike Lahn

Die widersprüchlich-markierten Körper der Forschenden – Selbstreflexionen über Situiertheit in intersektionell informierter Forschung und Lehre

Gegenwärtig beginnt die Hochschullandschaft zu entdecken, dass „Heterogenität" und „Vielfältigkeit" den Campusalltag bestimmen, jedoch das institutionelle Machtgefüge durch bemerkenswerte monokulturelle, exkludierende Strukturen und normative Rahmungen bestimmt wird. Der folgende Beitrag nähert sich dieser Ungleichzeitigkeit zwischen Dynamik und Beharrung zunächst erkenntnistheoretisch. Problematisiert wird das wissenschaftliche Gebot der Objektivität, das die Körper der Forschenden und Lehrenden gleichsam suspendiert und somit auch ihre soziostrukturellen Markierungen und diversen Verfasstheiten. Ausgehend von epistemologischen Überlegungen, welche Möglichkeit Selbstreflexivität als Forschungsstrategie und -haltung bieten könnte, um die komplexe Situiertheit wissenschaftlicher Akteur_innen offenzulegen, werden zum einen intersektionell-informierte Ansätze dargelegt, die interdependente Machtverhältnisse zu erklären suchen und zum anderen ein Projekt vorgestellt, dass versuchte, die „widersprüchlich-markierten Körper" in Forschung und Lehre zu integrieren.

Trotz Bekenntnissen, „verstanden" zu haben, den Anforderungen angemessen zu begegnen, Universitäten zu diversifizieren, zeigt ein Blick auf die Institutionenkultur: Wissenschaftliche Alltagspraxen in Forschung und Lehre strukturieren sich in ernsten Spielen um Sozialprestige, sowie institutionelle als auch diskursive Macht (Zimmermann 2002; Bourdieu 2007: 189 f.). Als Parameter wissenschaftlicher Qualität kommt der rationalen Objektivität zentrale Bedeutung zu. Dem Gebot, aber auch dem Anrecht des forschenden Blickes, nicht-parteinehmend, *„[...] alles von nirgendwo aus sehen zu können [...]"* (Haraway 1995: 89), gar unberührbar zu sein – all das macht schnell vergessen, aus welcher Position das vermeintliche Subjekt der Wissenschaft spricht. Darüber hinaus lässt das Objektivitätsgebot die Körper der Forschenden vergessen, es entkörpert sie gleichsam. Haraway (1995: 89) spricht hier vom *„ [...] Sprung aus dem markierten Körper hinein in den erobernden Blick von nirgendwo"*. Der erobernde Blick „ [...] *verleiht der unmarkierten Kategorie die Macht zu sehen, ohne gesehen zu werden, sowie zu repräsentieren und zugleich der Repräsentation zu entgehen. Dieser Blick bezeichnet die unmarkierte Position des Mannes und des Weißen.*" (Haraway 1995: 80) Heute mehr als zwanzig Jahre später[1], möchte ich neben „*race*" und *gender*, selbstverständlich auch *class*, *desire*/Begehren und *ability*/körperliche und geistige Befähigung ergänzt wissen.

Trotz ihres Duktus – geprägt noch durch den Singular der „großen Gegen-Erzählung" vom Patriarchat – bleibt Haraways erkenntnistheoretische Re-Formulierung der Metapher *Vision* von bestechender Aktualität in Diskursen um intersektionell informierte und diversitätssensible Hochschulforschung und Lehre. Mit pointiert feministischer Schärfe und Wissenschaftspolemik, die gegenwärtig Genderforscher_innen um ihre Reputation bangen ließe und den Ruf als „normativ" oder gar politisch einbrächte, problematisiert sie die vermeintlich universelle, objektive Weite des wissenschaftlichen Blickes. Haraway arbeitet den kolonisierenden und Herrschaftsgestus des Objektivitätsgebotes heraus, den sie in metaphorischer Drastik und Dichte als „*das Auge [das] mit der Welt kopuliert (the eye that fucks the world)*" (Haraway 1995: 81) markiert. Dagegen setzt sie Reflexivität des eigenen situierten, kontextgebundenen Wissens als alternativloses Gebot, und ruft dem forschenden Subjekt in Erinnerung, dass seine Positionierung körperlich, an Raum und Zeit gebunden, begrenzt ist. Aus dieser materiellen Bedingtheit entspringt eine „*[...] Sicht von einem Körper [...], der immer ein komplexer, widersprüchlicher, strukturierender und strukturierter Körper ist.*" (Haraway 1995: 89) Die strukturelle Verortung im sozialen Raum geht bei Haraway über die reine Verfügbarkeit sozioökonomischer oder kultureller Kapitalien bzw. Zugängen zu gesellschaftlichen Ressourcen hinaus, sie erweitert diese um Körperlichkeit als mehrdimensionale Kategorie. In empirischen Sozialforschungskontexten findet letztere Eingang als sogenanntes askriptives, körpervermitteltes Merkmal, wie beispielsweise Geschlecht, Alter, Ethnie, Sexualitäten. Bereits mit der definitorischen Rahmung, es handle sich um unabhängige und unveränderlich zugeschriebene Ausprägungen, ist zum einen der soziale Vorgang der Zuschreibung und zum anderen die Kategorie „Körper" einer kritischen Revision enthoben, eine Annahme von Mehrdimensionalität der Merkmale scheint gar ausgeschlossen. Haraways Denkfigur der *Vision* fordert dagegen explizit Wissens- und Forschungsperspektiven, die sich nicht nur ihrer professionell bedingten Leerstellen, sondern auch ihrer strukturell-markierten, lokal positionierten und begrenzten, widersprüchlichen Körper reflexiv bewusst sind.

---

1 Haraways Beitrag „Situated Knowledges: The Science Question in Feminism and the Privilege of Partial Perspectives" wurde bereits 1988 in „Feminist Studies" erstveröffentlicht.

Nicht alleine in der feministischen Erkenntnistheorie und -kritik der 1970er und 1980er Jahre kam der Selbstreflexivität die Bedeutung eines wissenschaftlichen Postulates zu. Das Bekenntnis, der Subjektgebundenheit im Erkenntnisprozess reflexiv zu begegnen und folglich eine entsprechende Forschungshaltung zu entwickeln, ist seit mehreren Dekaden bedeutsamer Bestandteil methodologischer Diskurse in den Sozialwissenschaften. Insbesondere im qualitativen Forschungsparadigma, das sich am Grundsatz des Verstehens orientiert, lässt sich eine beachtliche Anzahl an Thesengenerierungen erkennen. Im *Forum Qualitative Sozialforschung* beispielsweise erschienen 2003 zwei aufeinanderfolgende Bände, die den Diskussionsstand und offensichtlichen -bedarf nach epistemologischer Auseinandersetzung mit kontextabhängiger und reflexionsbedürftiger Wissensproduktion widerspiegeln. Ein vorrangiges Ziel der Beiträge war die Klärung methodischer Übersetzbarkeit dieses erkenntnistheoretischen Spannungsfeldes. Breuer (2003) formulierte, am Bedarf der Forschungspraxis orientiert, zunächst vier Grundannahmen zur Kontextabhängigkeit subjektiver Wahrnehmung und deren Konstruktionsprozess von Erkenntnis: Die *„Standpunktgebundenheit"* trägt zwei Ausprägungen, die räumliche Verortung des Subjektes und, wie bei Haraway, die bildlich formulierte „Positionierung" im soziokulturellen bzw. -ökonomischen Raum. Die Dimensionen Raum und Zeit strukturieren zugleich auch die Dynamik – die *„Kabinenhaftigkeit"* – des wahrnehmenden, forschenden Subjektes. Es bewegt sich aktiv, Kontakt aufnehmend durch Raum und Zeit und wird jedoch auch in den Dimensionen bewegt. Das Subjekt als auch das Objekt der Erkenntnis werden durch den Austauschprozess beeinflusst und verändert, egal wie gering die Wahrnehmungs- bzw. Beobachtungsintervention angelegt ist. Die *„Interventionshaftigkeit"* bzw. *„Interaktivität"* ist nach Breuer ein weiteres Charakteristikum der Subjekthaftigkeit von Erkenntnis.

Zugleich verändert der dynamische Prozess – sowohl in Zeit und Raum als auch im lebensweltlichen Kontakt – subjektive Wahrnehmungs- und Erkenntnisschemata. Letztere sind ein weiteres Erklärungsmoment: Die *„Sinnes- und Instrumentengebundenheit"* bzw. die *„Konzept-/Schema-/Sprachgebundenheit"* von Erkenntnis. Der Aspekt spezifischer Sinnesausstattungen und der davon abhängigen Wahrnehmungskonzepte ist beispielsweise wesentlicher Bestandteil von Haraways Arbeiten. Als Biologin und promovierte Zoologin weist sie auf die begrenzte visuelle Fähigkeit des menschlichen Auges hin, dessen sensorische Unzulänglichkeit mit technischen Hilfsmitteln gestützt zu breiteren Erkenntnismöglichkeiten getrieben wird[2]. Ob technische, methodische, theoretisch-konzep-

---

2 In ihrem Beitrag „Crittercam" (2008) entfaltet Haraway ihre kritische, visuelle Metaphorik am Beispiel innovativer Technologien der Meeresbiologie. Das menschlich eingeschränkte Seh- und Erkenntnisvermögen in den nur wenig erforschten Ozeanen zu erweitern, zeigt sich beispielsweise in der Forschungsstrategie des vom *National Geographic* geförderten

tionelle oder gar sprachliche Möglichkeiten, Welt zu erfassen, all dies dient als Instrument der Wahrnehmung und Erkenntnis und beinhaltet zugleich eine Begrenzung in der Mittelwahl. Übertragbar ist dieses Spannungsverhältnis auf praktisch-methodische Fragen: Die ausgewählten Instrumente der Datenerhebung oder der Didaktik erfassen bzw. fokussieren lediglich einen Ausschnitt von Lebenswelt und lassen andere Aspekte unbeleuchtet, sie reduzieren Umweltkomplexität.

Wenn auch nicht auflösbar, so plädiert Breuer für einen produktiven Umgang mit den obigen epistemologischen Dilemmata: Menschliche Wahrnehmungsgrenzen, Kontextabhängigkeit durch Zeit und Raum strukturiert, Informationsreduktion im Erkenntnisprozess könnten dennoch „*als produktive Möglichkeit, als* Erkenntnis-Fenster, *als* Chance methodischer Innovation *aufgefasst*" werden (Breuer 2003: 13), – durch die (selbst-)reflexive Anerkennung der Subjekthaftigkeit bei einer gleichzeitig daraus abgeleiteten Neuformulierung von Erkenntnisprinzipien. Nicht nur die Situiertheit des Wissens sollte in sie Eingang erhalten, auch die menschliche Fähigkeit, vermeintlich widersprüchliche Informationen, Dynamiken und Perspektiven der Wissensgenerierung zu synthetisieren. Dieser exemplarisch angeführte Beitrag skizziert den aktuellen Diskursstand zu Selbstreflexivität und Subjektgebundenheit in der qualitativen Sozialforschung.

Weitere nachhaltige epistemologische Interventionen gehen zudem von der Ethnopsychoanalyse (Devereux 1992) oder postkolonialer Theoriebildung aus (Abu-Lughod 1996; Gutiérrez Rodríguez 1999; Hall 2004). Letztere formulieren jedoch – wie auch Haraway – eine zusätzliche Einflussgröße auf den Erkenntnis- und Wahrnehmungsprozess: gesellschaftliche Machtdynamiken. Diese Variable akzentuiert insbesondere die epistemologische Charakteristik der Standpunktgebundenheit als auch der Interventionshaftigkeit und hebt zugleich deren (wissenschafts-)politische Relevanz hervor. Mit aktuellen Intersektionalitätskonzepten und Forschungsansätze zu Diversitäten etablieren sich weitere Stimmen im poststrukturalen Wissenschaftsdiskurs, deren Ursprünge auf politische Praxen feministischer und antirassistischer Sozialbewegungen zurückzuführen sind (Winker/Degele 2009:11; Gutiérrez Rodríguez 1999: 13). Zugleich verorten sie sich interdisziplinär zwischen den entsprechenden theoretischen Strängen der *GenderStudies*, der *Queer Theory* und u.a. den *Postcolonial Studies*. Wesentliches Anliegen intersektioneller Ansätze ist es, Verwobenheiten innerhalb gesellschaftlicher Strukturen und Kategorien aufzuzeigen. Darüber hinaus ermöglichen sie einen Erklärungsansatz für die Frage, wie sich Ungleichheitsla-

---

Film-Projektes, sich der Tierperspektive so weit wie technisch machbar anzunähern. Dazu installieren Forscher_innen an Meerestieren Unterwasserkameras. Haraway problematisiert die fragwürdige Forschungspraxis, sich den Blick der „anderen", „fremden" und folglich „exotischen" Tier-Spezies zu eigen zu machen und diesen gleichsam zu domestizieren.

gen im sozialen Raum verstärken, abschwächen und verändern können (vgl. Walgenbach 2007; Winker/Degele 2009) Wie komplexe Interdependenzverhältnisse zwischen Subjekt-, Struktur- und Repräsentationsebene operationalisiert werden können bzw. operationalisiert werden, zeigt sich in folgender graphischer Darstellung. Unabdingbar ist es hierbei, symbolische Gewalt- und Machtverhältnisse konzeptionell einzubeziehen – wie beispielsweise Erklärungsansätze der *Postcolonial Studies* –, da diese es ermöglichen, die Hervorbringung einerseits beweglicher und andererseits verstetigender „Aggregatzustände" in den jeweiligen interdepententen Verhältnissen zu erklären. Aufgrund dieser Variablen dynamisieren Intersektionalitätsansätze Erklärungsmöglichkeiten klassischer sozialstrukturanalytischer Konzepte und erweitern sie darüber hinaus, in dem sie gesellschaftliche Macht explizit als basale Komponente der Analyse einbeziehen.

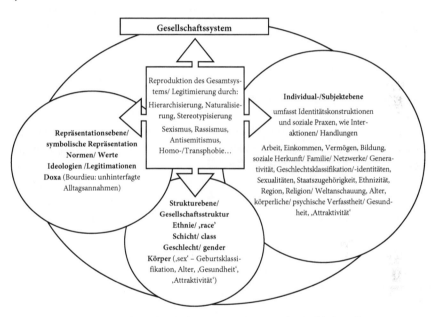

Abbildung 1: Dynamische Interdependenzen zwischen gesellschaftlichen Ebenen
Quelle: eigene Darstellung nach Winker/Degele 2009; Gutiérrez Rodríguez 1999; Hall 2004.

Vor dem Hintergrund des anspruchsvollen Erkenntnisinteresses sollte folglich eine kritische Re-Formulierung wissenschaftlicher Selbstreflexivität und der kontextabhängigen, subjektgebundenen Hervorbringung von Erkenntnis einen wichtigen Stellenwert in der Intersektionalitäts-Methodologie einnehmen. Zudem ließe sich anführen, dass ein aktualisierter Diskurs um die Situiertheit des forschenden Subjektes der zunehmenden Erkenntniskomplexität und Differenzierung der Forschungsinstrumente intersektionell-informierter, aber auch diversitätssensibler Ansätze[3] geschuldet sei.

Zunächst jedoch eine vorangestellte Feststellung Breuers (2003) zum Wissenschaftsalltag, die in ihrer Überspitzung eine Kontrastfolie zur hier geforderten Programmatik bieten soll: „*Seinen Ausdruck findet das beispielsweise darin, dass die Sozialwissenschaft den Forscher bzw. die Forscherin typischerweise als* Methodenmaschine *modelliert: Eine mit Haut überzogene Versuchsanordnung, ohne personal-differentielle Charakteristik, austauschbar. Der Forscher, die Forscherin ist [...] alterslos, geschlechtslos, geruchslos, farblos, ohne sozial-differentiellen Habitus etc.*" (Breuer 2003: 19). Als Fazit ließe sich daraus schließen: Erst „*nach Feierabend*" sei der legitime Rahmen gegeben, dass sich die markierten Körper der *scientific community* artikulierten. Es kann festgestellt werden, im wissenschaftlichen Feld sind diskursive Grenzziehungen zwischen „erwünschtem" und „nicht erwünschtem" professionellen Handeln ungebrochen bedeutsame soziale Regulatoren.

Wie kann nun vor dem Hintergrund von Professionalitätsgeboten der diskursive Rahmen verschoben werden, so dass eine *„Selbstverobjektivierung"* (Bourdieu 1997: 802) oder Haraways *„Vision"* von einem markierten Körper zu einer nicht zu vernachlässigenden, einer legitimen Größe im Forschungsprozess wird? Wie könnte aus Intersektionalitäts- und Diversitätsperspektive das kontextabhängige Erkenntnissubjekt im historischen Zeitverlauf und im machtdurchzogenen, geographischen, sozialen und institutionellen Raum gefasst werden? Eine weitere Frage, den *postcolonial studies* entlehnt, beträfe insbesondere die Situierung innerhalb wissenschaftlicher Institutionsstrukturen: „*Wer spricht (nicht) in Universitäten?*"[4] (Gutiérrez-Rodríguez 1999: 13) Hinter dieser Frage verbirgt sich die durchaus gewagte Forderung, Subjektpositionen und ihre jeweiligen Zugangschancen bzw. Begünstigungen in Forschungsinstitutionen offenzulegen und die weniger Privilegierten in den Fokus zu bekommen, das heißt die Standpunktgebundenheit als Forscher_in und Lehrende

---

3 Das GenderKompetenzZentrum Berlin regt gegenwärtig mit der Einführung des Begriffes *Queerversity* eine theoretische Erweiterung von Diversitymodellen und politischen Strategien an: „Die Kombination von Genderkompetenz und Queerversity befördert eine erweiterte Gleichstellungspolitik, die die Komplexität von Diskriminierungsverhältnissen wahrnimmt. Sie wendet sich gegen ein Verständnis von Diversität als ‚bunter Vielfalt' oder pluralistischem Nebeneinander.";
http://www.genderkompetenz.info/genderkompetenz/copy_of_queerversity

4 Die Frage wurde in Anlehnung an G. C. Spivaks Text „Can the Subaltern Speak?" (1988) formuliert, der im postkolonialen(-feministischen) Diskurs mittlerweile als Klassiker der Theoriebildung um nicht-/legitime politische Artikulation marginalisierter Gruppen gelten kann. Gutiérrez Rodríguez, die sich auf Spivak bezieht, äußert sich kritisch darüber, dass Beiträge migrantischer Geistes- und Kulturwissenschaftler_innen in der deutschsprachigen *scientific community*, insbesondere in der Geschlechterforschung weiterhin kaum rezipiert wurden.

einerseits und die durch institutionelle Macht beeinflusste *Interventionshaftigkeit* im Subjekt-Objekt-Kontakt andererseits zu reflektieren. Die oben angeführte Frage provoziert zudem methodologische Überlegungen, Selbstreflexivität als Korrektiv eigener machtabhängiger Kategorisierungs- und Stereotypisierungsstrategien im institutionellen Handeln und in der Forschungspraxis zu entwickeln: Dem eigenen *othering* (Abu Lughod 1996: 29), jemanden „Anders-zu-machen", aktiv zu begegnen und folglich die *Konzeptgebundenheit* und deren Wahrnehmungsschemata zu erweitern. Wie dies praktisch-methodisch umgesetzt werden könnte, wird im Folgenden diskutiert.

Ausgehend von den vorangestellten Überlegungen, den vermeintlich universellen Blick und die unmarkierten Positionierung des forschenden Subjektes einer kritischen Revision zu unterziehen, und zudem diese methodologisch und methodisch in dynamische Interdependenz- und Diversitätsforschung zu integrieren, stellen sich weitere Fragen beispielsweise nach praktischer Umsetzbarkeit im universitären Lehr-/Lernsetting. Folgerichtig sollte dabei die Position der Lehrenden im sozialen und institutionellen Raum nicht ausgeblendet bleiben oder erst jenseits der diskursiv und sozial legitimen Grenze „nach Feierabend" verhandelt werden. Wie jedoch dem Interessenkonfliktes zwischen professioneller Distanz, individuellem Berufsethos als Lehrende und reflexiven Offenlegung der eigenen soziostrukturellen Verfasstheit in den jeweiligen Situationen begegnen? Didaktische Instrumente, um den gemeinsamen institutionell-strukturierten Lehr- und Forschungsraum, den Veranstaltungsteilnehmer_innen und Lehrende bilden, erfahrbar und transparent darzustellen, sind bereits vielfältig in Gendersensibilisierungs- und interkulturellen Trainings entwickelt worden und praktisch auf verschiedenen Lernniveaus erprobt.[5]

Stationen eines Forschungsprojektes zu intersektionellen Verschränkungen

Im Folgenden wird die Verfasserin verschiedene Stationen eines Forschungsprozesses darlegen, in dem sich stetig vielschichtige Sichten und Erkenntnisse aus ebenso komplexen Körpern entwickelten. Als Beispielfolie für die oben aufgeworfenen Fragen nach praktischer Umsetzbarkeit selbstreflexiver und intersektionell-, sowie diversitätssensibler Perspektiven im Lehr-/Lernsetting soll das zweisemestriges Projektseminar „Intersektionalität" dienen, das 2008/

---

5 Auf die reichhaltigen methodisch-didaktischen Werkzeugkisten sei an dieser Stelle verwiesen, wie z.B. der „Baustein zur nicht-rassistischen Bildungsarbeit" des DGB-Bildungswerkes Thüringen e.V. (2008); „Wohin die Reise geht ..." – eine Übung, um Interdependenzen im sozialen Raum wahrzunehmen; S. 72f.

2009 im Rahmen des BA-Nebenfach GenderStudies an der Universität Bremen und in Kooperation mit der Universität Oldenburg durchgeführt wurde.

Die soziokulturelle *„Markierung"* der Lehrenden und Studierenden stellte sich im Projektseminar „Intersektionalität" bei genauerer Draufsicht als durchaus divers dar. Zum einen bestand eine *Team-Teaching*-Konstellation zu zweit und zeitweise gar zu dritt. Durch die Herkünfte der Lehrenden war bereits ein greifbar intersektionell verfaßter bzw. diverser „Lehrkörper" präsent: Nicht alleine, dass durch die ethnologischen, soziologischen und pädagogischen Zugänge eine gewisse Interdisziplinarität angelegt war, auch bewegten sich die Lehrenden zwischen Norddeutschland, der Türkei und der Schweiz. Sie arbeiteten auf unterschiedlichen Ebenen des institutionellen Gefüges, lebten heterosexuell und queer, ohne oder mit Kindern in (Regenbogen-) Familie. Aber nicht nur die Lehrenden zeigten sich heterogen, auch die Studierenden waren disziplinär und strukturell vielfältig – über (Nicht-) Migrationserfahrungen und Altersverteilungen hinaus. Beispielsweise konnten einige ältere Studierende bereits auf berufliche Erfahrungen zurückgreifen und die mit einem Studium eine Höherqualifikation anstrebten, teilweise in Kollision mit dem Status als Alleinerziehende. Darüber hinaus zeigte sich die Selbstpositionierung als queere und nicht-queere Personen, aber auch die Eingebundenheit in politisch aktive Netzwerke bei der Suche nach einer adäquaten Fragestellung im Forschungsprozess als ebenfalls bedeutsam. Für die Teilnehmenden stellte das Projekt eine intersektionelle Knotenpunktsituation dar, welche in die Auseinandersetzung mit den eigenen Forschungsinteressen einfloss.

Heterogenität im Forschungs- und Lebensalltag entdecken

Wie kann es in der Lehr-/Lernsituation gelingen, einen intersektionellen Ansatz beispielsweise für ein eigenes empirische Forschungsvorhaben oder einen reflektierten Umgang im beruflichen Engagement zu finden? Als hilfreich erwies es sich zunächst, die Heterogenität der jeweiligen Lebenszusammenhänge durch das Sammeln von Alltagsbeispielen zu verdeutlichen, also eine selbstreflexive Wahrnehmung zu sensibilisieren[6], um in einem zweiten Schritt mögliche Interessenschwerpunkte abzuleiten, aber auch forschende Neugierde für die alltäglichen vielfältigen Verflechtungen zu wecken.

---

6 Biographische Arbeit als reflexive Längsschnittperspektive und weitere didaktische Methoden, welche über die Selbstreflexion im Querschnitt, d.h. des gegenwärtigen Lebensalltages hinausgeht, wird von Schlüter/Justen 2009: 173ff. diskutiert.

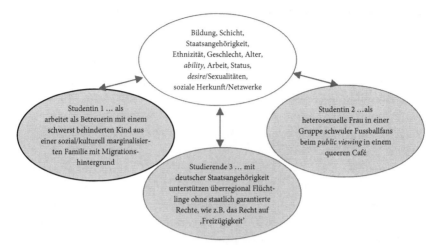

Abbildung 2: Studentische Beispiele für mögliche Forschungsfelder im Lebensalltag
Quelle: Eigene Darstellung.

Die studentischen Beispiele zeigen[7], dass sich Forschungsfragen und -probleme aus einer intersektionellen Perspektive jederzeit auftun können, sobald der Blick für sie geöffnet ist, sich die eigene *Konzept-/Schemata-Gebundenheit* im Sinne Breuers (2003) erweitert. Dies kann die bedeutsame Erkenntnis hervorbringen: Ob im beruflichen Kontext, in der Freizeit oder im politischen Engagement – überall bewegen wir uns in einem sozial und kulturell strukturierten Merkmalsraum.

In den obigen Beispielen verschränken sich soziostrukturelle Merkmale, welche verstärkend oder abschwächend auf die Dynamiken zwischen den verschiedenen Ungleichheits- und Benachteiligungslagen der Interaktionspartner_innen wirken. Sobald Studierende, aber auch Wissenschaftler_innen die Strukturierung des sozialen Raumes und seine Differenzierungen und Dynamiken der verschiedenen Positionen – die *Standpunktgebundenheit* und *Kabinenhaftigkeit* bei sich und anderen – wahrzunehmen vermögen, ließe sich dies als *intersektionelle Kompetenz* fassen.

---

[7] Als kritischer Einwurf kann hier der Einwand Gutiérrez Rodríguez gelten, dass mit den Beispielen an eine Strategie der Addition angeknüpft werden könnte, Differenzen des sozialen und kulturellen Raumes als „Litanei askriptiver Merkmale" (Gutiérrez Rodríguez 1999: 16) zu formulieren. Problematisch an der additiven Strategie ist, dass Erkenntnisprozesse in einer Form der Selbstanklage ob gesellschaftlicher Herrschaftsstrukturen stecken bleiben oder aber dass Differenzen als positive Vielfalt gefeiert werden.

Zirkulärer Dialog zwischen Forschen und Auswerten

Vor dem Hintergrund intersektioneller Perspektiven und Diskurse entwickelten sich explizit hohe Erwartungen an die eigene wissenschaftliche Identität und die Forschungssituation, welche die Studierenden, aber auch die Lehrenden als komplex und herausfordernd wahrnahmen:
- „Wie setzen wir das Ganze aus intersektioneller Perspektive um?[8]"
- „Wie können wir uns den ganzen Verwobenheiten empirisch nähern?"
- „Wie bekommen wir alle Kategorien unter einen Hut?"
- „Müssen wir nun alle Strukturen erforschen, um es ‚Intersektionalität' nennen zu dürfen?"
- „Reproduzieren wir nicht Machtsstrukturen, wenn wir beispielsweise Kategorien explizit benennen oder wir als Universitätsangehörige andere zu Forschungs*objekten* degradieren?"
- „Wer ist dieses Subjekt der Forschung?"

In dem Spektrum studentischer Diskussionsbeiträge zeigten sich Aspekte der eingangs entfalteten erkenntnistheoretischen Dilemmata und einer für Diversität sensibilisierten Perspektive: Fragen nach methodologischen Problemen und Verortungen, methodisch angemessener Umsetzbarkeit und dem eigenen Unbehagen, dem sogenannten Forschungsgegenstand gerecht zu werden, ihm gleichsam keine Gewalt antun zu wollen.

Drei thematische Stränge sollen im Folgenden exemplarisch dargelegt werden, die sich zirkulär, das heißt im Dialog zwischen Forschen und Auswerten, entfalteten. Sie enthalten Methodologisches – damit eingeschlossen auch die Dilemmata der Selbstreflexivität und Subjektivität –, Methodisches und mögliche Lösungsstrategien in der Praxis: Erstens wird der Frage nach Methodenkreativität und Prozesshaftigkeit nachgegangen und welche Lösungsstrategien es geben kann, der Komplexität intersektionell informierter Empirie zu begegnen. Zweitens folgen Diskussionsergebnisse, wie innerhalb des Forschungssettings vor dem Hintergrund einer intersektionell-sensibilisierten Perspektive das asymmetrische Verhältnis zwischen Subjekt und Objekt der Forschung reflektiert werden kann, und drittens werden berufsethische Überlegungen zur Forschenden- und Lehrendenposition dargelegt, die mit der Frage schließen: Können verbindliche Ethik-Kodices an den Universitäten eine Möglichkeit sein, um diversitätssensibles Handeln in Forschung und Lehre zu fördern?

---

8 Im ersten Projektsemester erarbeiteten sich die Studierenden theoretische Grundlagentexte intersektioneller Forschung. Im zweiten Projektsemester folgte die empirische Umsetzung anhand kleiner Forschungsprojekte. Drei Themenbereiche kristallisierten sich heraus: 1. Institutionelle Herrschaftsstrategien und Räume, 2. Popkulturen, 3. Homophobie und Rassismen.

Methodenkreativität und Prozesshaftigkeit:
Die Komplexität intersektionell informierter Empirie

Im Seminarkonzept war es zunächst vorgesehen, lediglich drei methodische Zugänge anzubieten. Auf dem Programm stand ein diskursanalytischer Zugang, um z.B. Film- oder Textmaterial auszuwerten, kulturwissenschaftlich und ethnologisch basierte teilnehmende Beobachtung und ein narratives Interviewverfahren soziologischer Prägung. Bereits nach kurzer Zeit, die Forschungsfragen waren formuliert, zeigte sich, dass das Methodenangebot zwar wohlmeinend war, aber nicht ausreichend für den Bedarf der studentischen Projektideen.

Ein Feuerwerk an Methoden-Vielfalt sollte sich für einen Großteil der Forschungsarbeiten als die sinnvollste empirische Strategie erweisen. Insbesondere wurde das ethnographische Methodenensemble kreativ gewendet: Je nach Forschungsfrage enthielten die empirischen Arbeiten teilweise Elemente des standardisierten Fragebogens, der filmischen Dokumentation und der kunstpädagogischen Methode der Spurensammlung.

Was zunächst als allseitige Überforderung gewertet werden könnte, wurde von studentischer Seite – sowohl während des Forschungsprozesses als auch im Nachhinein – als entlastend und als Erlaubnis empfunden: Eine offene, kreative empirische Annäherung an komplexe Alltagsrealitäten, ohne die wissenschaftliche Postulate nach objektiver, reliabler und valider Forschung vollständig umsetzen zu müssen. All das kam auch dem studentischen Wunsch entgegen, Reflexionen über die eigene soziale und kulturelle Position zu erproben. Im Sinne Haraways erlebten die Studierenden das traditionelle wissenschaftliche Objektivitätspostulat, d.h. die Erwartung, ein unmarkierter, forschender Körper zu sein, dessen Blick zuerst nach außen zielt, als einengend und problematisch. Methodenkreativität und Prozesshaftigkeit dagegen explizit anzuerkennen, entwickelte sich für die Studierenden als hilfreicher Lösungsweg für intersektionell informiertes, empirisches Forschen. Praktisch-Methodisch zeigte sich ein weiterer Lösungsansatz zum Beispiel in der Gestaltung des Erhebungs- und späteren Auswertungsprozesses. Ungleichheitslagen wurden als solche berücksichtigt und fanden sich angemessen in den Operationalisierungen wieder. Den Analyserahmen flexibel und die Frageformulierungen offen zu gestalten, ermöglichte es den Studierenden, Deutungsleistungen von Beforschten eine Mehrdimensionalität der Merkmalsausprägungen zuzugestehen, beispielsweise wenn Interviewpartner_innen antikategoriale Wahrnehmung von Sexualitäten äußerten bzw. eine Dichotomisierung von Geschlecht oder Sexualität zurückwiesen. Innerhalb qualitativer Verfahren fanden sich ausreichend methodische Möglichkeiten, der *„Sicht von einem Körper aus, der immer ein komplexer, widersprüchlicher, strukturierender und strukturierter Körper ist"* (Haraway 1995:

89) im Forschungs- und Auswertungsprozess Raum zu geben – unter besonderer Berücksichtigung von sozialen Machtkomponenten und -dynamiken in der Forschungsplanung.

Interdependente Machtbeziehungen und Asymmetrien im Forschungssetting reflektieren: Subjekt vs. Objekt der Forschung?

Während der Sitzung „Universität als vergeschlechtlichter Raum" standen die generational geprägten „großen (Gegen-)Erzählungen" feministischer und linker Politik- und Theorieentwürfe in der studentischen Kritik. Einige Studierende monierten, dass Erstere Identitäten als Frau und als Opfer bedienten, während die Referenz älterer, politisch linksorientierter Männer eine vermeintliche Arbeitervergangenheit und Feier ihrer Unterprivilegierung sei, sie sich dennoch aktuell in leitender Stellung wiederfänden. Mit Opfer- und Unterprivilegierungsidentitäten fände lediglich eine Reproduktion von Machtverhältnissen innerhalb beruflicher Praxen statt bzw. blieben diese ausgeblendet. Als Beispiele, die den Kontrast zwischen Bekenntnis und Praxis aufzeigen sollten, wurden hierarchische Arbeitsverhältnisse unter feministischen Wissenschaftler_innen bzw. deren teilweise als problematisch wahrgenommene Karrierestrategien jenseits jeder solidarischen Geste aufgeführt. Offensichtlich kristallisierte sich heraus, dass ein Teil der Studierenden nicht gewillt war, sich auf einen sich legitimierenden Opferdiskurs zu berufen. Zumal dieser es ermöglichen könne, der Asymmetrie einer Forschungssituation trügerisch auszuweichen. Die Illusion von Gleichen unter Gleichen oder zumindest sich solidarisierenden und damit sich angleichenden Subjekten wurde von den Studierenden zurückgewiesen.

Aus praktisch-methodischer Sicht gab es beispielsweise folgende Lösungsvorschläge für das vielschichtige Problem, Asymmetrien im Forschungskontext zu nivellieren: Bestandteil verschiedener qualitativer Methodenzugänge, zum Beispiel im problemzentrierten Interview, ist es, ein Situationsprotokoll bzw. sogenanntes *Postscriptum* zu erstellen (Witzel 1996: 57). Diese dient als reflexive Erinnerungsstütze, welche die Erhebungs- und Auswertungssituation begleitet. Breuer (2003) formulierte beispielsweise eine vergleichbare Variante, die bereits die Phase der Forschungsplanung reflexiv fragend begleiten soll.

Postscriptum zu einem problem-zentrierten Interview (Witzel 1996: 57)	Dezentrierungs- und Selbstreflexionsmethodik (Breuer 2003: 34 f.)
Gesprächsskizze Gesprächsatmosphäre Gesprächsverlauf Wann, wo und wie/ unter welchen Umständen fand das Interview statt? Verhältnis zwischen Interviewer_in und interviewter Person: Soziale/kulturelle Symmetrie/Asymmetrie? Kommunikationsverlauf: Irritationen, Missverständnisse, reibungsloser Ablauf? Eigene Wahrnehmungs-/Deutungsmuster: Irritationen, erste Interpretationen der Situation?	„Was halte ich in diesem Zusammenhang für un-/normal, un-/attraktiv, un-/moralisch? Was zieht mich an? Was ängstigt mich? Wohin will ich gucken - und wohin nicht? Wie un-/offen bin ich für Dynamiken des Themenwandels, der Themenfokussierung im Verlauf des Forschungsprozesses? Was sagt das über mich, über die Sub-/Kultur, aus der ich stamme, über die Betroffenen/Beteiligten? […] Welches Ausmaß an Prästrukturierung, Fixierung des Erkenntnisweges wird mir von wem nahegelegt - und welches wähle ich? […] Welche Nähe zum Gegenstand kann/will ich dem Untersuchungsthema/-feld widmen? Wie viel Unwissenheits-Toleranz bezüglich des Lösungsweges kann ich aufbringen? Welche unterschiedlichen Sichtweisen auf den Gegenstand, welche ‚Stimmen', nehme ich als interessante Perspektiven auf, welche lasse ich außen vor? […]"

Selbstreflexivität im Forschungsbericht integrieren:
Überlegungen zu obigen Fragen als Bestandteil eines Methodenkapitels bzw. der Darlegung des eigenen Forschungsinteresses formulieren

Abbildung 3: Methodische Instrumente für reflexive Erinnerungsstützen im Forschungsprozess
Quelle: Eigene Darstellung.

Eine weitere Möglichkeit, Selbstreflexivität systematisch in den Forschungsprozess zu integrieren, und wie sie ein kleiner Teil der Studierenden erprobte, war Folgende: Sie thematisierten die Perspektive aus ihrem „begrenzten, widersprüchlichen Körper" beispielsweise ihren Umgang mit Fremdheit oder „Dazuzugehören" in einem Kapitel ihres Forschungsberichtes.

Verbindliche Ethik-Kodices an den Universitäten? Berufsethische Überlegungen zur Forschenden- und Lehrendenposition

Der dritte und letzte Diskussionspunkt bezog sich unter anderem auf berufsethische Überlegungen:

In den Sitzungen „Forschungsethik" standen Fragen im Vordergrund, wie die Studierenden mit ihrem erhobenen Datenmaterial und den Menschen, die diese Informationen von sich preisgaben, einen praktischen Umgang finden könnten. Für die Mehrheit der Studierenden waren Überlegungen zur Forschungsethik zunächst neu. Dennoch setzen sich in kürzester Zeit detaillierte Fragen für die eigene Forschungsarbeit frei. Auch hier fand eine Checkliste ihren Einsatz.

- Wie möchten wir die Teilnehmenden über den Forschungsablauf informieren?
- Schriftlich oder mündlich?
- Wie wird eine (schriftliche) Einverständniserklärung für die Teilnehmenden formuliert?
- Was müssen wir beachten, wenn wir mit verschiedenen Personengruppen unterschiedlichen Alters arbeiten wollten?
- Was mache ich mit Gesprächsauszügen bzw. Informationen, die mir lediglich informell anvertraut wurden? usw.
- Wie, wo und wie lange können wir die Daten aufbewahren? usw.

Abbildung 4: Beispielfragen für eine forschungsethisch-reflexive Checkliste
Quelle: Eigene Darstellung.

Als äußerst anregender Diskussionsstoff erwies sich zudem, für die Lehrende zunächst überraschend, der „Ethik-Kodex der Deutschen Gesellschaft für Soziologie (DGS) und des Berufsverbandes Deutscher Soziologinnen und Soziologen (BDS)" von 1992. Obwohl der Duktus und die vermeintlich mangelnde Reichweite der ethischen Forderungen Gegenstand von Kritik wurden, entwickelte sich die Textgrundlage als *eye-opener*: Ein Hochschul-Berufsverband und eine Forschungsgesellschaft verlangten von ihren Mitgliedern ausdrücklich Selbstreflexivität in Ausübung ihrer Profession. Zudem solle sich professionelles wissenschaftliches Handeln durch eine bewusste nicht-diskriminierende Haltung auszeichnen, und gleichzeitig die Rechte von Untersuchten wahren. Als hervorstehend positiv bewerteten die Studierenden das frühe Inkrafttreten des Kodex im Jahr 1992, die Verwendung geschlechtersensibler Sprache und die Sanktionsandrohung in Form eines Verbandsausschlusses.

Bemerkenswert für die Verfasserin war, dass sich in der Diskussion studentische Wahrnehmungsmuster enthüllten, welche die Institution Universität selbstredend als rechtsfreien Ort anzuerkennen zu schienen. Der institutionelle Machtraum verlange ihnen – in der Hierarchie unten stehend und in Ausbildung befindlich – Pflichten ab, ließe jedoch für sie mögliche Rechte unformuliert. Von dem DGS/BDS-Kodex als Diskussionsbasis ausgehend, forderten einige studentischen Stimmen sanktionsfähige Regelungen für ihre eigene Universität und eine Sensibilisierung zu berufsethischem Handeln, insbesondere bei Status-überlegenen Personen. Ebenso wurde eine breitenwirksamere Informationspolitik innerhalb der Hochschulen verlangt, die einen diskursiven Rahmen um Diskriminierungsformen einerseits, wie beispielsweise Gefälligkeiten aufgrund von *gender, desire* und Herkunft, und Antidiskriminierungsmaßnahmen für Studierende andererseits legitimiert. Die Forderungen nach studentischem *empowerment* konnten die Lehrenden im Projektseminar lediglich durch Informationen unterstützen, aber selbstverständlich machtpolitisch nicht erfüllen.

Mit diesen Diskussionsbeitrag zu methodologischen Überlegungen, Methodenkreativität, Offenlegung der strukturellen Position im sozialen Raum, und darüber hinaus verbindlichen berufsethischen Regelungen an den Universitäten, geht der Wunsch einer, intersektionell informierte und diversitätssensible Empirie und Lehre und deren Visionen kritisch weiterentwickeln zu können. Zukünftig mag sich der machtdurchzogene Windschatten vermeintlich unmarkierter, forschenden Körper an den Universitäten reduzieren.

Literatur

Abu-Lughod, Lila (1996): Gegen Kultur Schreiben. In: Lenz, Ilse/ Germer, Andrea. u.a. (Hg.): Wechselnde Blicke: Frauenforschung in internationale Perspektive. Opladen: Leske + Budrich, S. 14-46.

Berufsverband Deutscher Soziologinnen und Soziologen e.V. (1992): Ethik-Kodex der Deutschen Gesellschaft für Soziologie (DGS) und des Berufsverbandes Deutscher Soziologen (BDS).

Bourdieu, Pierre (1997): Verstehen. In: Bourdieu, Pierre u.a. (Hg.): Das Elend der Welt: Zeugnisse und Diagnosen alltäglichen Leidens an der Gesellschaft. Konstanz: UVK, S.779-802.

Bourdieu, Pierre (2007): Die männliche Herrschaft. In: Dölling, Irene/Krais, Beate (Hg.): Ein alltägliches Spiel: Geschlechterkonstruktionen in der sozialen Praxis. Frankfurt a.M.: Suhrkamp, S. 153-217.

Breuer, Fritz (2003): Subjekthaftigkeit der sozial-/wissenschaftlichen Erkenntnistätigkeit und ihre Reflexion: Epistemologische Fenster, methodische Umsetzung. In: Forum Qualitative Sozialforschung 4, 2, Art. 25, http://nbn-resolving.deurn:nbn:de:0114-fqs0302258.

DGB-Bildungswerk Thüringen (^{3}2008): Baustein zur nicht-rassistischen Bildungsarbeit. Erfurt. http://baustein.dgb-bwt.de.

Devereux, Georges. (1992): Angst und Methode in den Verhaltenswissenschaften. Frankfurt a.M.: Suhrkamp.

Gutiérrez Rodríguez, Encarnación (1999): Fallstricke des Feminismus: Das Denken ‚kritischer Differenzen' ohne geopolitische Kontextualisierung: Einige Überlegungen zur Rezeption antirassistischer und postkolonialer Kritik. In: Polylog: Zeitschrift für interkulturelles Philosophieren, 4: Kolonisierung der Differenz, S. 13-24.

Hall, Stuart (2004): Das Spektakel des ‚Anderen'. In: Hall, Stuart/Koivisto, Juha u.a.: Ausgewählte Schriften 4. Ideologie, Identität, Repräsentation. Hamburg: Argument, S. 108-166.

Haraway, Donna (1995): Situiertes Wissen: Die Wissenschaftsfrage im Feminismus und das Privileg einer partialen Perspektive. In: Haraway, Donna/Hammer, Carmen u.a. (Hg.): Die Neuerfindung der Natur: Primaten, Cyborgs und Frauen. Frankfurt a.M./New York: Campus, S. 73-97.

Haraway, Donna (2008): Crittercam: Compounding Eyes in Naturecultures. In: When species meet. Minneapolis: University of Minneapolis Press, S. 249-263.

Schlüter, Anne/Justen, Nicole (2009): Pädagogische Biographiearbeit mit Studierenden zur Förderung von Genderkompetenzen. In: Auferkorte-Michaelis, Nicole/Stahr, Ingeborg u.a. (Hg.): Gender als Indikator für gute Lehre. Erkenntnisse, Konzepte und Ideen für die Hochschule. Opladen/Farmington Hills: Budrich Uni Press Ltd., S. 169-180.

Walgenbach, Katharina u.a. (2007): Gender als interdependente Kategorie: Neue Perspektiven auf Intersektionalität, Diversität und Heterogenität. Opladen/Farmington Hills: Barbara Budrich.

Winker, Gabriele/Degele, Nina (2009): Intersektionalität: Zur Analyse sozialer Ungleichheiten. Bielefeld: transcript.

Witzel, Andreas (1996): Auswertung problemzentrierter Interviews: Grundlagen und Erfahrungen. In: Strobl, Rainer (Hg.): Wahre Geschichten? Zu Theorie und Praxis qualitativer Interviews: Beiträge zum Workshop „Paraphrasien, Kodieren, Interpretieren"... im Kriminologischen Forschungsinstitut Niedersachsen am 29. und 30. Juni 1995 in Hannover. Baden-Baden: Nomos, S. 49-76.

Zimmermann, Karin (2002): Berufungsspiele des wissenschaftlichen Feldes im Lichte des Konzepts symbolische Gewalt. In: Ebrecht, Jörg/Hillebrandt, Frank (Hg.): Bourdieus Theorie der Praxis: Erklärungskraft – Anwendung – Perspektiven. Wiesbaden: Westdeutscher Verlag, S. 139-152.

Nachtrag:

Für eine gute Zusammenarbeit bedanke ich mich bei Dr. phil. M. E. Kaufmann als Projektleitung, Dipl.-Päd. S. Subaşı-Piltz als Gastreferentin und dem Zentrum Gender Studies (ZGS) an der Universität Bremen, welches das BA-Nebenfach „GenderStudies" seit 2007 innovativ gestaltet. Besondere Erwähnung und Dank gilt den vierzehn engagierten Studierenden des zweisemestrigen Projekt-Seminares „Intersektionalität" (WS 2008/09), ebenso Dr. phil. I. Schmitt/Universität Lund für die produktive Diskussion um „Forschungsethik" und Dipl.-Soz. S. Wörmann für die methodischen Anregungen aus der antirassistischen und Genderbildungsarbeit beim DGB Bremen.

Vincenzo Cusumano

Bildungscoaching bei Berufstätigen sowie beruflich Qualifizierten – ein Instrument des Diversity Managements an Hochschulen

Einleitung

Das „Studieren ohne Abi" erlebt seit einiger Zeit eine derartige Konjunktur in Deutschland wie kaum ein anderes bildungspolitisches Thema. Hierbei geht es insbesondere um die Bewältigung des befürchteten Fachkräftemangels und der Effekte des demographischen Wandels sowie um die Überwindung einer weiterhin unzureichenden Durchlässigkeit zwischen beruflicher und hochschulischer Bildung. Vor diesem Hintergrund sind Stichworte wie „Aufstieg durch Bildung" und „offene Hochschulen" zu zentralen Zukunftsthemen des Bildungssystems geworden. Daran werden hohe Erwartungen zur Erhöhung der Studierendennachfrage und somit zur Lösung der oben genannten Probleme geknüpft, deren Beseitigung nicht zuletzt auch zu den Kernzielen der europäischen Bildungsreform gehört (Nickel/Leusing 2009: 16ff.). So verfügten im Jahr 2010 in Deutschland 50,2 Prozent der Bevölkerung über eine abgeschlossene Lehre bzw. eine duale Berufsausbildung; über einen Hochschulabschluss verfügten hingegen lediglich 12,5 Prozent der Bevölkerung (Statistisches Bundesamt 2011). Nur 1,1 Prozent der Studierenden an Universitäten und Fachhochschulen haben im Jahr 2008 ein Studium auf dem dritten Bildungsweg begonnen – also etwa durch eine Uni-Zulassung aufgrund ihrer beruflichen Qualifizierung ohne traditionelle Studienberechtigung (Autorengruppe Bildungsberichterstattung 2010: 291). Was aber können Hochschulen tun, um den bislang eher spärlichen Zugang zum Studium ohne Abitur zu erweitern und zu optimieren? Der vorliegende Beitrag beschäftigt sich mit genau dieser Frage. Er ist entstanden aus einer Bewerbung der Hochschule Bonn-Rhein-Sieg (HBRS) und des Bundesinstituts für Berufsbildung (BIBB) für den Wettbewerb „Aufstieg durch Bildung: offene Hochschulen" des Bundesministeriums für Bildung und Forschung.[1] Im Zentrum des daraus ent-

---

1 In der in 2008 gestarteten Qualifizierungsinitiative „Aufstieg durch Bildung" haben sich

standenen Konzepts steht das Bildungscoaching als spezifischer Beratungsansatz zur Begleitung von Berufstätigen und beruflich Qualifizierten bis zum erfolgreichen Hochschulabschluss.

Nachfolgend werden die Bedeutung und die Umsetzungsmöglichkeiten von Bildungscoaching als Instrument des Diversity Managements an Hochschulen dargestellt. Im ersten Teil wird die Zielgruppe der Berufstätigen und beruflich Qualifizierten skizziert. Unter anderem werden empirische Untersuchungen und Erfahrungsergebnisse hinsichtlich des Angebots an berufsbegleitenden Studiengängen und den speziellen Bedürfnissen der anvisierten Gruppe herangezogen. Im zweiten Teil wird das Bildungscoaching als ein mögliches Instrument des Diversity Managements an Hochschulen vorgestellt. Hierzu werden methodische Aspekte zur Umsetzung vorgestellt sowie der Nutzen und mögliche Anknüpfungspunkte zum Diversity Management herausgearbeitet. Den Abschluss bilden Hinweise zur Implementierung eines Bildungscoachings; insbesondere werden auch hochschulstrategische Aspekte berücksichtigt.

1. Berufstätige und beruflich Qualifizierte

1.1 Begriffe und Klassifizierungen

Der Begriff der Berufstätigen und beruflich Qualifizierten im Kontext eines Hochschulstudiums (nachfolgend BQ-Studierende genannt) umfasst heute eine Vielfalt von Personen bzw. Gruppen, die verdeutlicht, wie heterogen insbesondere unter biografischen Aspekten die Struktur der Studierenden geworden ist. Das geläufige Bild des oder der „Normalstudierenden" tritt zunehmend in den Hintergrund. Derzeit haben knapp ein Viertel aller Studienanfänger und Studienanfängerinnen vor Aufnahme ihres Studiums bereits eine Berufsausbildung absolviert (BMBF et al. 2010: 58). An Fachhochschulen (45 Prozent) sind es deutlich mehr als an den Universitäten (13 Prozent). Betrachtet man jedoch die Gesamtzahl der beruflich Qualifizierten ohne (Fach)Abitur bzw. ohne „eigentliche" Hochschulzugangsberechtigung, dann zeigt sich, dass die wenigsten von ihnen direkt im Anschluss an ihre Berufsausbildung oder eine Phase der Berufstätigkeit ein Hochschulstudium aufnehmen. Die Quote der Studienanfänger und Studienanfängerinnen ohne herkömmliche Hochschulzugangsberechtigung lag im Jahr 2008 bei 1,1 Prozent (Autorengruppe Bildungsberichterstattung 2010: 291).

Bund und Länder die Aufgabe gestellt, die Bildungschancen aller Bürgerinnen und Bürger zu steigern. Der Wettbewerb „Aufstieg durch Bildung: offene Hochschulen" ist Teil dieser Qualifizierungsinitiative. Weitere Informationen online unter www.wettbewerb-offene-hochschulen-bmbf.de

Unter denjenigen Studierenden, die eine Berufsbiografie vor ihrer akademischen Erstausbildung aufweisen, kann im Wesentlichen zwischen zwei Typen differenziert werden[2]:
1. Typus „Studienberechtigung vor Berufsausbildung": Dies sind beispielsweise Abiturienten und Abiturientinnen, die zwischen ihrer Hochschulreife und Studienaufnahme eine Berufsausbildung durchlaufen;[3]
2. Typus „Studienberechtigung nach Berufsausbildung" (Wolter 2010: 207).

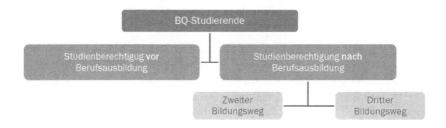

Abbildung 1: Diversifizierung von potenziellen BQ-Studierenden nach den Merkmalen „Zeitpunkt der Berufsausbildung" sowie „Art der Hochschulberechtigung"
Quelle: Eigene Darstellung, in Anlehnung an Wolter 2010: 207ff.

Der zweite Typus (Studienberechtigung nach Berufsausbildung) lässt sich wiederum in zwei weitere Unterkategorien aufgliedern, den so genannten zweiten und den dritten Bildungsweg. Unter dem zweiten Bildungsweg werden die schulrechtlich geregelten Wege zum Nachholen von Schulabschlüssen (insbesondere des Abiturs) verstanden, wie z.B. im Abendgymnasium oder im Kolleg. Der Begriff des dritten Bildungswegs bezeichnet die im jeweiligen Bundesland hochschulrechtlich geregelten Möglichkeiten, den Hochschulzugang über besondere Zugangsverfahren zu erlangen. Dies ist die Gruppe, die im Fokus der aktuellen bildungspolitischen Diskussion über eine größere Durchlässigkeit zwischen beruflicher Bildung und Hochschule steht. Für diesen Zugangsweg existiert eine Vielzahl von länderspezifischen Regelungen – zum Teil differenziert nach Hochschultypen oder Studienprogrammen.

Dieser Überblick lässt bereits die Vielfalt der einzelnen Gruppen und Programme erahnen, die unter die Bezeichnung „Berufstätige im Hochschulstudium" und „Hochschulzugang für beruflich Qualifizierte" fallen. Zunehmend werden auch noch Normal-Studierende hinzukommen, die nicht direkt nach

---

2 Daneben gibt es noch eine weitere kleine Gruppe von Studierenden, die ihre Studienberechtigung mit einer Berufsausbildung im Rahmen doppelt qualifizierender Bildungsgänge (Berufsausbildung mit Fachhochschul- oder Hochschulreife) erworben haben.
3 Auch die Gruppe derjenigen, die im Rahmen dualer Studiengänge studieren und ein Studium mit einer Berufsausbildung kombinieren, ist normalerweise dem ersten Typus zuzurechnen.

ihrem Bachelor-Abschluss, sondern nach einer eingeschobenen Phase der Berufstätigkeit ein Master-Studium aufnehmen werden.

1.2 Empirische Untersuchungen und Erfahrungen

Es existieren diverse Studien und Erfahrungen hinsichtlich der Angebote an berufsbegleitenden Studiengängen und der Bedürfnisse von BQ-Studierenden. Sie bringen andere Voraussetzungen und Interessenslagen als „klassisch" Studierende mit, so dass auch andere Hindernisse bewältigt werden müssen.

Eine Studie der Hochschul-Informations-System GmbH (HIS) hat erstmals das Angebot an berufsbegleitenden Studiengängen in Deutschland erfasst. Demnach steigt die Nachfrage nach Weiterbildung; das Hochschulangebot für Berufstätige ist hingegen sehr klein. Insgesamt sind 257 berufsbegleitende Bachelorstudiengänge ermittelt worden, dies entspreche einem Anteil von ca. 5 Prozent an allen Bachelorstudiengängen (Minks et al. 2011: 26f.). Am stärksten sind die Wirtschaftswissenschaften (42 Prozent) vertreten, danach folgen die Ingenieurwissenschaften (18 Prozent). Alle anderen Fachrichtungen weisen deutlich niedrigere Anteile auf. Darüber hinaus wurde festgestellt, dass berufsbegleitende Bachelorstudiengänge insbesondere an den Fachhochschulen angeboten werden. Lediglich jeder siebte findet an einer Universität statt. Hingegen wird fast jeder zweite berufsbegleitende Bachelorstudiengang von einer privaten Hochschule angeboten, wobei es deutlich weniger private als staatliche Hochschulen gibt. Erfasst wurde auch das Angebot an berufsbegleitenden Masterstudiengängen. Das Ergebnis fällt hier deutlich größer aus. Insgesamt konnten knapp 700 solcher Masterstudiengänge ermittelt werden, dies macht ca. 17 Prozent des Gesamtangebots an Masterstudiengängen aus (Minks et al. 2011: 38). Auch hier finden sich die meisten in den Wirtschaftswissenschaften (46 Prozent), erneut gefolgt von den Ingenieurwissenschaften (11 Prozent).

In Bezug auf die Herausforderung der Durchlässigkeit eröffnen berufsbegleitende Studienangebote alternative Zugangschancen für BQ-Studierende. Bei mehr als einem Drittel der berufsbegleitenden Bachelorangebote ist eine Anrechnung von vorhandenen Kompetenzen möglich (Minks et al. 2011: 59). Als Kernmerkmale werden u.a. die zeitliche und organisatorische Flexibilisierung der Angebote sowie die Handlungsfelder „Information, Beratung und Coaching" genannt (Minks et al. 2011: 60, 91).

In einer weiteren Studie der gemeinsamen Arbeitsstelle der Ruhr-Universität Bochum (RUB) und der IG Metall (IGM) ist exemplarisch der Hochschulzugang für Studierende ohne Abitur (Wintersemester 2010/2011) näher untersucht worden (Wannöffel et al. 2011). Die Studie basiert auf einer standardisierten Befragung aller BQ-Studierenden der RUB und studieninteressierten Bewerber und Bewerberinnen (N = 63) hinsichtlich ausgewählter Merkmale (Sozialprofil, Studienfachwahl, Erwartungen etc.) sowie auf mehreren problemorientierten Interviews und Expertengesprächen. Obwohl es sich aufgrund der relativ niedrigen Fallzahlen noch um eine erste Annäherung handelt, liefert die Rücklaufquote von rund 50 Prozent (N = 32) dennoch interessante Ergebnisse. So stehen die allgemeine persönliche Weiterentwicklung und die fachliche Weiterqualifizierung für die Aufnahme eines Hochschulstudiums von BQ-Studierenden der RUB im Vordergrund. Erwartungen verbesserter Karrierechancen und Steigerung des Einkommens spielen dagegen eine nachrangige Rolle (Wannöffel et al. 2011: 5). Darüber hinaus studierten zum Zeitpunkt der Befragung lediglich ein Viertel der befragten BQ-Studierenden fachaffin. Sie blieben außerdem mehrheitlich auch während des Studiums kontinuierlich berufstätig. Dies erforderte laut Studie die Entwicklung von berufsbegleitenden Studienformaten im Regelstudienangebot. Insbesondere wird auf die Notwendigkeit einer zentralen Ansprechperson bzw. einer zentralen Bildungsberatung sowie eines zentral vernetzenden Internetangebots (Informationen über Studiengangsanforderungen, Anrechnung beruflich erworbener Qualifikationen, Studienfinanzierung etc.) hingewiesen. Die interne und externe Kommunikation über das Studium ohne Abitur müsse so durch Bündelung und Transparenz von Informationen verbessert werden.

Im Rahmen der Gesundheitsförderung an Hochschulen haben sich Brunner und Kada (2011: 156ff.) mit möglichen Gesundheitsrisiken wissenschaftlich befasst, die mit berufsbegleitendem Studieren einhergehen können. Hierzu sind diverse internationale Studien herangezogen worden mit Erkenntnissen über zahlreiche Belastungen von Studierenden, die neben ihrer Tätigkeit ein berufsbegleitendes Studium absolvieren.[4] Unter anderem werden fehlende Unterstützung, Zeitmangel bei der Orientierung im Hochschulsystem sowie die Vereinbarkeit von Arbeit, Studium und familiären Verpflichtungen als wesentliche Stressoren bezeichnet. Am Beispiel von Pflegekräften, die neben ihrem Beruf studieren, werden zudem speziell die Bewältigung der Prüfungen sowie das wissenschaftliche Schreiben als belastende akademische Herausforderungen beschrieben. Des Weiteren verhindert eine fehlende Unterstützung von arbeitgebenden Personen oftmals die Teilnahme an Lehrveranstaltungen, so dass der Studienerfolg gefährdet sein kann. Aufgrund des Zeitmangels für familiäre Angelegenheiten entstehen häufig Schuldgefühle, und soziale Spannungen nehmen zu. Zusätzlich ist der Pflegeberuf als solcher mit vielen Belastungen verbunden, wie etwa Konfrontation mit Leid und Tod, Zeitdruck, Personal-

---

4 Es werden u. a. Studien der Autoren Evans et al. (2006), Stanley (2003) und Rochford (2009) zur Identifikation von Stressoren und Erfahrungen von Pflegekräften während der Absolvierung eines berufsbegleitenden Studiums aufgeführt. Für genaue Literaturangaben wird auf die Publikation der Autoren Brunner/Kada (2011) verwiesen.

mangel sowie Konflikten im interprofessionellen Team. Ebenfalls an der Zielgruppe von nebenberuflich-studierenden Pflegekräften haben Brunner/Kada (2011: 159) unter Anwendung eines Problem-Lösungs-Analyse-Schemas Maßnahmen für die Reduktion der wahrgenommenen Belastungen erarbeitet. Hierzu zählt beispielsweise der vermehrte Einsatz von Blended Learning[5], um die fehlende Flexibilität durch die Anwesenheitsproblematik zu minimieren und die Vereinbarkeit von Arbeit, Studium und Familie zu erleichtern. Des Weiteren soll den Studierenden zu Beginn des Studiums eine verbindliche Lehrveranstaltungsbeschreibung mit Zielen, Inhalten und Prüfungsbedingungen ausgegeben werden. Spezielle Seminare und Beratungsangebote können im Umgang mit Zeitdruck und fehlender Selbstdisziplin helfen. Im Hinblick auf potenzielle Veränderungen durch das Studium werden Gespräche mit Kollegen und Vorgesetzen sowie der Abschluss eines Vertrages vorgeschlagen. So kann eine Entlastung von Arbeitsverpflichtungen während der Präsenzzeiten an der Hochschule schriftlich festgehalten werden.

Die Vorstellungen darüber, welche Veränderungen und neuen Angebote an Hochschulen notwendig sind, um gerade Berufstätige und beruflich Qualifizierte für ein Hochschulstudium zu gewinnen, fußen bislang auf einer schmalen Erkenntnisbasis. Zumeist verfügen sie bereits über vielfältige Qualifikationen durch die berufliche Ausbildung, ihre Berufspraxis sowie gegebenenfalls absolvierte berufliche Fort- und Weiterbildungen. Es lässt sich logisch schlussfolgern, dass sie deutlich älter als „Normalstudierende" sein müssten, ggf. Familienpflichten- und/oder Pflegepflichten haben und ihre zeitlichen Ressourcen besonders knapp sind, wenn sie ihre Berufstätigkeit auch während des Studiums fortsetzen. Kompetenzvergleiche zwischen Deutschland und den USA haben gezeigt, dass Personen mit einem tertiären Abschluss hinsichtlich allgemeinbildender Kompetenzbereiche grundsätzlich ähnliche Niveaus wie akademisch Qualifizierte erreichen (Anger/Plünnecke 2009: 8f.). Ungeachtet der zusätzlich vorhandenen Praxiskompetenz erfordern jedoch die oben genannten Umstände (Alter, Familienpflichten, Zeitmangel) eine hohe Motivation, um ein Hochschulstudium überhaupt durchzustehen. Der Versuch, Berufstätigkeit und Studium zu vereinbaren, kann eine zu hohe Belastung werden: Die allgemeine Studienabbruchsquote steigt bekanntermaßen signifikant an, je höher der wöchentliche Aufwand für die Erwerbstätigkeit ist (Heublein et al. 2009: 125ff.). Ebenfalls zeigt sich im Allgemeinen, dass mit zunehmendem Studienverlauf auch der Informationsbedarf gerade im Hinblick auf die Themen zur „Vereinbarkeit Studium und Erwerbstätigkeit" sowie „Vereinbarkeit Studium und Kind" deutlich steigt (BMBF 2007: 419). Dies kann eine wesentliche Ursache

---

5 Blended Learning stellt ein Lehr-Lernkonzept dar, dass E-Learning-Elemente (Lernen mit digitalen Medien) mit dem Lernen in Präsenzsituationen kombiniert und eine Integration der jeweils unterschiedlichen Methoden vorsieht (Reinmann 2005: 103).

für einen Studienabbruch darstellen. So gibt es unter den Studierenden mit Kind knapp viermal so viele Studienunterbrecher und -unterbrecherinnen wie unter den Kinderlosen. Fast die Hälfte der Studierenden mit Kind hat ihr Studium schon einmal unterbrochen (BMBF 2010: 482).[6] Von dieser Gruppe unterbrechen Frauen deutlich häufiger das Studium als Männer (48 Prozent vs. 29 Prozent).

Zur speziellen Schnittstelle Berufsausbildung/Studium bleibt erschwerend anzumerken, dass beruflich erworbene Kompetenzen bisher kaum auf das Studium angerechnet werden. Vielmehr kommt es zu einer zeitaufwändigen Addition von beruflicher und akademischer Bildung (Bosch 2010: 193). Weiterhin sind auch die unterschiedlichen Lernkulturen nicht zu vernachlässigen. Deutsche Hochschulen gelten als weitgehend jugendorientiert und scheinen nur wenige Weiterbildungsmöglichkeiten für berufspraktische Menschen anzubieten (ebd.). Vermutlich sind berufliche Aufbaukurse der Kammern (z.B. Betriebswirt bzw. Betriebswirtin mit einem Kammerabschluss) für viele ambitionierte Meister bzw. Meisterinnen oder Fachwirte bzw. Fachwirtinnen oft attraktiver als der zeitaufwändige Umweg über die Hochschule. Ein Grund hierfür könnte u.a. auch in der Homogenität der Lerngruppen mit ähnlich berufserfahrenen Teilnehmenden liegen.

Auffällig ist, dass bisher ausschließlich Informationen und Daten von und über Personen gewonnen wurden, die bereits den Schritt an eine Hochschule vollzogen haben. Informationen hingegen über Hemmnisse, Anforderungen, Unterstützungsbedarfe und Wünsche von potenziellen BQ-Studierenden liegen nur unzureichend vor. Sie sind aber unerlässlich, denn schließlich sollen gerade diese Personen von neuen Studien- und Begleitkonzepten angesprochen werden. Genau diese Erkenntnisse sollen u.a. im Rahmen eines Bildungscoachings gewonnen werden.

---

6 Die häusliche Pflege Angehöriger ist ebenso im Kontext der Vereinbarkeit von Studium und Familienpflichten zu sehen; zwar gibt es derzeit noch keine statistische Erhebung über die Anzahl pflegender Studierender, jedoch muss diese Fragestellung bei etwa 2,3 Millionen pflegebedürftigen Menschen in Deutschland (Ende 2009), von denen mehr als zwei Drittel Hause versorgt werden, deutliche Beachtung finden (Statistisches Bundesamt 2011: 6).

2. Bildungscoaching als Instrument des Diversity Managements an Hochschulen

2.1 Definition von Bildungscoaching als spezifischer Beratungsansatz

Im Zentrum des Bildungscoachings steht die individuelle Begleitung der BQ-Studierenden zur Realisierung ihres Anliegens, ein Hochschulstudium zu absolvieren. Eine gezielte Recherche des Begriffs „Bildungscoaching" führt zunächst zu einer im Rahmen des landesweiten Pilotprojektes „3. Weg in der Berufsausbildung in NRW" erstellten Arbeitshilfe der Gesellschaft für innovative Beschäftigungsförderung mbH (G.I.B.). Diese im Auftrag des Ministeriums für Arbeit, Gesundheit und Soziales des Landes Nordrhein-Westfalen (MAGS NRW) erstellten Materialien richten sich beispielsweise an Berufsschulen und greifen u.a. auf Fachliteratur zum Konzept des Coachings zurück (Buschmeyer/Eckhardt 2010: 4ff.). Es erscheint hilfreich, den Coaching-Begriff aus anderen Bereichen heranzuziehen, damit eine Vorstellung entsteht, was Coaching in der Hochschulbildung bedeuten soll. Einen Überblick über den Begriff „Coaching" liefert Rauen (2008: 3ff.). Demnach kann Coaching z.B. anhand folgender Merkmale definiert werden:

- Unter Coaching ist ein interaktiver, personenzentrierter Beratungs- und Begleitungsprozess zu verstehen. Dieser kann berufliche und private Inhalte umfassen, wobei das aktuelle berufliche Anliegen des oder der Gecoachten im Vordergrund steht.
- Es handelt sich um individuelle Beratung auf der Prozessebene. Die coachende Person begleitet den Gecoachten oder die Gecoachte, liefert aber keine konkreten Lösungsvorschläge. Er/sie regt vielmehr dazu an, eigene Lösungsvorschläge zu entwickeln.
- Coaching setzt ein ausgearbeitetes Coaching-Konzept voraus. Hier wird das Vorgehen erklärt und der Interventionsrahmen festgelegt. Das Konzept muss für die gecoachte Person transparent sein, Manipulationen sind auszuschließen.
- Coaching findet in mehreren Sitzungen statt und ist zeitlich begrenzt.
- Coaching richtet sich an eine bestimmte Person oder allenfalls an eine genau definierte Gruppe von Personen (so genanntes Gruppen-Coaching).
- Die beratende Person sollte über psychologische und betriebswirtschaftliche Kenntnisse verfügen sowie über praktische Erfahrung bezüglich des Anliegens des oder der Gecoachten.

Anhand dieser Merkmale wird deutlich, dass es sich um eine auf Vertrauen basierende persönliche Beziehung zu dem oder der Gecoachten handelt. Die beratende Person drängt dem oder der Gecoachten keine Ideen auf, angestrebt wird vielmehr, eine neutrale Position. Coaching beruht somit auf Freiwilligkeit, Offenheit im Prozess und gegenseitigem Vertrauen (Buschmeyer/Eckhardt 2010: 5).

Eine Übertragung dieses Coaching-Ansatzes auf die Zielgruppe der BQ-Studierenden bedeutet, dass die Erlangung eines Hochschulabschlusses systematisch gefördert werden soll. Das Bildungscoaching an Hochschulen lässt sich demnach wie folgt definieren: Die direkte Begleitung einer speziellen Zielgruppe von Studierenden (z.B. von BQ-Studierenden) zur Realisierung eines Hochschulabschlusses unter Berücksichtigung der individuellen beruflichen und persönlichen Umstände. Speziell ausgebildete Bildungscoachs entwickeln unter Nutzung vorhandener Ressourcen Lösungen für individuelle Bildungshemmnisse und begleiten die Studierenden bis zum erfolgreichen Studienabschluss.

2.2 Methodischer Handlungsansatz zur Umsetzung

Ein individuelles Bildungscoaching, bezogen auf die anvisierte Zielgruppe, soll wie beschrieben durch notwendige Unterstützungsangebote eine erfolgreiche Teilnahme am Studium bis zum erfolgreichen Studienabschluss gewährleisten. Hierbei könnte die international anerkannte Methodik des Case Managements auf die Bedingungen der deutschen Hochschulbildung übertragen werden.

Case Management (CM) ist ein im Sozial- und Gesundheitswesen weit verbreiteter Handlungsansatz, mit dem im Einzelfall die notwendige Unterstützung, Behandlung und Versorgung von Menschen effektiv und effizient bewerkstelligt wird (Wendt 2008: 17). Darüber hinaus hat es sich auch im Bereich der institutionellen Beschäftigungsförderung und im Versicherungswesen etabliert. Mit dieser Methodik werden beispielsweise in der Unfallversicherung Klienten und Klientinnen mit schwierigen Rehabilitationsverläufen betreut, bei denen mit langen Arbeitsunfähigkeitszeiten zu rechnen ist oder wo unerwartete Komplikationen auftreten und damit verbunden der Verlust des Arbeitsplatzes droht (Mülheims et al. 2009: 373). Unabhängig vom jeweiligen Einsatzbereich stellt CM eine professionelle Verfahrensweise dar, um Menschen in komplexen Lebenssituationen darin zu unterstützen, vorhandene (oder neu zu schaffende) Hilfsangebote in Bezug auf die individuelle Bedarfssituation zu identifizieren und koordiniert zu nutzen. Grundlage ist ein auf Zeit geschlossenes Arbeitsbündnis zwischen Klient oder Klientin und Case Manager bzw. Case Managerin, welches auf die erfolgreiche Erfüllung des individuellen Unterstützungsbedarfes zielt und auch individuelle Beratungsleistungen umfassen kann (Bohrke-Petrovic/Gökler 2009: 129). CM kann neben den vermittelnden auch anwaltliche Aufgaben für das Klientel übernehmen (Klug 2009: 63f.; Wendt 2008: 169).

Ein Kennzeichen professionellen CMs stellt die Kombination von Fall- und Systemmanagement dar (Wendt 2008: 9). Es geht nicht nur darum, für die individuelle Problemstellung passgenaue Angebote zu finden, sondern bestehende Systeme und Prozesse an die berechtigten Anforderungen von Menschen in belastenden Lebenssituationen anzupassen.

Methodisch arbeitet das CM mit Phasenmodellen, die sich an dem allgemeinen Managementkreislauf orientieren und auf das jeweilige Hilfesetting abgestimmt sind. In der einschlägigen Literatur werden im Wesentlichen folgende sechs Phasen unterschieden: Intake, Assessment, Planung, Intervention, Monitoring und Evaluation (Mülheims/Rexrodt 2011: 888). Eine entsprechende Übertragung auf das Bildungscoaching ist der nachfolgenden Abbildung zu entnehmen.

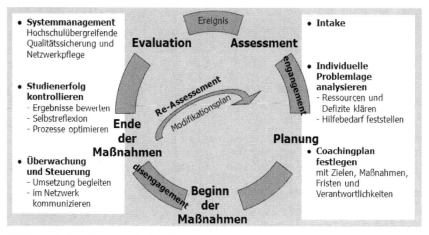

Abbildung 2: Der Phasenkreis des Bildungscoachings
Quelle: Eigene Darstellung, in Anlehnung an Toepler 2007: 78.

Bezogen auf die Zielgruppe von Menschen, bei denen neben einem Bildungsbedarf besondere Belastungen in der Lebenssituation vorliegen, kann ein individuelles Bildungscoaching, welches sich an der Methodik des CMs orientiert, wie folgt umgesetzt werden:

- In dem so genannten *Intake* wird das Arbeitsbündnis zwischen dem bzw. der Studierenden und der coachenden Person geschlossen. Voraus geht eine Klärung des Auftrages (z.B. die Unterstützung bei der Absolvierung eines Studiums) sowie die Festlegung der für das Bildungscoaching zur Verfügung stehenden Ressourcen (z.B. die monatlich für das Bildungscoaching vorgesehene Arbeitszeit). Das Intake schließt in der Regel mit einer schriftlichen Vereinbarung.

- Es folgt die Phase des *Assessments*, in der die individuelle Bedarfssituation umfassend erhoben wird. Im Mittelpunkt steht nicht nur die Analyse der belastenden Kontextfaktoren, die einer Teilnahme an Bildungsmaßnahmen entgegenstehen, sondern auch die Ermittlung vorhandener bzw. möglicherweise verdeckter Ressourcen in der Person oder im sozialen Umfeld der BQ-Studierenden. Eine Hilfsbedürftigkeit liegt z.B. vor, wenn der oder die Studierende nicht über Vorwissen bzw. Kompetenzen selbstorganisierten Lernens verfügt, die erforderlich wären, um bestimmte Lernsituationen bewältigen zu können. Eine realistische Einschätzung des für das Studium benötigten Zeitaufwandes ist unter Berücksichtigung der vorhandenen individuellen Zeitressourcen zu ermitteln.
- Es folgt die Phase der *Planung*. Hier werden die notwendigen Unterstützungsangebote identifiziert, die die individuelle Entlastung schaffen, mit der eine erfolgreiche Teilnahme am Studium gewährleistet werden kann. Dazu kann auch die Nutzung der aufgedeckten Ressourcen im sozialen Umfeld der oder des BQ-Studierenden gehören (z.B. in der Partnerschaft oder durch Familienangehörige). Als Arbeitsgrundlage wird ein schriftlicher Coachingplan erstellt, der von beiden Seiten zu unterschreiben ist. Neben der Zielformulierung steht die Maßnahmeplanung im Vordergrund. Es werden Kontakte mit möglichen Dienstleistenden aufgenommen (z.B. Kindertagesstätte), Finanzierungsmöglichkeiten geklärt und die notwendigen Maßnahmen in logisch-zeitlicher Folge kombiniert und festgelegt.
- Während der Erbringung der Unterstützungsleistungen reduziert sich das Bildungscoaching auf die *Überwachung* des Maßnahmeplanes und die frühzeitige Intervention bei Planabweichungen. Wichtig ist, im Bedarfsfall eine kurzfristige Inanspruchnahme der coachenden Person zu ermöglichen. In der Regel sollte in dieser Phase die Intensität der Begleitung zurückgefahren (disengagement) und die Selbstverantwortung der oder des BQ-Studierenden im Sinne eines Empowerments gestärkt werden.
- Rückt die Zielerreichung in absehbare Nähe, beginnt die *Evaluation* mit der Ergebnismessung, der Reflexion des Arbeitsbündnisses und Ableitung möglicher Anforderungen zur Optimierung des Settings, in diesem Fall der absolvierten Bildungsmaßnahme.

Abschließend sei auf die besondere Bedeutung des Beziehungsaufbaus (engagement) und der Kommunikation im Rahmen des Bildungscoachings verwiesen. Die verwendeten Managementmethoden haben lediglich die Aufgabe, die Verlässlichkeit und Zielorientierung des Arbeitsbündnisses sicherzustellen. Der wesentliche Erfolgsfaktor des Bildungscoachings (z.B. in Abgrenzung zur allgemeinen Studierendenberatung) liegt in der vertrauensvollen Zusammenarbeit zwischen Bildungscoachs und Studierenden.

2.3 Nutzen und Anknüpfungspunkte zum Diversity Management

Das Bildungscoaching kann eine essentielle Ressource zur lebens- und praxisorientierten Forschung und strategischen Ausrichtung der Hochschule darstellen. Ganz im Sinne einer Win-Win-Situation profitieren BQ-Studierende, indem die Hochschule auf ihre Anforderungen eingeht und speziell auf ihre Bedürfnisse zugeschnittene Angebote und Programme offeriert. Im Gegenzug bringen BQ-Studierende durch vielfältige bereits vorhandene Qualifikations- und Praxishintergründe ihren Zugang zur Arbeits- und Lebenswelt in die Hochschule ein. Diese akquiriert dadurch nicht nur einen neuen „Kunden" oder eine neue „Kundin", sondern kann ggf. auch ein bestehendes Diversity-Potenzial für Forschung und Entwicklung entsprechend nutzen. Das inzwischen auch an deutschen Hochschulen zunehmend thematisierte Diversity Management bietet somit einen guten „Nährboden" für das Bildungscoaching.

Als Instrument der Unternehmensführung beschreibt das Diversity Management „die Gesamtheit der Maßnahmen, die dazu führen, dass Unterschiedlichkeiten in und von einer Organisation anerkannt, wertgeschätzt und als positive Beiträge zum Erfolg genutzt werden" (Stuber 2004: 20).

Hinter dieser Definition verbirgt sich der Gedanke, dass die jeweiligen Unterschiedlichkeiten nicht defizitär betrachtet werden, sondern als Ressourcen, die zur Bewältigung komplexer Aufgaben gezielt genutzt werden können. Dieses ursprünglich aus den USA stammende Managementkonzept wird inzwischen von zahlreichen Hochschul-Experten und -Expertinnen als eine Ressource für die Innovationsfähigkeit, Leistungssteigerung und Stärkung der Wettbewerbsfähigkeit einer zukunftsstarken Hochschule angesehen (De Ridder et al. 2008: 41). Sowohl im Rahmen des Personalmanagements als auch beim Studierendenmarketing wird der sinnvolle „Umgang mit personeller Vielfalt" bereits an mehreren Hochschulen erfolgreich praktiziert und strategisch genutzt.[7]

Theoretisch gesehen kann der Diversity-Aktionsrahmen alle nur denkbaren Unterschiede bzw. Gemeinsamkeiten zwischen Menschen umfassen. In der einschlägigen Literatur wird häufig die Systematik der „Four Layers of Diversity" von Gardenswartz und Rowe aufgegriffen, da diese einen guten Überblick über die personelle Vielfalt in Organisationen liefert. Jenseits der Persönlichkeitsmerkmale (z.B. Extraversion, Offenheit, emotionale Stabilität) wird hierbei zwischen demografischen Dimensionen (Alter, Geschlecht, Familienstand etc.) und organisationalen Dimensionen (Betriebszugehörigkeit, Arbeitsort, hierarchischer Status etc.) unterschieden.

---

[7] Die Universität Duisburg-Essen verfügt beispielsweise über ein Prorektorat für Diversity Management (Universität Duisburg Essen 2009).

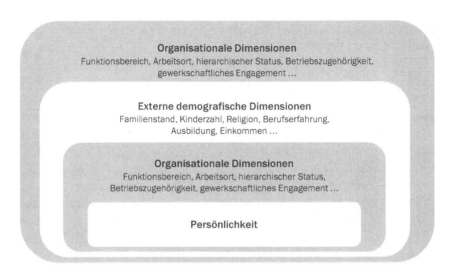

Abbildung 3: „Four Layers of Diversity" nach Gardenswartz und Rowe
Quelle: Gardenswartz/Rowe 1993 zit. nach Vedder 2006: 11.

Ein auf die Zielgruppe „BQ-Studierende" ausgerichtetes Diversity Management kann ggf. dazu genutzt werden, bislang ungenutzte Potenziale von Personal- und Wissensressourcen zu entdecken und zu fördern. Um Diversity Management und Bildungscoaching miteinander zu verknüpfen, ist eine Übertragung dieser Systematik auf die Organisation „Hochschule" notwendig.[8] Bei der Zielsetzung, die Attraktivität der Hochschule für BQ-Studierende zu erhöhen, wird es u.a. von großer Bedeutung sein, externe demografische Merkmale zu berücksichtigen. Hierzu gehören z.B. die Qualifikation bzw. schulische Vorbildung, die vorhandene oder fehlende Praxiserfahrung, das Vorhandensein von Pflege- und Erziehungspflichten sowie das Alter bzw. die damit unterschiedlich langen Zeitabstände zu früheren schulischen Lernprozessen. Auch die persönlichen Interessen zur Studienaufnahme wären hier anzusiedeln. Es ist davon auszugehen, dass in diesem Bereich große Unterschiede zur Gruppe der „Normalstudierenden" bestehen.

Entsprechend der Systematik von Gardenswartz und Rowe werden zudem innerhalb der organisationalen Dimensionen zwei Unterkategorien erkennbar: eine hochschulexterne und eine hochschulinterne organisationale Dimension. Die hochschulexterne organisationale Dimension enthält Merkmale, die typischerweise im Zusammenhang mit der Arbeitstätigkeit eines oder einer BQ-Studierenden stehen und für eine weitere Diversifizierung der anvisierten Zielgruppe von Relevanz erscheinen. Dies können z.B. sein: die Intensität der be-

---

[8] Einen Überblick über Heterogenitätsmerkmale von berufstätigen Studieninteressierten liefern die Autoren Minks et al. (2011: 82f.) in der HIS Reihe: Forum Hochschule.

ruflichen Beanspruchung, die regelmäßige Arbeitszeit der potenziellen Studierenden und damit zusammenhängende Regelungen (z.b. Gleitzeit, Urlaubsvertretung), die Möglichkeit der Einbindung in Qualifizierungsstrategien des Betriebes.

Dieser Logik zufolge entspricht die interne organisationale Dimension wiederum hochschulbezogenen (internen) Merkmalen, wie z.b. dem präferierten Studiengang. An dieser Stelle spielt vor allem das Vorhandensein benötigter Angebote und Strukturen für die speziellen Belange von BQ-Studierenden eine entscheidende Rolle. Beide organisationale Dimensionen (intern und extern) bergen Potenziale und zugleich Herausforderungen, die im Rahmen eines auf BQ-Studierende ausgerichteten Diversity Managements berücksichtigt werden müssen.

3. Hinweise zur Implementierung

Um ein individuelles Bildungscoaching als Diversity-Instrument an einer Hochschule überhaupt nutzbar zu machen, sollte zunächst eine möglichst differenzierte Ist-Analyse der eigenen Studierendenstruktur vorliegen. Folgende Fragestellungen könnten hierbei im Vorfeld hochschulintern untersucht werden:
- Wie nehmen BQ-Studierende bereits existierende Studienangebote in Anspruch?
- Über welche unterschiedlichen Merkmale (z.B. Sozialprofil, Vorkenntnisse, Kompetenzen, Studienerwartungen, Arbeitszeiten) verfügen diese?
- Sind diese im Vergleich zu Studierenden ohne Berufstätigkeit bzw. berufliche Qualifizierung von bestimmten Umständen unterschiedlich betroffen (z.B. höhere Abbruchquote, Unterbrechung des Studiums, längere Studiendauer, Zufriedenheit)?

Aus den Ergebnissen der Ist-Analyse können anschließend strategische Ziele abgeleitet und ggf. Bildungscoaching in das Hochschulkonzept integriert werden. In diesem Kontext sei auf die praktische Relevanz einer möglichst präzisen und insbesondere begrenzten Auswahl von Merkmalen hingewiesen (Döge 2008: 68). Nur so ist eine übersichtliche Auswertung und somit eine zielgenaue Ableitung von Diversity-Strategien möglich. Konkret wird in der Praxis eine Berücksichtigung von sieben bis maximal zehn Merkmalsausprägungen empfohlen. Eine stärkere Ausrichtung auf die so anvisierte Zielgruppe könnte auch innerhalb einer bestehenden Hochschulentwicklungsplanung eingebettet werden. Dies soll exemplarisch am Beispiel der Universität Duisburg Essen aufgezeigt werden:

„Wir betrachten die Heterogenität unserer Studierenden und Mitarbeiter als Chance und fördern die produktive Vielfalt durch Maßnahmen des Diversity Managements. Diversität wird sowohl als Beitrag zur Bildungsgerechtigkeit als auch zur Exzellenz verstanden." (Universität Duisburg Essen 2009: 12).

Ergänzend könnte folgendes hinzugefügt werden: „Die wissenschaftliche (Weiter)bildung von Berufstätigen und beruflich Qualifizierten sowie die Beratung von potenziellen Studierenden mit Qualifizierungshintergrund sind hierbei integrale Bestandteile." Die Verbesserung der Studienbedingungen für BQ-Studierende könnte so als Schwerpunktthema angegangen werden und sukzessiv zur „Marke" oder gar zur „Profillinie" einer Hochschule etabliert werden. Ein strategisches Ziel im Rahmen des Diversity Managements könnte folglich die Verbesserung der Erfolgschancen und eine Reduzierung der Abbruchquoten von BQ-Studierenden durch Beratung und spezifische Angebote (wie das Bildungscoaching) sein. Es geht nicht nur darum, für individuelle Problemstellungen passgenaue Angebote zu finden, sondern auch das bestehende System Hochschule an die berechtigten Anforderungen von BQ-Studierenden anzupassen. Die nachfolgenden Tabellen liefern einen Überblick über mögliche Angebote bzw. Inhalte eines Bildungscoachings sowohl auf der System- als auch auf der Fallebene.[9]

Tabelle 1: Bildungscoaching auf der Systemebene

Kategorie	Beispiele
Kompetenzerweiternde Seminare und Kursangebote	Organisation von Brückenkursen zum wissenschaftlichen Arbeiten, Seminare zur Work-Life-Balance, Zeitmanagement-Seminare
Zielgruppengerechte Informations- und Beratungsangebote	Organisation von Schnupperkursen*, Infoabende für Firmen*, Studienfinanzierung, Karriereberatung*
Studienorganisation	Flexible Lehrveranstaltungseinheiten, berufsbegleitende Vollzeit- und Teilzeitstudiengänge, Bereitstellung maßgeschneiderter Studienangebote* (z.B. ausgerichtet auf die speziellen Bedarfe von Betrieben)
Flexibilisierung allgemeiner Rahmenbedingungen	Verlängerung der Bibliotheks-Öffnungszeiten und der Ausleihbedingungen, Anpassung von Prüfungsmodalitäten
E-Learning-Angebote	Blended-Learning zur fernlernbasierten Vermittlung und Überprüfung von Lehr- und Lerninhalten, Diskussions-Foren, Online-Sprechstunden*
Hochschulzugang	Einführung von Zertifikatskursen mit flexiblem Einstieg in Studiengänge, Probestudium*

Quelle: Eigene Darstellung, * in Anlehnung an Minks et al. 2011: 49ff.

---

9 Bei den aufgeführten Kategorien und Beispielen handelt es sich um eine exemplarische Auflistung. Über die Güte soll keine Aussage gemacht werden, sie dienen vielmehr der Anregung. Im Rahmen eines Bildungscoachings können ggf. auf der Systemebene im Laufe der Zeit Best-Practice-Beispiele eruiert werden.

Tabelle 2: Bildungscoaching auf der Fallebene

Kategorie	Beispiele
Information und Beratung	Vermittlung einer Kinderbetreuung, Studienfinanzierung bei Vollzeitstudium, Erstellung eines individuellen Coachingplans, unter Berücksichtigung beruflicher und persönlicher Kontextfaktoren (z.B. Arbeitszeiten, Vorkenntnisse), Karriereberatung
Beratung der Vorgesetzten	Flexible Arbeitszeitmodelle, qualifikatorische Einbindung in den Betrieb
Optimierung von Lernprozessen	Professionelle Unterstützung und Förderung unter Berücksichtigung motivationaler Aspekte (z.b. bei mangelnder Selbstdisziplin)
Unterstützende Maßnahmen für den Hochschulzugang	Anrechnung beruflich erworbener Kompetenzen auf den Studiengang, ggf. Ergänzung durch die Teilnahme an Zertifikatskursen

Quelle: Eigene Darstellung.

Angesichts der Komplexität des dargestellten Modells erscheint es weniger geeignet, Mitarbeitende der Hochschule zusätzlich zu ihren Hauptaufgaben mit der Implementierung des Bildungscoachings zu beauftragen. Deshalb wird eine für die Implementierung fest verankerte Funktion bzw. Stelle empfohlen. Das Anforderungsprofil, die Aufgaben und Befugnisse sind klar zu definieren. Neben einer angemessenen Sachkompetenz sind Kenntnisse der hochschulischen Infrastruktur (Systemkompetenz) von Bedeutung. Es wird weniger darum gehen, auf sämtliche Problemstellungen sofort eine Antwort zu haben. Wichtiger erscheint vielmehr eine analytisch-koordinatorische Kompetenz, um entsprechende Unterstützungsangebote zu identifizieren und im Sinne eines professionellen Networkings aktiv zu agieren und ggf. zu vermitteln. Daneben wird eine ausgeprägte soziale Kompetenz (u.a. Verhandlungsführung, kommunikative Fähigkeiten, Kritik- und Konfliktfähigkeit) von besonderer Relevanz sein. Sinnvoll erscheint die direkte Angliederung an ein bereits existierendes Diversity Management bzw. die Stabsorganisation auf einer der ersten beiden Hierarchiebenen. Die konkrete Umsetzungsvariante ist im Wesentlichen von der jeweiligen Organisationsstruktur der Hochschule abhängig. Die Implementierung orientiert sich an den Standards des Change Managements und an den Prinzipien der Unternehmenskultur in Organisationen.

Schließlich sollten Erfolgsmessungen durchgeführt werden, um den Umsetzungsstand des Bildungscoachings hinsichtlich der Zielsetzung beurteilen und den Prozess steuern zu können. Ein möglicher Ansatz wäre die direkte Messung der Zielerreichung bzw. des Prozessfortschritts (z.B. durch Befragungen hinsichtlich der Auswirkungen auf die Studiensituation, der Zufriedenheit aus Sicht der Arbeitgebenden, der Quote erfolgreich abgeschlossener Studiengänge oder der Sicherung der Lebensqualität). Im Rahmen der Struktur- und Prozessqualität sind entsprechende Standards zu entwickeln (z.B. maximale Anzahl der durch einen Bildungscoach betreuten BQ-Studierenden, Kompetenzprofil des Bildungscoachs etc.).

Fazit und Ausblick

Bei BQ-Studierenden handelt es sich um eine sehr heterogene Gruppe, die – in Bezug auf ein Hochschulstudium – spezielle Bedürfnisse, Interessen und Zugangsschwierigkeiten aufweist. Empirische Untersuchungen und Erfahrungsergebnisse geben Anstoß zur Entwicklung geeigneter Programme und Angebote. Diese sollen stärker am Bedarf dieser durchaus attraktiven Zielgruppe ausgerichtet werden, um so eine verbesserte Durchlässigkeit zu erreichen.

Das Konzept des Bildungscoachings ist ein solches Angebot. Speziell ausgebildete Bildungscoachs entwickeln unter Nutzung vorhandener Ressourcen Lösungen für individuelle Bildungshemmnisse und begleiten die BQ-Studierenden bis zum erfolgreichen Studienabschluss. Hierbei liefert die international anerkannte Methodik des CMs ein umfangreiches wissenschaftlich fundiertes Know-how. Neben den Studieninteressierten sind auch Betriebe und außerhochschulische Bildungseinrichtungen und Verbände – unmittelbarer als bei traditionellen Studienformaten – Adressat der Hochschulen. Sie können als Anwerbungsfelder für Studieninteressierte sowie als Partner bei der Gestaltung von Studienangeboten, die die Bedarfe von Betrieben befriedigen können, herangezogen werden. Anzumerken bleibt, dass ein rein fallbezogenes Bildungscoaching alleine nicht ausreichen kann, um eine optimale Einbindung von BQ-Studierenden zu bewerkstelligen. Eine systematische Verknüpfung individueller Problemlagen mit der Architektur von Studiengängen und Studienbedingungen sowie von Anrechnungsmöglichkeiten vorhandener Kompetenzen ist unbedingt notwendig. Sowohl auf der Fall- als auch auf der Systemebene bietet das Diversity Management hier eine gute Basis zur Umsetzung von Maßnahmen bzw. Programmen.

Abschließend lässt sich festhalten, dass die Implementierung eines Bildungscoachings in Kombination mit der Integration in ein hochschulbezogenes Diversity Management eine zentrale Herausforderung einer modernen, offenen Hochschule darstellt, die strategisch genutzt werden sollte.

Literatur

Anger, Christina/Plünnecke, Axel (2009): Signalisiert die Akademikerlücke eine Lücke bei den Hochqualifizierten? Deutschland und die USA im Vergleich. In: IW-Trends – Viertel-

jahresschrift zur empirischen Wirtschaftsforschung aus dem Institut der deutschen Wirtschaft Köln, Heft 3. Online verfügbar unter:
http://www.iwkoeln.de/Portals/0/pdf/trends03_09_2.pdf [Zugriff: 20.12.2011].

Autorengruppe Bildungsberichterstattung (2010): Bildung in Deutschland 2010 – Ein indikatorengestützter Bericht mit einer Analyse zu Perspektiven des Bildungswesens im demografischen Wandel. Bielefeld: W. Bertelsmann Verlag.

BMBF (2007): Die wirtschaftliche und soziale Lage der Studierenden in der Bundesrepublik Deutschland 2006. 18. Sozialerhebung des Deutschen Studentenwerks, durchgeführt durch HIS Hochschul-Informations-System. Online verfügbar unter:
www.bmbf.de/pub/wsldsl_2006.pdf [Zugriff: 10.09.2011].

BMBF (2010): Die wirtschaftliche und soziale Lage der Studierenden in der Bundesrepublik Deutschland 2009. 19. Sozialerhebung des Deutschen Studentenwerks, durchgeführt durch HIS Hochschul-Informations-System. Online verfügbar unter:
www.bmbf.de/pub/wsldsl_2009.pdf [Zugriff: 10.09.2011].

Bohrke-Petrovic, Siglinde/Göckler, Rainer (2009): Beschäftigungsorientiertes Fallmanagement im SGB II. In: Löcherbach, Peter/Klug, Wolfgang/Remmel-Faßbender, Ruth/Wendt, Wolf Rainer (Hg.): Case Management, Fall- und Systemsteuerung in der Sozialen Arbeit. 4. aktual. Auflage. München: Ernst Reinhardt Verlag, S. 114-138.

Bosch, Gerhard (2010): Haben wir eine echte oder eine „gefühlte" Akademikerlücke? Anmerkungen zur Entwicklung der Berufs- und der Hochschulausbildung in Deutschland. In: Birkelbach, Klaus/Bolder, Axel/Düsseldorf, Karl (Hg.): Berufliche Bildung in Zeiten des Wandels. Baltmannsweiler: Schneider Verlag Hohengehren, S. 182-198.

Brunner, Eva/Kada, Olivia (2011): Berufsbegleitend Studieren – ein Gesundheitsrisiko? Konzeption zur Umsetzung einer Lehrveranstaltung zum Thema „Gesundheitsförderung". In: Pflegewissenschaft , 3, S. 156-161.

Buschmeyer, Hermann/Eckhardt, Christoph (2010): Materialien zum 3. Weg in der Berufsausbildung. Bildungscoaching – eine Arbeitshilfe. Gesellschaft für innovative Beschäftigungsförderung, Arbeitspapiere 33. Bottrop: GIB.

De Ridder, Daniela/Leichsenring, Hannah/Stuckrad von, Thimo (2008): Diversity Management. In: Wissenschaftsmanagement, 2, S. 41-43.

Döge, Peter (2008): Von der Antidiskriminierung zum Diversity-Management – Ein Leitfaden. Göttingen: Vandenhoeck & Ruprecht.

Heublein, Ulrich/Hutzsch, Christopher/Schreiber, Jochen/Sommer, Dieter/Besuch, Georg (2009): Ursachen des Studienabbruchs in Bachelor- und in herkömmlichen Studiengängen – Ergebnisse einer bundesweiten Befragung von Exmatrikulierten des Studienjahres 2007/2008. Online verfügbar unter:
www.his.de/pdf/21/studienabbruch_ursachen.pdf [Zugriff: 11.09.2011].

Klug, Wolfgang (2009): Case Management im US-amerikanischen Kontext. Anmerkungen zur Bilanz und Folgerungen für die deutsche Sozialarbeit. In: Löcherbach, Peter/Klug, Wolfgang/Remmel-Faßbender, Ruth/Wendt, Wolf Rainer (Hg.): Case Management, Fall- und Systemsteuerung in der Sozialen Arbeit. 4. aktual. Auflage. München: Ernst Reinhardt Verlag, S. 40-68.

Minks, Karl-Heinz/Netz, Nicolai/Völk, Daniel (2011): Berufsbegleitende und duale Studienangebote in Deutschland: Status quo und Perspektiven. HIS: Forum Hochschule. Online verfügbar unter: www.his.de/pdf/pub_fh/fh-201111.pdf [Zugriff: 13.09.2011].

Mülheims, Laurenz/Rexrodt, Christian (2011): Gedanken zum Verwaltungsverfahren der UV-Träger aus juristischer Perspektive des Case Managements (CM). In: Becker, Harald/

Franke, Edgar/Molkentin, Thomas (Hg.): Sozialgesetzbuch VII, Gesetzliche Unfallversicherung – Lehr- und Praxiskommentar. 3. Auflage. Baden-Baden: Nomos, S. 885-904.

Mülheims, Laurenz/Hummel, Karin/Rexrodt, Christian/Peters-Lange, Susanne/Mockenhaupt, Johannes (2009): Die Sozialversicherungswissenschaft als Integrationswissenschaft. In: Zacharias, Christoph/ter Horst, Klaus W./Witt, Kurt-Ulrich/Sommer, Volker/Ant, Marc/Essmann, Ulrich/Mülheims, Laurenz (Hg.): Forschungsspitzen und Spitzenforschung, Innovationen an der Fachhochschule Bonn-Rhein-Sieg, Festschrift für Wulf Fischer. Heidelberg: Physica-Verlag, S. 365-383.

Nickel, Sigrun/Leusing, Britta (2009): Studieren ohne Abitur. Eine empirische Analyse, Arbeitspapier Nr. 123, Centrum für Hochschulentwicklung. Online verfügbar unter: www.che.de/downloads/CHE_AP123_Studieren_ohne_Abitur.pdf [Zugriff: 11.09.2011].

Rauen, Christopher (2008): Coaching. 2. aktual. Auflage. Göttingen: Hofgrefe.

Reinmann, Gabi (2005): Blended Learning in der Lehrerbildung. Grundlagen für die Konzeption innovativer Lernumgebungen. Lengerich: Pabst Science Publishers.

Statistisches Bundesamt (Hg.) (2011): Bildungsstand, Bevölkerung nach Bildungsabschluss in Deutschland. Online verfügbar unter: www.destatis.de/jetspeed/portal/cms/Sites/destatis/Internet/DE/Content/Statistiken/ BildungForschungKultur/Bildungsstand/Tabellen/Content100/Bildungsabschluss,templateId=renderPrint.psml [Zugriff: 11.09.2011].

Stuber, Michael (2004): Diversity. Das Potenzial von Vielfalt nutzen – den Erfolg durch Offenheit steigern. München/Unterscheißheim: Luchterhand Verlag.

Toepler, Edwin (2007): Case Management in der Unfallversicherung. In: Case Management, 2, S. 77-81.

Universität Duisburg-Essen (2009): Diversity Management an der Universität Duisburg-Essen –Vorüberlegungen, Stand und Perspektiven. Online verfügbar unter: www.uni-due.de/imperia/md/content/diversity/stand.pdf [Zugriff: 13.09.2011].

Vedder, Günther (2006): Die historische Entwicklung von Diversity Management in den USA und in Deutschland. In: Krell, Gertraude/Wächter, Hartmut (Hg.): Diversity Management. Impulse aus der Personalforschung. München/Mering: Rainer Hampp Verlag, S. 1-24.

Wannöffel, Manfred/Heidbreder, Bärbel/Jocheim, Linda/Buchholz, Anja (2011): Exekutive Summary, Hochschulzugang für Berufstätige – Exemplarisch analysiert am Beispiel der Ruhr-Universität Bochum. Online verfügbar unter: http://rubigm.ruhr-uni-bochum.de/Transfer/Executive-Summary-Hochschulzugang13.pdf [Zugriff: 11.09.2011].

Wendt, Wolf Rainer (2008): Case Management im Sozial- und Gesundheitswesen – Eine Einführung. 4. überarb. Auflage. Freiburg im Breisgau: Lambertus-Verlag.

Wolter, Andrä (2010): Durchlässigkeit zwischen beruflicher Bildung und Hochschule – Vom Besonderheitenmythos zur beruflichen Kompetenz. In: Birkelbach, Klaus/Bolder, Axel/ Düsseldorf, Karl (Hg.): Berufliche Bildung in Zeiten des Wandels. Baltmannsweiler: Schneider Verlag Hohengehren, S. 199-219.

Barbara Hey

Maßnahmen für eine geschlechtersymmetrische Organisationskultur. Das Programm „Potenziale" der Grazer Universitäten

Dieser Beitrag gibt am Beispiel des Programms „Potenziale" der Karl-Franzens-Universität Graz Einblick in die Hintergrundüberlegungen, die Konzeption und die praktische Umsetzung von Maßnahmen zur Verbesserung der Chancengleichheit von Frauen und Männern an Universitäten. Dargestellt werden vor allem Maßnahmen der Organisationsentwicklung sowie der Personalentwicklung. Hinsichtlich letzterer wird zwischen zwei Interventionstypen unterschieden, jenen, die stärker auf die Förderung von Individuen abzielen und solchen, die bei der Organisationskultur ansetzen.

Ausgangslage

Vorweg in aller Kürze einige Daten, die die Einordnung des Programms erleichtern sollen. Die Karl-Franzens-Universität ist eine Universität mit 2.600 Wissenschafter_innen, fast 30.000 Studierenden und einem Jahresbudget von etwa 190 Mio. Euro, an der seit mehr als zehn Jahren relativ elaborierte Angebote hinsichtlich der Gleichstellung von Frauen und Männern bestehen. Als Indikator für den Status der Bemühungen um eine Verbesserung der Chancengleichheit von Frauen und Männern sei angeführt, dass bei den Neuberufungen auf Professuren im Mehrjahresschnitt ein Frauenanteil von 25 Prozent erreicht wird.

Nichtsdestotrotz besteht auch an der Karl-Franzens-Universität das Kernproblem, dass Frauen in höheren akademischen Positionen stark unterrepräsentiert sind, obwohl der seit vielen Jahren ausreichend qualifizierte Nachwuchs einen höheren Frauenanteil in den Spitzenpositionen ermöglichen würde. Das folgende Diagramm zeigt die aktuelle Zusammensetzung der an der Universität Graz vertretenen Gruppen nach Geschlecht. Während bei den Studierenden und

Absolventinnen die Frauen quantitativ stark überwiegen und bei den Assistent_innenstellen noch Gleichstand herrscht, sackt der Prozentsatz der Frauen unter den Habilitierten deutlich ab.

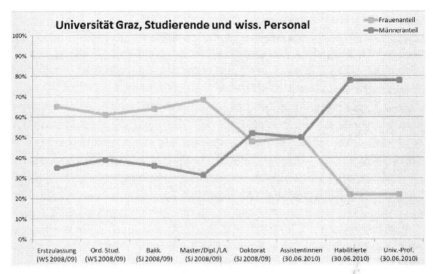

Abbildung 1: Frauen- und Männeranteile an der Karl-Franzens-Universität Graz
Quelle: Vizerektorat für Personal, Personalentwicklung und
Gleichstellung der Karl-Franzens-Universität Graz 2010.

Ursachenanalyse

Die Konzeption der Maßnahmen, die im Anschluss vorgestellt werden, basiert auf Mechanismen, die die Hochschulforschung als ursächlich für die Situation identifiziert hat.

Erstens stehen Frauen an den Universitäten als später Dazu-Gekommene einem System gegenüber, dessen Regeln, Orientierungs- und Handlungsmuster ohne sie gemacht wurden. Während der Entwicklung der Universitäten als ausschließlich Männern zugängliche Einrichtungen wurden diese auf eine sehr enge soziale Gruppe mit ähnlichen Lebensumständen hin optimiert. Als (relativ) „jüngere" Mitglieder der Institution erfahren Frauen dadurch Konkurrenznachteile. Häufiger als ihre männlichen Kollegen haben dementsprechend weibliche Wissenschafterinnen Biographien, die nicht der konventionell imaginierten Normbiographie einer Person mit wissenschaftlichem Erfolg entsprechen.[1]

---

[1] Hier wurden mehrere Faktoren stark komprimiert, für ausführlichere Darstellungen hierzu vgl. z.B. Krais 2000, CEWS 2006.

Der zweite Mechanismus beruht auf dem Wirksamwerden der sogenannten Gender Schemata, also impliziten Hypothesen und Überzeugungen über männliches und weibliches Verhalten bzw. über Geschlechtsunterschiede, die unbewusst unser Verhalten, unsere Erwartungen und unsere Wahrnehmung und die Beurteilung anderer prägen (Valian 1999). Solche Erwartungen und selektive Wahrnehmungen bei Entscheidungsträger_innen können den Aufstieg von Frauen erschweren, indem sie erstens die Bewertung der Leistungen von Frauen beeinflussen und zweitens die Normvorstellungen von Leistung und ihrer Darstellung prägen.

Dazu kommt drittens die im Wissenschaftsbetrieb deutlich erschwerte Vereinbarkeit von Beruf und Familie. Dies ist bedingt durch die tief in der Arbeitskultur verankerten hohen Erwartungen an die zeitliche Verfügbarkeit der wissenschaftlich Tätigen einerseits und durch die langen Qualifizierungsphasen, die üblicherweise zeitlich mit der Familiengründung zusammenfallen, andererseits. Vor dem Hintergrund des im deutschen Sprachraum herrschenden Maternalismus (OECD Directorate for Education 2006) und der primären Zuweisung von unbezahlter häuslicher Betreuungsarbeit an Frauen wirkt sich dies insbesondere auf Frauen nachteilig aus (u.a. Lind 2010).

Das Zusammenwirken dieser Mechanismen bedingt – oft nur geringfügige – Konkurrenznachteile für Frauen und kann per Akkumulation dieser kleinen Nachteile (Valian 1999) einen Bonus für Männer bzw. eine schleichend misslingende Integration in die scientific community für Frauen herbeiführen – in der Fachdiskussion häufig umschrieben mit „Cooling out" (Kahlert 2010).

Abbildung 2: Zusammenwirkung von Mechanismen, die Chancengleichheit beschränken
Quelle: Eigene Darstellung.

Praxis

Grundsätzlich werden zur Verbesserung der universitären Chancengleichheit derzeit drei verschiedene Strategien verfolgt[2].

Die erste Strategie, der Diskriminierungsschutz, besteht in meist gesetzlich festgelegten Maßnahmen zum Schutz vor benachteiligenden Personalentscheidungen, sowohl, was Einstellung, als auch was Aufstieg und Qualifizierungsstufen betrifft. Häufig geht es dabei um Transparenz: Ausschreibungspflicht, Pflicht zur Klarlegung von Anforderungsprofilen und Kriterien, begleitende Kontrolle von Gremien, die Personalentscheidungen treffen, Pflicht zur Einstellung der bzw. des Bestqualifizierten, Verbot von diskriminierenden Bewertungen.

Die zweite Strategie, der Nachteilsausgleich (auch: Frauenförderung, Affirmative Action) umfasst unterschiedliche und zeitlich begrenzte Maßnahmen zum Ausgleich der Nachteile, die das unterrepräsentierte Geschlecht – im Falle der Universitäten also die Frauen – erfährt. Die Bandbreite reicht von Quoten über frauenbezogene Personalentwicklungsmaßnahmen (zum Beispiel Workshop zu Konfliktkompetenz für Frauen) über speziell für Frauen reservierte Promotions- und Habilitationsstipendien, Qualifikationsstellen oder Professuren. Nachteilsausgleich und Diskriminierungsschutz sind quasi Reparaturmechanismen für bereits eingetretene oder gerade eintretende Benachteiligungen. Sie können aktuelle Diskriminierungen in ihren Auswirkungen bremsen bzw. Folgen der schlechten Bedingungen für Frauen lindern bzw. ausgleichen. Sie setzen am Symptom an und können die Ursachen nicht unmittelbar beeinflussen. Um systemische und nachhaltige Effekte im Hinblick auf eine tatsächliche Gleichstellung der Geschlechter zu erzielen, ist daher die Anwendung einer ergänzenden, an den Ursachen der begrenzten Chancengleichheit ansetzenden Gleichstellungsstrategie notwendig. Interventionen, die sich dieser dritten Strategie bedienen, zielen auf den Abbau von strukturellen, aber auch organisationskulturellen Mechanismen und Prozessen, die die Geschlechterungleichheit perpetuieren oder begünstigen.

Dennoch ist unter den gegebenen Umständen ein erfolgreiches Wirken von Maßnahmen aus der Gruppe 3 nicht möglich, wenn nicht gleichzeitig weiter Diskriminierungsschutz und Nachteilsausgleich betrieben werden. Eine Vielzahl von Faktoren bedingt die Unterrepräsentation von Frauen bzw. die fehlende Chancengleichheit. Folglich ist eine einzelne Maßnahme bzw. eine Maßnahmengruppe allein nicht ausreichend wirksam: Angesichts der Komplexität der Problemlage ist ein Maßnahmen-Mix die einzig erfolgversprechende Strategie.

Das Programm „Potenziale" arbeitet mit den Strategien 2 und 3, also mittels Nachteilsausgleich für weibliche Wissenschaftlerinnen einschließlich (poten-

---

[2] Für die folgende Darstellung der drei Strategien greife ich auf meine Ausarbeitung in Hey 2006 zurück.

zieller) Nachwuchswissenschafterinnen einerseits und mittels organisationskulturbezogener Interventionen andererseits. Der an Österreichs Universitäten sehr weitreichend ausgebaute Diskriminierungsschutz bildet die Hintergrundfolie, vor der alle hier dargestellten Maßnahmen überhaupt erst durchgesetzt und implementiert werden konnten.

Ziel des Programms ist, wie schon der Name sagt, die Verbesserung der Chancengleichheit an der Karl-Franzens-Universität Graz im Sinne eines Potenziale-Ansatzes (Roloff/Metz-Göckel 1995: 266), bei dem es um individuelle Entwicklungsmöglichkeiten und deren maximale Realisierung ebenso geht wie um das soziale Umfeld, das diese Möglichkeiten begrenzen bzw. erweitern kann. Das Ziel der Interventionen ist somit eine geschlechtersymmetrische Organisationskultur, also eine Organisationskultur, auf deren Basis Menschen beider Geschlechter ihr Potenzial gleichermaßen entfalten können und die keine geschlechterdifferenzierenden Effekte hat. Dieser Anspruch geht deutlich über Bemühungen um reine Gleichverteilung von Ressourcen hinaus und zielt auf Chancengleichheit hinsichtlich der Entfaltungsmöglichkeiten. Voraussetzung dafür ist eine eingehende Analyse der Ein- und Aufstiegsmuster bzw. Nachwuchsförderung mit dem Ziel der Identifikation von Förder- u. Rekrutierungsmustern, die asymmetrische Effekte auf die Geschlechter haben. Erforderlich sind dementsprechend Maßnahmen auf mehreren Ebenen: (1) Personal (Recruiting, Personalentwicklung), (2) Organisation (Organisationskultur, Steuerungsinstrumente), (3) Lehre / Studium.

Rahmen und Umfang

Das Programm ist hervorgegangen aus einem umfangreichen, unter Zuhilfenahme von Mitteln des zuständigen Bundesministeriums für Wissenschaft und Forschung sowie des europäischen Sozialfonds finanzierten Projekt der Koordinationsstelle für Geschlechterstudien, Frauenforschung und Frauenförderung der Karl-Franzens-Universität Graz. Die gute Ausstattung mit Ressourcen ermöglichte die notwendigen Analysen und die Entwicklung von Inhalten im Detail sowie die Durchführung mehrerer Pilotprojekte zur Erprobung der Wirksamkeit bestimmter Maßnahmen. Nach Ablauf der initialen Projektphase wurden Teile des Entwickelten in den Regelbetrieb übernommen und im Rahmen einer auf jeweils drei Jahre fixierten Kooperation aller vier Universitäten am Standort Graz fortgeführt. Die aktuellen jährlichen Kosten für den laufenden Betrieb (ohne Personal für die Organisation) betragen für die vier beteiligten Universitäten gemeinsam 40.000 Euro. In der letzten bisher abgeschlossenen Dreijahresphase 2007 bis 2009 wurden 636 Teilnehmende verzeichnet.

Impulse für die Organisationsentwicklung

Aus Teilprojekten aus der ersten Entwicklungsphase von „Potenziale" konnten zahlreiche Impulse für die Organisationsentwicklung generiert werden. Es wurde versucht, mittels unterschiedlicher Initiativen – Studien, Erhebungen, Berichte, Arbeitsgruppen – Interventionen in Prozesse und Strukturen zu setzen und Veränderungen anzustoßen. Auf diese Weise konnten beispielsweise erste Schritte für die seither erfolgte Integration elaborierter Analysen mit dem Fokus Chancengleichheit von Frauen und Männern ins reguläre Berichtswesen der Universität (Gender Monitoring) unternommen werden. Weiterhin wurden Chancengleichheitsaspekte in Berufungsverfahren zum Gegenstand einer Studie und einer ausgedehnten Diskussion, mit dem Ergebnis der Integration von Informationen und Anregungen zur Verbesserung der Chancengleichheit in die Unterlagen, die für die Berufungskommissionen Verwendung finden sowie eines laufenden Monitorings der Zusammensetzung nach Geschlecht von Kommissionen, Gutachtenden und Bewerber_innenschaft auf allen Stufen des Verfahrens.

Chancengleichheitsorientierte Personalentwicklung

Die größte Gruppe von Maßnahmen des Programms „Potenziale" arbeitet mit den Mitteln der Personalentwicklung, insbesondere mit unterschiedlichen Weiterbildungsformaten. Es werden dabei zweierlei Zielsetzungen verfolgt:

1. **Organisationskulturelle Interventionen:** Da belegbar ist (Bajdo/Dockson 2001), dass die tatsächliche Chancengleichheit in denjenigen Organisationen besser ausgeprägt ist, in denen ein höheres Bewusstsein über das Thema herrscht, ist es ein Ziel des Programms, einen möglichst großen Teil der Angehörigen der Universität Graz über die Thematik Chancengleichheit zu informieren, ein Bewusstsein über die entsprechenden Defizite zu vermitteln sowie Transparenz herzustellen hinsichtlich derjenigen Mechanismen, die die Chancengleichheit begrenzen können. Unterschiedliche Maßnahmen der chancengleichheitsbezogenen Weiterbildung sollen helfen, die in der Organisation verfügbare entsprechende (Gender-)Kompetenz zu erhöhen. Dementsprechend werden mit diesen Interventionen nicht nur weibliche Wissenschaftlerinnen adressiert, sondern eine ganze Reihe von Zielgruppen. Hier einige Beispiele:
Für die Studierenden werden im Rahmen des disziplinenübergreifenden Lehrangebotes zur Vermittlung sozialer Kompetenzen sogenannte Genderkompetenz-Trainings veranstaltet. Hier liegt der Schwerpunkt auf Persön-

lichkeitsentwicklung vor dem Hintergrund Gender. Das angestrebte Ergebnis dieser Trainings ist eine verbesserte Fähigkeit zur Reflexion der eigenen Geschlechterrollen und (teilweise vorreflexiver) Geschlechterrollenbilder mit dem Ziel des bewussteren Umgangs mit deren Auswirkungen auf Kommunikation und Interaktionen.

Angebote für das gesamte Universitätspersonal sind zum Beispiel regelmäßige Seminare zu geschlechtersensibler Didaktik sowie Informations- und Vortragsveranstaltungen zu Themen der universitären Chancengerechtigkeit oder neuerdings Workshops zur Bias-Sensibilisierung für Mitglieder von Gremien mit Personalbeurteilungs- bzw. Personalauswahlaufgaben mit der Zielsetzung der Qualitätssicherung für den Personalauswahlbereich. Diese Gruppe von Interventionen lässt sich der dritten der oben angeführten Strategien zuordnen.

Tabelle 1: Übersicht über die Angebote der Maßnahmengruppe „Nachteilsausgleich" im Programm „Potenziale" nach Karrierestufen

Zielgruppe	Angebot
Fortgeschrittene Studierende mit Interesse an einer universitären Laufbahn	Orientierungsworkshop „Beruf Universitätslehrerin" (1 d), 2 × jährlich
Frauen unmittelbar nach Diplom- bzw. Masterabschluss, die eine Universitätslaufbahn anstreben	Strategische Karriereplanung für Wissenschaftlerinnen (Seminar 2d), 2 × in 3 Jahren
Dissertantinnen und weibliche Postdocs	Karriereprogramm für Nachwuchswissenschaftlerinnen (Seminarreihe 12,5d, Workshops 2d + Coachings + Expert_innenpanels), 1 × jährlich
Habilitandinnen und habilitierte Frauen (und adäquat Qualifizierte), fortgeschrittene Postdocs	Bewerbungs- und Berufungstraining, (Seminar 3d), 2 × in 3 Jahren
Professorinnen	Prof Skills (Seminarreihe 2d plus bedarfsabhängige Follow Ups), 1 × in 3 Jahren
Alle Wissenschaftlerinnen	Universität – ambivalenter Ort für Frauen (Seminar 2d), 1 × in 3 Jahren
	Strategisches Verhandeln für Wissenschaftlerinnen (Seminar 1,5d), 1 × in 3 Jahren
	Karriereplanung für Wissenschaftlerinnen: personalrechtliche Aspekte (Gruppen-Coaching 0,5d), 2 × jährlich

Quelle: Eigene Darstellung.

2. **Interventionen über individuellen Nachteilsausgleich:** Bei dieser, der zweiten Strategie „Nachteilsausgleich" zuzuordnenden Maßnahmengruppe, geht es darum, individuelle Karrieren zu unterstützen, um den Frauenanteil in fortgeschrittenen Positionen der wissenschaftlichen Hierarchie zu heben. Personalentwicklung wird hier für klassische Frauenförderung eingesetzt.

Die drei wesentlichen inhaltlichen Komponenten dieser Maßnahmen sind Empowerment, Förderung der Vernetzung und Verbesserung der Laufbahn-Transparenz durch Vermittlung von universitätslaufbahnrelevanten Kompetenzen im Sinne von Handlungswissen hinsichtlich der Organisation wissenschaftlicher Produktion und von Informationen über die Organisation Universität.

Diese Maßnahmengruppe bietet Karriereförderung für Wissenschaftlerinnen in allen Karrierestadien und umfasst Angebote zur Unterstützung von weiblichen Studierenden und Promovierenden, von Wissenschaftlerinnen in der Postdoc-Phase, im Habilitationsstadium und von Professorinnen. Die Angebote sind klar nach Laufbahnstufen ausdifferenziert (s. Tab. 1).

Karriereprogramm für Wissenschaftlerinnen

Abschließend wird zur Illustration das größte Element dieser Angebotsgruppe näher dargestellt, das Karriereprogramm „Potenziale. Erfolgsstrategien für Nachwuchswissenschafterinnen". Es handelt sich um eine einjährige Seminarreihe, flankiert von Coachings, Workshops und Expert_innenpanels. Ausgangspunkt für die Konzeption dieses Angebots war die Beobachtung, dass die universitäre Selbstergänzung jedenfalls im deutschen Sprachraum primär über Förderbeziehungen von Person zu Person verläuft. Diese Förderbeziehungen werden häufig noch traditionell als Beziehung zwischen männlichen Personen gedacht und gelebt, Männer können an den entsprechenden Netzwerken stärker partizipieren als Frauen. Aufgrund dieser Präferenz können für Frauen Konkurrenznachteile insbesondere durch fehlende Informationsweitergabe über wissenschaftsorganisatorische Belange entstehen. Folglich ist es ein Ziel des Karriereprogramms, im Sinne des Nachteilsausgleichs auf transparente Weise Wissen über die Funktionsweisen der universitären Statusdistribution sowie die Fertigkeit zum kritischen und offensiven Umgehen damit zu vermitteln. Daher umfasst das Programm neben Informationen auch persönlichkeitsbildende Elemente sowie Impulse zur Netzwerkbildung. An konkreten Inhalten werden einerseits soziale Kompetenzen vermittelt und gestärkt (Durchsetzungsstrategien und Verhandlungsführung, Rhetorik, Präsentation, persönliche Standortbestimmung, Leiten von Teams); andererseits wird auf die Organisation von Wissenschaft und Universitäten bezogenes Feldwissen verfügbar gemacht (u.a. Universitätsrecht, universitäre Organisationskultur, informelle Spielregeln).

Die Zielgruppe des Karriereprogramms sind weibliche Postdocs, diese durchlaufen in einem Jahr in einer konstanten Gruppe sieben ein- bis dreitägige Seminare sowie Coachings. Ein ergänzendes Element sind mehrere Expert_innenpanels, bei denen unter Einbeziehung von Rollenmodellen Themen wie „Vereinbarkeit von Wissenschaft und Familie" oder „Mitgestalten und Führen an der Universität" diskutiert werden.

Bei der Konzeption der Angebote des Programms wird großer Wert auf Nachhaltigkeit gelegt. Den Teilnehmerinnen werden Werkzeuge für selbständiges Weiterarbeiten und systematische wechselseitige Unterstützung vermittelt. In begrenztem Rahmen kann den Teilnehmerinnen auch Unterstützung für weiterführende Vernetzungsaktivitäten (z.B. moderierte Folgetreffen mit bestimmten thematischen Schwerpunkten) angeboten werden.

Alle Angebote des Programms „Potenziale" werden sorgfältig evaluiert und permanent eventuellen Bedarfsänderungen angepasst. Die Ergebnisse der Evaluierungen sind durchwegs positiv und belegen, dass Zielsetzungen wie „bessere Vernetzung und höherer Informationsstand über organisationale Besonderheiten", die „Vorbereitung auf unitypische Konfliktsituationen", „Ermutigung zur Bewerbung auf höhere Positionen" uneingeschränkt erreicht werden (Rath 2010). Die Angebote des Programms sind stark nachgefragt. Es wird an allen vier beteiligten Universitäten als Erfolg wahrgenommen und bis auf weiteres fortgesetzt. Es besteht Konsens darüber, dass Maßnahmen des reinen Nachteilsausgleichs für Frauen, die einen Schwerpunkt des Programms bilden, nach wie vor gerechtfertigt sind, um die Chancengleichheit im universitären Bereich zu verbessern. Für die kommenden Jahre wird angestrebt, die strukturbezogenen Komponenten des Programms weiter auszubauen bzw. das Potenziale-Programm durch zusätzliche, auf die Organisationskultur gerichtete Interventionen zu flankieren.

Literatur

Bajdo, Linda M./Dockson Marcus W. (2001): Perceptions of organisational Culture and Women's Advancement in Organizations: A cross Cultural Examination. In: Sex Roles Vol 45, 5/6, S. 399-414.

CEWS - Kompetenzzentrum Frauen in Wissenschaft und Forschung (2006): Kurzexpertise zum Themenfeld Frauen in Wissenschaft und Forschung. Im Auftrag der Robert Bosch Stiftung. Bonn.

Hey, Barbara (2006): Gender-Kompetenz. In: Pellert, Ada (Hg.): Einführung in das Hochschul- und Wissenschaftsmanagement. Ein Leitfaden für Theorie und Praxis. Bonn: Lemmens, S. 138-152.

Kahlert, Heike (2010): „Cooling Out" und der riskante Weg an die Spitze – Zum Einfluss von Ungleichheitsregimes in Organisationen auf Karriereorientierungen im wissenschaftlichen Nachwuchs. In: Wergen, Jutta (Hg.): Perspektiven der Promotionsförderung und -forschung. Münster, Hamburg, Berlin, Wien, London: Lit, S. 105-123.

Krais, Beate (Hg.) (2000): Wissenschaftskultur und Geschlechterordnung. Über die verborgenen Mechanismen männlicher Dominanz in der akademischen Welt. Frankfurt/Main; New York: Campus.

Lind, Inken (2010): Was verhindert Elternschaft? Zum Einfluss wissenschaftlicher Kontextfaktoren und individueller Perspektiven auf generative Entscheidungen des wissenschaftlichen Personals. In: Bauschke-Urban, Carola/Kamphans, Marion/Sagebiel, Felizitas (Hg.): Subversion und Intervention: Wissenschaft und Geschlechter(un)ordnung. Opladen: Budrich, S. 155-178.

OECD Directorate for Education 2006: Starting Strong. Early Childhood Education And Care Policy. Country Note For Austria, Paris.

Rath, Anna (2010): Ausgewählte Evaluierungsergebnisse zur Nachhaltigkeit des Karriereprogramms für Wissenschafterinnen. In: Hey, Barbara/Rath, Anna/Wieser, Ilse (Hg.): Qualität messen und sichern. Werkstattberichte aus zehn Jahren universitärer Frauenförderung in Graz, Graz, S. 23-34.

Roloff, Christine/Metz-Göckel, Sigrid (1995): Unbeschadet des Geschlechts... Das Potentiale-Konzept und Debatten der Frauenforschung. In: Wetterer, Angelika (Hg.): Die soziale Konstruktion von Geschlecht in Professionalisierungsprozessen, Frankfurt a.M./New York: Campus, S. 263-286.

Valian, Virginia (1999): Why so slow? The Advancement of Women. Cambridge u.a.: MIT Press.

Vizerektorat für Personal, Personalentwicklung und Gleichstellung der Karl-Franzens-Universität Graz (2010): Zahlen, Fakten, Analysen. Chancengleichheit an der Uni Graz, Graz.

Uta Klein und Fabian A. Rebitzer

Diskriminierungserfahrungen von Studierenden: Ergebnisse einer Erhebung

An der Christian-Albrechts-Universität zu Kiel (CAU) wurde 2010 der Bereich Diversity, Chancengleichheit und Antidiskriminierung auf die Agenda gesetzt. Zum einen hatte die Universität schon einige Jahre zuvor Lehre und Forschung zu Diversity deutlich aufgewertet, indem sie eine Professur für gender und diversity studies in der Soziologie ansiedelte und mit der Leitung der gender research group verband.[1] Zum anderen wurden Aktivitäten gebündelt und vorangetrieben, nachdem die Hochschule ihre Beteiligung an einem Projekt der Antidiskriminierungsstelle des Bundes (durchgeführt von der Prognos AG) beschlossen hatte.

Die Koordination und inhaltliche Begleitung des Projektes erfolgte durch die oben genannte Professur. Sie baute eine Steuerungsgruppe auf, die aus Multiplikator_innen besteht und bis heute zum Thema engagiert zusammen arbeitet. Beteiligt sind u.a. die Gleichstellungsbeauftragte, Lehrende im Diversity-Bereich, die Beauftragten für Studierende und Beschäftigte mit Behinderungen, die Leiterin des International Center, der ASTA, eine Mitarbeiterin für psychosoziale Beratung der Studierenden, Vertreter und Vertreterinnen des Personalrates.[2]

Zu den Aktivitäten der Steuerungsgruppe gehörte zunächst die Sichtung und Diskussion bereits existierender Projekte und Maßnahmen an der CAU, die dem Bereich Förderung von Diversity zuzuordnen sind. Dabei wurde einerseits deutlich, dass eine beeindruckende Fülle an Angeboten existiert, die nicht allen Hochschulangehörigen bekannt sind, auch weil sie häufig von der Initiative einzelner Personen ausgegangen waren. Alleine schon die Sichtung und Dis-

---

[1] Inhaberin der Professur ist Uta Klein, die Mitautorin dieses Beitrags und Mitherausgeberin des vorliegenden Sammelbandes.
[2] Die Leitung der Steuerungsgruppe wird in Zukunft übernommen von der im Sommersemester 2011 gewählten Vizepräsidentin für Diversity und Wissenstransfer (Prof. Dr. Birgit Friedl). Die Einrichtung dieses Amtes bzw. der (neue) Zuschnitt der Vizepräsidentschaft ist ein weiterer Schritt zur Umsetzung einer Diversity-Strategie.

kussion der verschiedenen Angebote kann als Schritt zur Ist-Analyse betrachtet werden. Die Angebote werden in Zukunft auf einer entsprechenden Homepage zusammengeführt. Andererseits wurde deutlich, dass ein Überblick über die Zusammensetzung der Studierenden fehlte und auch Kenntnisse darüber, in welchen Bereichen Benachteiligungen und mögliche Diskriminierungserfahrungen relevant sind. Der nächste Schritt war daher die Zusammenstellung so genannter Einbruchstellen oder Barrieren für alle Statusgruppen im Laufe ihrer beruflichen und/oder wissenschaftlichen Laufbahn. Diese Analyse erfolgte nach den „Big-6"-Kategorien des Allgemeinen Gleichbehandlungsgesetzes (AGG) und zusätzlich der sozialen Herkunft, die im AGG keine Rolle spielt, d.h. Geschlecht, Alter, sexuelle Orientierung, Behinderung, Religion/Weltanschauung, ethnische Herkunft und soziale Herkunft. Das Ergebnis hier dürfte mit anderen Universitäten vergleichbar sein: die Datenlage ist dürftig mit einer Ausnahme. Was Frauen und Männer im Wissenschaftsbetrieb anbelangt, so ist die Kenntnis dank der Arbeit der Gleichstellungsbeauftragten hervorragend, die entsprechenden Daten werden jährlich erhoben und zur Verfügung gestellt. Zu den weiteren Kategorien existiert jedoch keine systematische Erfassung, allenfalls projektförmig zu einzelnen Kategorien wie etwa Befragungen der ausländischen Studierenden im Kontext der Internationalisierung von Hochschulen. Dies spiegelt ein Hauptproblem der Umsetzung von Diversity Management im Hochschulbereich generell. Weder über die Zusammensetzung der Studierendenschaft noch zum Ausmaß und den Kontexten von Diskriminierungserfahrungen liegen ausreichende empirische Daten vor, die jedoch zur Konzeption von Maßnahmen zum Abbau von Diskriminierungen nötig sind.

Dem sollte die hier vorgestellte Befragung abhelfen. Begleitet von einem Lehrforschungsprojekt[3] wurde eine umfangreiche Online-Befragung aller Studierenden der CAU vorgenommen. Die Ergebnisse bilden eine solide Grundlage, um detaillierte Kenntnisse über die Zusammensetzung und damit auch Ressourcen der Studierenden zu erlangen und um andererseits Maßnahmen gegen Diskriminierung passgenau entwickeln zu können. Die Erfahrungen und Ergebnisse werden im Folgenden diskutiert. Dabei geht es uns vorwiegend um Diskriminierungserfahrungen, da die Zusammensetzung der Studierendenschaft einer einzigen Hochschule eher intern von Interesse ist. Gleichwohl lässt sich die Zusammensetzung in Tabelle 2 (S. 133) ablesen, die wegen anderer Aussagen abgedruckt ist.

---

3 Die Leitung der Lehrforschungsseminare oblag Fabian A. Rebitzer. Die Befragung wurde von Uta Klein begleitet.

Datenlage und Problematik der Datenerfassung

Im Vorfeld der Erhebung lagen der Universität kaum Daten über die Zusammensetzung Ihrer Studierendenschaft vor. Der Grund hierfür ist jedoch nicht einem mangelnden Interesse der Universität an ihren Studierenden geschuldet, sondern schlicht der Tatsache, dass sich die Diversität in all ihren Ausprägungen aufgrund der Sensibilität und Vertraulichkeit der Daten nicht einfach per Formblatt bei der Immatrikulation der Studierenden erheben lässt. Im Wintersemester 2010/11, das der Befragung voranging und in dem das Lehrforschungsprojekt seinen Ausgang nahm, waren 23.447 Studierende an der Christian-Albrechts-Universität eingeschrieben und nicht beurlaubt. Für diese liegen lediglich Daten zum Geschlecht und zur Staatsangehörigkeit vor. Der Frauenanteil unter den Studierenden lag im Wintersemester 2010/11 bei 53,7 Prozent, der Männeranteil bei 46,3 Prozent. 7,4 Prozent der Studierenden haben eine nicht-deutsche Staatsangehörigkeit.[4]

Inwieweit die Teilnehmer_innen der vorgenommenen Befragung der Grundgesamtheit aller Studierenden entsprechen, lässt sich daher auch nur für diese Gruppen ermitteln, nicht aber für die Zusammensetzung in weiteren Diversitätskategorien. Das Alter der Studierenden ließe sich zwar theoretisch aus den der Universität ebenfalls bekannten Geburtsdaten der Studierenden ermitteln, entsprechende Auswertungen liegen jedoch nicht vor. Zu verschiedenen weiteren Diversitätskategorien ist es der Universität schon rechtlich nicht möglich, die notwendigen Daten zu erheben. Darüber hinaus könnte eine entsprechende Erhebung bei der Immatrikulation auf starken Widerstand stoßen, wie es beispielsweise für „sexuelle Orientierung" zu erwarten wäre. Generell ist zu klären, welche Daten notwendig und sinnvoll für eine Bildungsplanung sind und ebenso wäre die Bereitschaft zur freiwilligen Angabe auszuloten. Diese Daten könnten dann gegebenenfalls mittels eines separaten und anonymen Beiblatts auf freiwilliger Basis erhoben werden. Der gute Rücklauf unserer Befragung zeigt, dass eine Aufgeschlossenheit und Bereitschaft dann besteht, wenn über Sinn und Zweck der Erhebung, über die Nutzung der Daten und die Sicherstellung der Anonymität aufgeklärt wird, wie in der vorliegenden Befragung geschehen.

Eine zentrale Problematik bei der Konzeption einer Untersuchung zu Diversität und Diskriminierungserfahrungen stellt die Definition und Operationalisierung der zu untersuchenden Phänomene dar. In der vorliegenden Erhebung galt es zum einen, die Diversitätskategorien und zum anderen, Diskriminierung angemessen zu erfassen.[5]

---

4 Die Christian-Albrechts-Universität in Zahlen 2010. Download: http://www.uni-kiel.de/ueberblick/statistik/GB/zahlenspiegel2010.pdf, 12.01.2012.
5 Zur Definition und theoretischen Verortung der Diversitätskategorien sowie zum Diskriminierungsbegriff vgl. Heitzmann/Klein 2012.

Für die Diversitätskategorien existieren teilweise sehr unterschiedliche Operationalisierungsmöglichkeiten. Unter anderem Religion/Weltanschauung, Behinderung, sexuelle Orientierung und gender wurden jeweils über eine Frage mit verschiedenen vorgegebenen Antwortmöglichkeiten – inklusive der Möglichkeit der „Nicht-Angabe" – erhoben. Für die Kategorie gender umfassten die Antwortmöglichkeiten beispielsweise „männlich", „weiblich", „andere, bspw. transgender" und „hierzu möchte ich keine Angaben machen". Demgegenüber kann die Kategorie „soziale Herkunft" kaum sinnvoll direkt und mit nur einer Frage erhoben werden. Zur sozialen Herkunft gehört sehr allgemein gesprochen das soziokulturelle „Erbe" von Ressourcen. Daher wurde hier ein Index gebildet, der sich zu jeweils 25 Prozent aus dem höchsten Bildungsabschluss der beiden Elternteile und zu 50 Prozent aus dem Bruttohaushaltseinkommen der Eltern ableitet. Diese Daten sind den Befragten in der Regel bekannt und können zügig angegeben werden. Grundsätzlich sind aber auch alternative Möglichkeiten denkbar, „soziale Herkunft" zu operationalisieren.

Ähnlich verhält es sich mit dem im AGG verwendeten Begriff der „ethnischen Herkunft", der in Deutschland in dieser Form selbst von Seiten der Befragten keine Akzeptanz erfährt, ganz im Gegensatz beispielsweise zu Großbritannien, wo mit großer Selbstverständlichkeit eine Fülle „ethnischer" Kriterien erhoben wird. Auf die Frage, ob sie sich einer ethnischen Herkunft zuordnen, antworteten in der vorliegenden Befragung 89,5 Prozent, dass sie das nicht tun. Und auch unter den Übrigen, die angaben, sich einer ethnischen Herkunft zuzuordnen und eine entsprechende freie Antwort gegeben haben, fanden sich neben der Benennung von Nationalitäten, Kontinenten oder Volksgruppen noch die Frage konterkarierende Angaben wie „Mensch" oder „Homo Sapiens". Aus unserer Sicht ist der im AGG verwendete Begriff mangels besserer Alternativen durch „Migrationshintergrund" zu ersetzen. Allerdings wird auch dieser so formell und präzise klingende Begriff keineswegs immer einheitlich und trennscharf definiert. Vielmehr liegen eine ganze Reihe höchst unterschiedlicher Definitionen dazu vor, die den Begriff entweder an die Staatsbürgerschaft ex negativo (nämlich nicht-deutsch) oder die erfolgte Zuwanderung oder eine Kombination beider Kriterien mit unterschiedlichen Zeitgrenzen und unter unterschiedlicher Berücksichtigung der Elterngeneration koppeln. Häufig operieren Untersuchungen ausschließlich mit ausländischer Staatsangehörigkeit oder aber mit subjektiven Einschätzungen der deutschen Sprachkompetenz. Aus unserer Sicht ist das nicht weiterführend und so wurden in der vorliegenden Befragung eine Fülle verschiedener Fragen nach Staatsangehörigkeit und Zuwanderungsgeschichte der Befragten, deren Elternteilen, den eigenen Einschätzungen der Sprachkompetenz und der Aufenthaltsdauer in Deutschland verwendet, so dass zum Zwecke der Vergleichbarkeit die theoretische Möglichkeit besteht, die Daten nach möglichst vielen Definitionen von Migrationshintergrund auszuwerten. Die hier vorgenommene Auswertung orientiert sich an der Definition der „Migrationshintergrund-Erhebungsverordnung" 2010.[6]

Die Erhebung fragt nach beobachteter und/oder erlebter Diskriminierung. Der Begriff wird nicht definiert, da es in dieser Befragung um die subjektive Einschätzung und nicht die rechtliche Relevanz geht. Der Diskriminierungsbegriff ist insofern erfahrungsbasiert. Während im AGG von „Benachteiligung" die Rede ist und diese in „unmittelbare", in „mittelbare" sowie in „Belästigung" und „sexuelle Belästigung" unterschieden und klar definiert wird (§ 3 AGG), werden in unserer Erhebung allgemein Äußerungen oder Handlungen erfasst, die abwertend bzw. herabsetzend sind und sich auf die Zugehörigkeit zu bestimmten Gruppen beziehen. Es wird nach einem konkreten Fall gefragt und für diesen werden – mit möglicher Mehrfachnennung – Klassifizierungsmöglichkeiten vorgegeben wie beispielsweise „Vorenthalten von Rechten", „Bloßstellung der Person", „Beleidigung/Beschimpfung" und selbstverständlich die Möglichkeit der eigenen Definition.

Die Erfassung von Diskriminierung aufgrund einer Gruppenzugehörigkeit unterliegt bekanntlich einem Dilemma. Einerseits sind Unterschiede zwischen Menschen das Resultat von Differenzhandlungen und Ergebnis sozialer Konstruktionen, so dass die Abfrage nach Zugehörigkeiten eine performative Wirkung erzeugt. Andererseits sind, wenn auch kontextabhängig, Gruppenzugehörigkeiten sozial relevant und mit Ungleichheiten verbunden. Zur Erfassung gruppenbezogener Diskriminierung oder Benachteiligungen müssen wir also auf „Zugehörigkeitskategorien" rekurrieren. Im Fragebogen wird der Begriff „Merkmal" verwendet, jedoch betont, dass er als vorhanden oder zugeschrieben empfunden werden kann. Auf den Begriff „Identität" wurde verzichtet, da sich Identität auf Wesenskonstruktionen bezieht und sich in unserem Zusammenhang einer essentialistischen Semantik nicht hätte entziehen können. Eine Rede von „konstruierter Identität" wäre hier mit Sicherheit auf Abwehr gestoßen. Im folgenden Text sprechen wir von Diversity-Dimensionen oder von Ausprägungen im Sinne einer statistischen Variablen.

---

6 Migrationshintergrund-Erhebungsverordnung vom 29. September 2010 (BGBl. I S. 1372). Dort werden in § 4 folgende Kriterien genannt: Ob 1. die Person die deutsche Staatsangehörigkeit besitzt, 2. der Geburtsort der Person außerhalb der heutigen Grenzen der Bundesrepublik Deutschland liegt und eine Zuwanderung in das heutige Gebiet der Bundesrepublik Deutschland nach 1949 erfolgte, 3. die Person als Aussiedler oder Spätaussiedler, dessen Ehegatte oder dessen Abkömmling die deutsche Staatsangehörigkeit erworben hat und 4. der Geburtsort mindestens eines Elternteiles der Person außerhalb der heutigen Grenzen der Bundesrepublik Deutschland liegt und eine Zuwanderung dieses Elternteiles in das heutige Gebiet der Bundesrepublik Deutschland nach 1949 erfolgte. Online verfügbar unter: www.gesetze-im-internet.de/ bundesrecht/mighev/gesamt.pdf [Stand: 21.1.2012].

Die Befragung

Die überwiegend quantitative Datenerhebung wurde über ein internetgestütztes Fragebogenprogramm vorgenommen. Der Zugangslink wurde zusammen mit einem ausführlichen Anschreiben über die obligatorischen E-Mail-Adressen, die den Studierenden mit ihrer Einschreibung seitens der Universität zugewiesen werden, an alle eingeschriebenen Studierenden der CAU versandt. Das Anschreiben schilderte die Hintergründe und die Bedeutung des Projektes sowie den weiteren Umgang mit den Daten. Um die Teilnahmemotivation zu erhöhen, gab es eine Verlosung von zehn Büchergutscheinen im Wert von 10 bis 100 Euro.[7] Auch wurde zugesichert, dass die Ergebnisse nach der Auswertung veröffentlicht werden.[8]

Die Erhebung erfolgte über einen Zeitraum von drei Wochen. Der Link stand durchgängig zur Verfügung, wobei neben der Einladungsmail im weiteren Verlauf noch zwei Erinnerungsmails versandt wurden. Die Analyse der Teilnahmezeitpunkte zeigt, dass 46,54 Prozent aller Teilnehmenden auf die Einladung, 34,18 Prozent auf die erste Erinnerungsmail und 19,28 Prozent auf die zweite Erinnerungsmail reagiert haben, so dass die Erinnerungsmails einen ganz erheblichen Beitrag zur Verbesserung des Rücklaufs leisteten.

Inhaltlich wurde der Fragebogen breit angelegt. Wichtig ist es, im Vorfeld sämtliche Aspekte zu erfassen, die abgefragt werden sollen. Eine Vollerhebung ist kein Mittel, das sehr häufig verwendet werden kann. Die universitätsgenerierten E-Mail-Adressen der Studierenden werden im Alltag für verschiedene Informationen verwendet. Wenn die Studierenden zu viele E-Mails erreichen mit Inhalten, die sie nicht betreffen oder für sie nicht relevant sind, registrieren sie Zuschriften weniger und sind zunehmend weniger bereit, auf Befragungen zu reagieren. Insofern sollte eine Erhebung nicht „inflationär" verwendet werden.

Für diese Ersterhebung erschien es uns daher legitim, ein thematisch sehr breites Spektrum dennoch recht detailliert und teilweise durch offene Fragen zu erfassen, so dass die Daten umfassende Analysen und die Prüfung komplexer Bezüge erlauben, ohne weitere oder ergänzende Befragungen nachschieben zu müssen. Auch wird so ein Pool an Informationen generiert, welcher die Identifikation besonders oder weniger relevanter Bezüge und Fragestellungen erlaubt und damit zukünftigen Erhebungen zu diesem Themenfeld eine Orientierung bietet.

---

7 Wegen des Datenschutzes wurden die für die Verlosung anzugebenden E-Mail-Adressen von den inhaltlichen Daten getrennt, in einer separaten Datei angelegt und im Anschluss an die Verlosung und die Gewinnbenachrichtigungen gelöscht. Auch dieses Vorgehen wurde bereits im Anschreiben transparent gemacht.
8 Hierzu befindet sich eine Homepage im Aufbau, siehe www.gender.uni-kiel.de/diskriminierung.

Inhaltlich lässt sich der Fragebogen in drei weiter untergliederte Segmente einteilen. Der erste Teil hatte die bisherigen Diskriminierungserfahrungen und -beobachtungen der Studierenden zum Gegenstand. Nach einer ersten subjektiven Einschätzung der Relevanz des Themas Diskriminierung an der Universität und verschiedener Zugehörigkeitskategorien sowie der Abfrage der Häufigkeit selbst erlebter oder beobachteter Diskriminierung, wurde den Befragten die Möglichkeit gegeben, zu je einem Fall ausführliche Angaben zu machen. Es wurde deutlich gemacht, dass es um Vorfälle und Erfahrungen ausschließlich an der Universität geht. Hierzu sollte der nach der Einschätzung der Befragten schwerste selbst erlebte oder, falls keiner erlebt wurde, der schwerste selbst beobachtete Fall herangezogen werden. Diese Fälle wurden in Bezug auf die Art der Diskriminierung, den Kontext, in dem sie stattfand (u.a. Lehre, Sport- und Freizeitaktivitäten auf dem Campus, Organisation, Verwaltung), die Quelle, von der die Diskriminierung ausging, den vermuteten Auslöser in Hinblick auf Zugehörigkeitskategorien und andere Gründe sowie die Reaktion der/des Betroffenen erfasst. Zudem hatten die Befragten die Möglichkeit, die Situation mit eigenen Worten zu schildern und eine subjektive Einschätzung der Schwere des Diskriminierungsfalls abzugeben. Ebenso wurde die Kenntnis, Nutzung und Bewertung von Anlaufstellen und zuständigen Beauftragten erhoben.[9]

Im zweiten Teil des Fragebogens wurden die soziodemographischen Daten der Befragten und damit auch die von den Befragten selbst angegebenen Zugehörigkeiten in den Diversitätskategorien erfasst. Erhoben wurden neben den „Big 6" gender, Alter, sexuelle Orientierung, Behinderung, Religion/Weltanschauung und ethnische Herkunft/Migrationshintergrund auch soziale Herkunft, Erziehungsverantwortung und politische Orientierung.

Der dritte Teil erfragte schließlich die Studiensituation der Befragten. Neben Angaben zu den studierten Fächern, dem Studiensemester und dem angestrebten Studienabschluss wurden auch die finanzielle Situation der Studierenden, ihre Erwerbstätigkeit, die voraussichtliche Einhaltung der Regelstudienzeit und ihre Studienleistung erhoben.

Durch die starke Differenzierung, die Verbindung der drei Themenfelder und den zusätzlichen Einsatz offener Fragen bestehen Möglichkeiten sehr vielfältiger, komplexer oder auch spezifischer Analysen und Fragestellungen, so dass das Potenzial der Daten gegenwärtig noch nicht annähernd ausgeschöpft ist.

---

9 Für den Fragebogenteil zu Diskriminierungserfahrungen wurden Erkenntnisse einer online-Befragung verwendet, die in Zusammenhang mit Barrierefreiheit vor einigen Jahren an der FH Kiel im Auftrag des Sozialministeriums SH durchgeführt worden war (Projekt Inklusion und Chancengleichheit als Hochschulkultur). Vgl. Klein, Uta/Struve, Melanie 2009: Behinderung/chronische Krankheit und Hochschule. Ein Ratgeber für Schleswig-Holstein. Kiel.

Ergebnisse und Erfahrungen

Rücklauf

Da die Befragung über ein internetgestütztes Instrument durchgeführt wurde, lässt sich die Rücklaufquote nach unterschiedlichen Gesichtspunkten ermitteln. Als Referenzgröße der Grundgesamtheit können die 23.447 Studierenden im Wintersemester 2010/11 betrachtet werden. Zwar fand die Befragung in den ersten Wochen des Sommersemesters 2011 statt, zu diesem Semester hat die CAU zum Redaktionsschluss aber noch keine Daten veröffentlicht. Die Zahl tatsächlich erreichter Studierender liegt möglicherweise etwas niedriger, da nicht alle Studierenden die zugewiesene Universitätsmailadresse regelmäßig abrufen oder Weiterleitungen an ihre Hauptadressen eingerichtet haben.

Der Befragungslink wurde 5.829 Mal aufgerufen, dies entspricht 24,86 Prozent der Grundgesamtheit. Bereinigt um jene, die den Link zwar angeklickt, dann aber keine Eingaben getätigt haben, bleiben 5.010 Befragte (21,37 Prozent). Diese 5.010 Fälle liegen der Auswertung zugrunde, wobei Prozentzahlen sich in der folgenden Auswertung nicht auf diese 5.010 Fälle beziehen, sondern auf die Zahl gültiger Fälle bei der jeweiligen Frage. Die Abbruchquote innerhalb der Befragung ist auf den ersten beiden der je nach Filterung maximal 36 Seiten recht hoch und stabilisiert sich dann auf niedrigem Niveau. So riefen noch 4.396 Befragte (18,75 Prozent) die vierte Seite auf, 3.853 Befragte (16,43 Prozent) haben dann aber den kompletten inhaltlichen Teil des Fragebogens abgeschlossen. Dennoch können einzelne Fragen weit weniger gültige Fälle aufweisen, entweder aufgrund vorangegangener Filterfragen oder weil einzelne Fragen von Befragten, die hierzu keine Angaben machen wollten oder konnten, übersprungen wurden.

Einschätzung vs. Wirklichkeit – Die Verbreitung von Diskriminierung an der Hochschule

Wesentliche Aspekte der Diskriminierungsthematik, vor allem die allgemeine Verbreitung und Relevanz von Diskriminierung im universitären Umfeld sowie die Bedeutsamkeit der jeweiligen Diversitätskategorien und -ausprägungen für Diskriminierungshandlungen wurden in zwei Qualitäten erhoben: einerseits durch die entsprechende Einschätzung der Befragten, andererseits durch die persönliche Betroffenheit in Form selbst erlebter oder beobachteter Diskriminierungsfälle. Aus der Betrachtung der einzelnen Ergebnisse, insbesondere aber aus der Gegenüberstellung der Einschätzungen und der tatsächlichen Ergebnisse lassen sich wertvolle Erkenntnisse ableiten.

So sind 90,0 Prozent aller Befragten der Meinung, dass Diskriminierung an der CAU (fast) nie (28,8 Prozent) oder eher selten (61,2 Prozent) vorkommt. Ein gewisses Niveau an Toleranz und gegenseitiger Akzeptanz wird im akademischen Umfeld also vorausgesetzt. Lediglich jede_r zehnte Befragte ist der Meinung, Diskriminierung fände eher häufig oder gar regelmäßig (3,4 Prozent) statt. Demgegenüber geben allerdings 15,3 Prozent aller Befragten an schon mindestens einmal, darunter 6,1 Prozent bereits mehrfach oder regelmäßig selbst diskriminiert worden zu sein. Immerhin 28,7 Prozent, also mehr als jede_r vierte Befragte hat schon mindestens einmal die Diskriminierung Anderer beobachtet, darunter 15,1 Prozent mehrmals oder regelmäßig.

Zwar lässt sich ein hoch signifikanter, wenn auch schwacher Zusammenhang zwischen dem Erleben bzw. Beobachten von Diskriminierungen und der Einschätzung der allgemeinen Verbreitung des Phänomens nachweisen. Aus den Daten wird aber auch deutlich, dass die Zahl jener, die keine Erfahrungen oder Beobachtungen gemacht haben und Diskriminierung dennoch für ein mindestens eher häufiges Phänomen halten, deutlich geringer ist, als die Zahl jener, die mehrfach Erfahrungen oder Beobachtungen gemacht haben und Diskriminierung dennoch für ein eher seltenes oder kaum existentes Phänomen halten. Die Verbreitung von Diskriminierung wird also bereits auf ganz allgemeinem Niveau tendenziell unterschätzt und zwar selbst von jenen, die davon un/mittelbar betroffen sind.

Tabelle 1: Einschätzung der Diskriminierungsrelevanz vs. absolute Nennung als Auslöser

eher oder äußerst relevant	geschätzte Relevanz der Kategorie im Kontext von Diskriminierung	absolute Häufigkeit benannter Auslöser bei je Befragter/Befragtem schwersten selbst erlebten Fall[1]	n
46,6	„ethnische" Herkunft	Geschlecht	98
39,1	soziale Herkunft	soziale Herkunft	76
35,0	chronische Krankheit/Behinderung	„ethnische" Herkunft	60
33,9	politische Orientierung	Alter	40
33,1	Religion	politische Orientierung	38
29,5	sexuelle Orientierung	chronische Krankheit/Behinderung	je 26
26,3	Alter	sexuelle Orientierung	
25,1	Geschlecht	Religion	22
24,1	Elternschaft	Elternschaft	20
		allgemein wegen des Aussehens	75
		Sonstiges	102
		keine Ahnung, was der Auslöser war	87
		Fall selbst erlebt, aber keine Angabe	204

1 Mehrfachnennung war möglich
Quelle: Eigene Darstellung.

Etwas konsistenter wird das Bild bei der Gegenüberstellung der Einschätzung mit der tatsächlichen Relevanz einzelner Diversitätskategorien in Bezug auf ihre Diskriminierungsanfälligkeit. Tabelle 1 (Einschätzung der Diskriminierungsrelevanz vs. absolute Nennung als Auslöser) enthält auf der linken Seite die Rangfolge der Diversitätskategorien danach, wie viel Prozent der Befragten die Kategorie als mindestens „eher relevant" im Kontext von Diskriminierung bewerten. Auf der rechten Seite befindet sich die Rangfolge der Kategorien nach ihrer absoluten Nennung als durch die Befragten vermuteten Auslöser für die jeweils schwerste, selbst erlebte (nicht: beobachtete) Diskriminierung. Zwar weist die hohe Zahl jener, die keine konkrete Kategorie benennen konnten und daher eine der drei sonstigen Antwortmöglichkeiten (Aussehen allgemein, Sonstiges, keine Ahnung) oder überhaupt keine Antwort gegeben haben darauf hin, dass die Rückführung auf einen konkreten Auslöser in vielen Fällen auch für die Betroffenen nur schwer möglich ist. Dennoch zeigen die Gesamtrangfolgen – mit einer drastischen Ausnahme – deutliche Übereinstimmungen.

46,6 Prozent, also fast die Hälfte der Befragten, hielten die „ethnische Herkunft" für äußerst oder eher relevant. Am zweithöchsten wurde „soziale Herkunft" mit 39,1 Prozent (7,3 Prozent äußerst relevant, 39,1 Prozent eher relevant) eingeschätzt, es folgen „Behinderung/chronische Krankheit" (35 Prozent) in nahezu gleicher Höhe wie „politische Orientierung" (33,9 Prozent) und „Religion" (33,1 Prozent). Mit Abstand folgt dann „sexuelle Orientierung" (29,5 Prozent) vor „Alter" (26,3 Prozent). Sehr überraschend erhalten „Geschlecht" (25,1 Prozent) und „Elternschaft" (24,1 Prozent) die niedrigsten Werte. Hinsichtlich der Kategorie gender ist das Ergebnis zu selbst erlebter Diskriminierung erhellend. Diejenigen, die eigene Diskriminierung erlebt haben, geben am häufigsten „aufgrund meines Geschlechts" an. Dies trifft Beobachtungen derjenigen, die im Gleichstellungsbereich aktiv sind: Junge Leute halten „Geschlecht" nicht mehr für diskriminierungsrelevant, die Daten weisen aber eine Relevanz auf.

Methodisch muss also festgehalten werden, dass es einen erheblichen Unterschied machen kann, ob man sich in der Fragestellung an die explizite Abfrage „echter" Fälle heranwagt oder sich aus falscher Zurückhaltung vor der Sensibilität des Themas zu „weichen" Formulierungen hinreißen lässt und stattdessen fragt, für wie verbreitet dieses oder jenes in der Abteilung erachtet wird.

Einschränkend muss aber auch reflektiert werden, was die Betrachtung der absoluten Werte bedeutet: Die größere Häufigkeit der Diskriminierung aufgrund von „Geschlecht" kann – bis hierhin noch – darauf zurückzuführen sein, dass es bspw. mehr Frauen gibt als Studierende, die ein Kind im Vorschulalter im Haushalt haben, für das sie erziehungsberechtigt sind. Damit sind zwar die zahlenmäßig relevanten Baustellen identifiziert, es ist aber durchaus nicht gesagt, dass Frauen einem höheren *Diskriminierungsrisiko* aufgrund ihres Geschlechts ausgesetzt sind, als Erziehende aufgrund ihrer Kinder. Dies, soviel sei hier bereits vorweg genommen, liegt für Eltern sogar bedeutend über dem der Frauen.

Zudem liegt bei diesen Beispielen die – an anderer Stelle immerhin vielfach belegte – implizite Annahme zugrunde, dass, wenn von Diskriminierung aufgrund von Geschlecht und Elternschaft gesprochen wird, eben Frauen und Eltern als Betroffene gemeint sind und zwar in der Gegenüberstellung zu Männern und Kinderlosen. So einfach verhält es sich jedoch insbesondere dann nicht mehr, wenn wie bei der Religionszugehörigkeit nicht mehr implizit vorausgesetzt werden kann, welche konkreten Ausprägungen gemeint sind, wenn von Diskriminierungen aufgrund einer Kategorie gesprochen wird. Daher macht es Sinn, auch das Diskriminierungsrisiko für die einzelnen Dimensionen mit in den Blick zu nehmen.

Vielfalt und Diskriminierungsrisiko

Aus der gleichzeitigen Abfrage der Diskriminierungserfahrungen und der individuellen Ausprägungen der Befragten in den Diversitätskategorien ergibt sich die Möglichkeit, die von den Betroffenen angegebenen Auslöser ihres jeweiligen schwersten selbst erlebten Diskriminierungsfalls ihren individuellen Ausprägungen in den Diversitätskategorien gegenüberzustellen. Daraus leitet sich die Möglichkeit ab, das spezifische Diskriminierungsrisiko zu berechnen, das Personen mit einer bestimmten Ausprägung in einer Diskriminierungskategorie tragen – und zwar einmal das Risiko aufgrund genau dieser Ausprägung diskriminiert zu werden (Risiko 1) und zudem das Risiko diskriminiert zu werden, ohne dass der Auslöser bekannt sein muss (Risiko 2).

Tabelle 2 enthält alle Daten, die für die Gewinnung eines umfassenden Überblicks über die Zusammensetzung der Studierenden der CAU einerseits und für die spezifischen Diskriminierungsrisiken einzelner Ausprägungen von Diversitätskategorien andererseits notwendig sind.

In der zweiten Spalte sind jene Ausprägungen aufgelistet, die u.a. im Fragebogenteil zur Erfassung der Zusammensetzung der Studierenden entweder bei der entsprechenden Frage direkt angegeben werden konnten (bspw. bei der Frage nach der Religionszugehörigkeit) oder die aus den entsprechenden Angaben der Befragten rekonstruiert wurden (bspw. die vier Gruppen der sozialen Herkunft anhand der Quartilsgrenzen der Verteilung eines Index, der sich aus den Antworten zum höchsten Bildungsabschluss der Elternteile und deren Bruttohaushaltseinkommen ableitet). In der ersten Spalte ist die entsprechende Diversitätskategorie benannt, der die Ausprägung zuzuordnen ist. Diese Kategorien konnten u.a. als Auslöser im schwersten selbst erlebten Diskriminierungsfall benannt werden.

Tabelle 2: Zusammensetzung und Diskriminierungsrisiko Studierender, absteigend nach „Risiko 1"

Diversitätskategorie	konkrete Ausprägung	Vielfalt		Diskriminierung	
		Zahl[1]	Anteil[2]	Risiko 1[3]	Risiko 2[4]
Geschlecht	transgender	5	0,13%	20,00%	60,00%
sexuelle Orientierung	homosexuell	80	2,04%	18,75%	28,75%
„ethnische Herkunft"	nicht-deutsch	132	3,47%	18,18%	25,00%
sexuelle Orientierung	andere sexuelle Orientierung	17	0,43%	17,65%	29,41%
Religionszugehörigkeit	Islam	52	1,35%	17,31%	30,77%
Religionszugehörigkeit	Judentum	7	0,18%	14,29%	28,57%
Elternschaft	Kinder im Vorschulalter im Haushalt	106	2,74%	12,26%	23,58%
chronische Krankheit	physisch und psychisch	33	0,87%	12,12%	36,36%
Alter	ab 30 Jahre	261	7,60%	6,90%	21,07%
„ethnische Herkunft"	deutsch mit Migrationshintergrund	356	9,35%	4,49%	16,29%
politische Orientierung	politisch eher rechts	169	5,52%	3,55%	14,20%
soziale Herkunft	niedrige soziale Herkunft	601	23,15%	3,33%	17,97%
sexuelle Orientierung	bisexuell	132	3,36%	3,03%	20,45%
Geschlecht	weiblich	2.462	63,05%	3,01%	13,16%
chronische Krankheit	psychisch	147	3,88%	2,72%	23,81%
chronische Krankheit	physisch	323	8,53%	2,48%	23,84%
soziale Herkunft	eher niedrige soziale Herkunft	753	29,01%	2,39%	14,08%
politische Orientierung	politisch eher links	916	29,94%	2,18%	16,48%
soziale Herkunft	eher hohe soziale Herkunft	641	24,69%	2,03%	9,83%
Geschlecht	männlich	1.438	36,82%	1,18%	12,38%
soziale Herkunft	hohe soziale Herkunft	601	23,15%	0,83%	10,98%
politische Orientierung	politische Mitte	1.974	64,53%	0,51%	11,96%
Alter	bis 29 Jahre	3.174	92,40%	0,44%	11,31%
Religionszugehörigkeit	Christentum	2.463	63,81%	0,37%	11,77%
„ethnische Herkunft"	deutsch ohne Migrationshintergrund	3.320	87,18%	0,27%	11,60%
chronische Krankheit	keine chronische Krankheit	3.285	86,72%	0,24%	10,96%
Religionszugehörigkeit	Keine Religion	1.277	33,08%	0,23%	14,25%
Elternschaft	keine Kinder	3.757	97,26%	0,05%	12,59%
sexuelle Orientierung	heterosexuell	3.698	94,17%	0,03%	11,22%
Religionszugehörigkeit	Buddhismus	17	0,44%	0,00%	29,41%
Religionszugehörigkeit	Andere Religion	40	1,04%	0,00%	12,50%
Religionszugehörigkeit	Hinduismus	4	0,00%	0,00%	0,00%

1 absolute Zahl der Fälle, die die konkrete Ausprägung in Bezug auf ihre eigene Person angegeben haben
2 Anteil der Nennung der Ausprägung an allen gültigen Antworten der entsprechenden Diversitätskategorie
3 Risiko Studierender mit der konkreten Ausprägung aufgrund derselben diskriminiert zu werden
4 Risiko Studierender mit der konkreten Ausprägung aus irgendeinem Grund diskriminiert zu werden
Quelle: eigene Darstellung.

In der dritten Spalte (Zahl) ist die absolute Zahl der Nennungen abgetragen, die von allen Befragten im Kapitel zur Vielfalt gemacht wurden: Unter allen Befragten gaben beispielsweise fünf als Geschlecht transgender an, 80 als sexuelle Orientierung homosexuell usw. In der vierten Spalte (Anteil) wurde diese absolute Zahl ins Verhältnis gesetzt zur Zahl gültiger Antworten auf die entsprechende Frage oder Fragen. Die fünf Befragten, deren Geschlecht transgender ist, haben einen Anteil von 0,13 Prozent an allen gültigen Antworten zu der Frage nach dem Geschlecht. Die 356 Deutschen mit Migrationshintergrund haben einen Anteil von 9,35 Prozent an jenen Fällen, die in allen zur Ermittlung des Migrationshintergrunds relevanten Fragen eine gültige Angabe gemacht haben.

Die fünfte Spalte (Risiko 1), nach der die Tabelle sortiert ist, enthält das Risiko, aufgrund der in Spalte 1 genannten Kategorie diskriminiert zu werden, wenn eine Person die in Spalte 2 genannte Ausprägung aufweist. Am Beispiel Geschlecht – weiblich – dargestellt bedeutet das, dass 3,01 Prozent aller Befragten, die die Frage nach ihrem Geschlecht im Vielfaltsteil des Fragebogens mit „weiblich" beantwortet haben, gleichzeitig im Diskriminierungsteil des Fragebogens angegeben haben, aufgrund ihres Geschlechts diskriminiert worden zu sein. Die letzte Spalte (Risiko 2) hingegen stellt den Bezug zum Auslöser nicht her, sondern stellt das allgemeine Diskriminierungs*risiko* für die in Spalte 2 genannte Ausprägung dar: 13,16 Prozent der Befragten, die ihr Geschlecht mit weiblich angegeben haben, haben im Diskriminierungsteil des Fragebogens angegeben, mindestens einmal eine Diskriminierung selbst erlebt zu haben. Dies trifft zu, unabhängig davon, ob sie später zum Auslöser noch Stellung genommen haben oder nicht und auch unabhängig vom Auslöser, auch wenn er angegeben wurde (d.h. beispielsweise unabhängig davon, ob bei jenen, die weiblich sind, auch aufgrund des Geschlechts diskriminiert wurde oder beispielsweise aufgrund des Migrationshintergrundes).

Auf mögliche Verzerrungen, bspw. für das Risiko 1, dadurch, dass je befragter Person ausschließlich der Auslöser für den schwersten und keine für weitere Fälle erhoben wurden oder, soweit das überhaupt feststellbar ist, auf Abweichungen der Verteilung von der Grundgesamtheit aller Studierender der CAU, wird im Rahmen der kritischen Würdigung noch näher einzugehen sein. An dieser Stelle muss vor allem festgehalten werden, dass die Aussagekraft über das Risiko für einige Ausprägungen aufgrund der teils sehr kleinen Fallzahl recht begrenzt ist.[10]

---

10 Dass aber eine die jeweilige Fallzahl vergrößernde Zusammenfassung der Ausprägungen an dieser Stelle unterblieben ist, begründet sich mit der Heterogenität der Ergebnisse: Wären Islam, Judentum, Buddhismus und Hinduismus den „anderen Religionen" zugeschlagen worden, wäre das der Fallzahl des Items sehr zuträglich gewesen, die Ergebnisse hätten sich aber gegenseitig neutralisiert und wichtige Erkenntnisse verschleiert.

Zwei besonders wichtige Aspekte sollen an dieser Stelle noch herausgestellt werden:

Erstens schützt das akademische Umfeld offensichtlich nicht davor, dass insbesondere Minderheiten besonders hohen Diskriminierungsrisiken ausgesetzt sind. Unter den acht Dimensionen mit dem mit großem Abstand höchsten Risiko aufgrund dieser Ausprägung diskriminiert zu werden, ist lediglich eine, die über 3 Prozent und keine, die über 5 Prozent aller Befragten angegeben haben. Minderheiten tragen offenbar das höchste Diskriminierungsrisiko. Im Gegensatz dazu liegen *nahezu* alle Dimensionen der jeweiligen Kategoriemehrheiten im unteren Drittel und weisen kein nennenswertes Diskriminierungsrisiko auf.

Zweitens schließt dieses „*nahezu*" insbesondere zwei Ausprägungen nicht ein: Unter den 16 Dimensionen mit den höchsten Diskriminierungsrisiken weisen lediglich zwei Ausprägungen Anteile von über zehn Prozent der Befragten auf: Jene, die unterhalb der ersten Quartilsgrenze in der Verteilung nach der sozialen Herkunft liegen und die weiblichen Studierenden, die 63,05 Prozent der Befragten stellen. Zwar liegt ihr Risiko mit 3,01 Prozent nur bei einem Bruchteil der gefährdetsten Minderheiten, aber dennoch deutlich höher als das relevanter Mehrheitsgruppen.

Aus dem Bisherigen wird deutlich, dass die Erschließung von Handlungsfeldern zweier Zugänge bedarf: Es müssen sowohl die absoluten Fallzahlen als auch die relativen Risiken betrachtet werden, wenn die Problematik Diskriminierung in ihrer ganzen Breite in Angriff genommen werden soll.

Diskriminierungscharakteristika

Für die Planung konkreter Antidiskriminierungsmaßnahmen ist es bedeutsam zu wissen, welche Erfahrungen konkret gemacht wurden, so u.a. in welchem Kontext, an welchem Ort und von wem die Diskriminierung ausging. Während für den situativen Kontext und die Quelle der Diskriminierung eindeutige, genau prozentuierbare Antworten erforderlich waren, waren bei der Angabe zur Form der Diskriminierung Mehrfachantworten möglich. Für die Form, das *wie* der Diskriminierung, beziehen sich die Prozentzahlen daher auf die Häufigkeit der Nennung der einzelnen Antwortmöglichkeit gegenüber jenen, die zwar Diskriminierungserfahrungen gemacht, diese Antwortmöglichkeit als Form aber nicht genannt haben. Die mit 43,0 Prozent von den meisten Diskriminierten genannte Angabe bestand in der „Herabwürdigung/Bloßstellung der Person", gefolgt von „sozialer Ausgrenzung/Mobbing" (29,2 Prozent), „Herabsetzung erbrachter Leistungen" (26,2 Prozent) und „Beleidigung/Beschimpfung" (22,4 Prozent). Von den weiteren Formen, die mit einigem Abstand von weniger Befragten genannt wurden, sei noch „Sexuelle Belästigung" mit 4,3 Prozent angeführt. Wichtig für weitere Maßnahmen sind die Quellen der Diskriminierung. Sie sind zu nahezu gleichen Teilen primär auf Kommilitonen und Kommilitoninnen (41,9 Prozent) sowie Dozenten und Dozentinnen (38,9 Prozent) zurückzuführen. Dies spiegelt sich im situativen Kontext: 40,0 Prozent der Vorfälle ereigneten sich in der „Lehre", d.h. in Lehrveranstaltungen, weitere 11,7 Prozent im Lehrkontext, wie Sprechstunden oder Flurgesprächen. Bei 16,2 Prozent bildete die Infrastruktur (Gebäude, Wege, Zugänge usw.) den situativen Kontext, in 8,8 Prozent der Fälle die Freizeit- und Sportaktivitäten an der Universität. Hingegen bot die Verwaltung eher selten Anlass zur „Beschwerde", weder als situativer Kontext, noch in Form der Verwaltungsangestellten als Quelle. Allerdings muss einschränkend auch berücksichtigt werden, dass die Kontakthäufigkeit und damit die Häufigkeit potenzieller Diskriminierungssituationen zwischen Studierenden untereinander oder Studierenden und Lehrenden in der Regel bedeutend größer ist als zwischen Studierenden und Verwaltungsangestellten. Weitere Antwortmöglichkeiten zum situativen Kontext und der Diskriminierungsquelle spielten lediglich eine untergeordnete Rolle.

Für die Hochschule ist dieses Ergebnis, nämlich die hohe Zahl der Dozenten_innen als Auslöser, eine große Herausforderung. Auch wird im Ergebnis der Untersuchung nun darauf hin gearbeitet, dass auch die Studierendenvertretung sich mit dem beunruhigenden Ergebnis hinsichtlich der Diskriminierungen unter den Studierenden befasst.

Zur Beschreibung der Situation mit eigenen Worten hatten wir zudem eine offene Frage vorgesehen. Dies ist nicht nur deshalb sinnvoll, weil hier auf die Form und Art und Weise des Vorfalls genau eingegangen und damit deutlich wird, was Studierende als diskriminierend empfinden (an anderer Stelle wurde die Form über vorgegebene Kategorien wie u.a. „Beleidigung/Beschimpfung", „Herabwürdigung", „Sexuelle Belästigung" abgefragt), sondern auch zur Erfassung der Organisations*kultur* unabdingbar. 488 Studierende haben hier Angaben gemacht, die zum Teil bedenkliche Situationen schilderten. Aus anderen Untersuchungen bekannte Ausschließungsmechanismen gegenüber Frauen wurden hier bestätigt.[11] Andere Schilderungen bezogen sich auf unterstellte oder hervor-

---

11 Beispiel (Auszüge): 1. „Ein Dozent bekam bei einer Feier mit, dass ich gern nach meinem Abschluss promovieren möchte und riet mir vor anderen Dozenten, stattdessen lieber zu heiraten. Ich habe übrigens nur hervorragende Noten bekommen, auch von ihm selbst. Ähnliche ‚Ratschläge' hat er auch anderen weiblichen leistungsstarken Kommilitoninnen erteilt." 2. „(…) Kommentare auf dem Flur von einem Professor, wie *Oh, gehen Sie schon? Behindern die Kinder mal wieder die Forschung*? In Gesprächen mit anderen Kollegen von meinem Professor der Einwand: *Bedenken Sie, die Doktorandin hat Kinder, da ist sie natürlich terminlich nicht so flexibel.*"

gehobene Sprachunkenntnisse und damit auf Migrationshintergrund,[12] auf sexuelle Orientierung, soziale Herkunft[13] und weitere der benannten Auslöser. Bauliche Ausschließungsmechanismen ergeben sich v.a. in Hinblick auf Behinderung. Insbesondere konnten über die qualitativen Daten – die noch weiter auszuwerten sind – aber auch Aspekte identifiziert werden, die in unseren quantitativen Antwortkategorien noch nicht enthalten waren und die ganz offensichtlich einen nennenswerten Teil der beschriebenen Fälle betreffen. So wurden die Herkunft aus Ostdeutschland und der vorherige Besuch einer Fachhochschule mehrfach als Auslöser für Beleidigungen und Diskriminierungen benannt.[14]

Reaktion und Kenntnis von Beratungsstellen

Der Umgang mit der Diskriminierung ist bedeutsam für die Verarbeitung des Erlebten. Über die Hälfte der Betroffenen mit mindestens einer diskriminierenden Erfahrung, die sich dazu geäußert haben, sprachen anschließend „mit Freunden/Bekannten/Angehörigen" darüber (54,7 Prozent, auch hier waren Mehrfachnennungen möglich), 25,1 Prozent haben nach eigenen Angaben das „Vorkommnis ignoriert/verharmlost" und 22,5 Prozent versuchten, der Person oder Situation in Zukunft auszuweichen. Defensive Strategien dominieren somit deutlich den Umgang mit Diskriminierungen. Lediglich 15,2 Prozent gaben an, das Verhalten offen angesprochen zu haben, weitere offensive Strategien weisen noch weit geringere Werte auf. Auffällig ist insbesondere, dass nur 1,3 Prozent der Betroffenen das Ereignis offiziell gemeldet oder zur Anzeige gebracht und lediglich 2,7 Prozent der Betroffenen professionelle Hilfe oder Beratung in Anspruch genommen haben.

---

12 Beispiel (Auszüge): 1. „(…)Ein ausländischer Student stellte einem Dozenten Fragen, weil er ein Thema nicht verstanden hat. Die Antwort war: *Wenn Sie die deutsche Sprache nicht beherrschen, dann fahren Sie nach Hause zurück.*" 2. „Obwohl ich ein abgeschlossenes Deutschstudium mit sehr guter Note nachweisen konnte, stellte der Direktor des Instituts generell fest, dass meine Deutschfähigkeit in keinem Fall so gut sein könnte wie die von jemandem, der die deutsche Sprache mit der Muttermilch aufgesogen hat." 3. Ein Beispiel in Bezug auf Migrationshintergrund: „In der Umkleide ist ein Kommilitone persischer Herkunft als Kameltreiber, Bombenleger uvm. betitelt worden."
13 Beispiel: „Bei der Besprechung einer Hausarbeit beschimpfte mich der Dozent, eine proletarische Ausdrucksweise zu haben, und dass solche Leute nicht an die Universität gehören. Ich komme aus einer Arbeiterfamilie, was er wusste."
14 Beispiel: „Bei einer Studentenparty wurde eine Kommilitonin, die aus der ehemaligen DDR kommt, wegen ihrer Herkunft beleidigt. *Immer wenn sie auftaucht, würde Ostwind aufkommen! Ihre Klamotten hätte sie wohl Honecker geklaut!* und weitere feindliche Anschuldigungen. Als ich zu erkennen gab, dass ich auch aus dem Osten bin, waren sie dann sehr erstaunt und meinten nur *oh, das sieht man dir gar nicht an.*"

Hier bestätigt sich eine unserer Erwartungen, dass die Anlaufmöglichkeiten, die es an Universitäten gibt, zu wenig bekannt sind. Dies bestätigt auch eine spezifizierte Frage dazu: 84,8 Prozent aller Befragten, die geantwortet haben (Betroffene und Nicht-Betroffene) kennen keine (!) Beauftragte/n oder Beratungsstellen, an die sie sich wenden können. Bekannt sind in erster Linie der ASTA und die Gleichstellungsbeauftrage, gefolgt vom psychologischen Beratungsdienst.

Kritische Würdigung und Ausblick

Aufgrund des inhaltlichen Umfangs der erhobenen Daten konnten hier nicht alle Ergebnisse und Auswertungen vorgestellt werden. Insbesondere auf die Vielzahl der Bezüge, die sich aus der Gegenüberstellung von Diversitätskategorien und Diskriminierungserfahrungen oder Diskriminierungserfahrungen und Studienleistungen ergeben, konnte nicht angemessen eingegangen werden.

Rückblickend ist festzustellen, dass sich insgesamt die Organisation der Befragung als hilfreich erwiesen hat: Der Zeitraum, in dem auf den Link zugegriffen werden kann, darf nicht zu lang sein, sonst gerät die Befragung in Vergessenheit und nicht zu kurz, wenn der Fragebogen wie in diesem Fall sehr umfassend ist. Der Versand von Erinnerungsmails trug entscheidend zu der hohen Rücklaufquote bei. So war zu beobachten, dass sich bereits ab dem vierten Tag nach der Einladung und dem dritten Tag nach einer Erinnerungsmail das Antwortverhalten auf äußerst niedrigem Niveau einpendelte, die Reaktionen auf die beiden Erinnerungsmails die Kurve der Reaktion auf die Einladung aber jeweils auf etwas schwächerem Niveau nachzeichneten und so in der Summe über die Hälfte des Rücklaufs stellen. Der Sinn und Hintergrund der Erhebung muss deutlich gemacht werden. Das Interesse kann erhöht werden, indem die Ergebnisse transparent gemacht werden.

Kritisch ist zu reflektieren, dass trotz der hohen Zahl an Befragten in einigen Kategorien Abweichungen zur Grundgesamtheit auftreten. Frauen sind mit 63,0 Prozent unter den Befragten gegenüber 53,7 Prozent unter allen Studierenden überrepräsentiert, nicht-deutsche Studierende mit 3,4 Prozent unter den Befragten gegenüber 7,4 Prozent unter allen Studierenden deutlich unterrepräsentiert. Über die Gründe hierfür lässt sich lediglich spekulieren: Der Fragebogen stand ausschließlich auf Deutsch zur Verfügung, auch das Anschreiben war einsprachig gehalten. Dann besteht die Möglichkeit, dass Studierende, die lediglich ihr Auslandssemester hier verbringen, weniger Interesse an der Organisationsentwicklung der Universität haben oder sich hiervon nicht betroffen fühlen. Der höhere Frauenanteil mag indizieren, dass Frauen ein stärkeres Interesse an der Thematik haben, möglicherweise auch vor dem Hintergrund, dass sie öfters Diskriminierungen ausgesetzt sind – was die Unterrepräsentanz Nicht-Deutscher noch unterstreichen würde, da auch diese ein überdurchschnittliches Diskriminierungsrisiko aufweisen. Diese Gründe lassen sich auf Basis der vorliegenden Daten jedoch nicht prüfen.

Trotz der eindringlichen Bitte im Anschreiben, im Sinne der Diversitätserfassung auf jeden Fall teilzunehmen, ist ein gewisses Selektions-Bias in Bezug auf die Diskriminierungserfahrungen ohnehin anzunehmen, wobei unklar bleibt, wie sich dieses auswirkt: antworten verstärkt Betroffene, so dass die Realität überzeichnet wird? Oder ist davon auszugehen, dass von schweren Fällen Betroffene sich eine erneute Konfrontation mit der Situation, wie sie die detaillierte Befragung zweifelsfrei darstellt, nicht zumuten wollen, so dass eine additive Dunkelziffer anzunehmen ist? Wenn beides zutrifft, welcher Effekt wiegt schwerer?

Hinzuweisen ist an dieser Stelle auch noch einmal auf die Erhebung der konkreten Diskriminierungsfälle: Es sollte der jeweils schwerste Fall geschildert werden. Die logische Folge dieser Erhebungsform ist, dass in diesem Teil die schweren Fälle in dem Maß überrepräsentiert sind, wie es Befragte gibt, die mehr als einen Fall erlebt oder beobachtet haben. Damit können auch jene Merkmale überrepräsentiert sein, die eher bei schweren Fällen und seltener bei leichten Fällen auftreten. Gleichzeitig heißt das aber auch, dass die Zahl der absoluten Fälle auch in der Gruppe der Befragten weitaus höher liegt, als die absolute Zahl an Angaben zu den Diskriminierungsfällen, da alle weiteren, im Verhältnis zum beschriebenen Fall leichteren Fälle gar nicht in die Statistik mit eingehen. Diese Abweichungen sind dem Umstand geschuldet, dass es den Befragten nicht zugemutet werden konnte, diesen umfangreichen Fragebogenteil für jeden einzelnen erlebten oder beobachteten Fall auszufüllen – immerhin haben 39,9 Prozent all jener, die schon selbst diskriminiert wurden, dies schon mehrfach erlebt und 52,6 Prozent all jener, die schon eine Diskriminierung beobachtet haben, haben noch weitere Diskriminierungen beobachtet. Wie auch immer man also diese Abweichungen bewertet, zu einer Verharmlosung oder Banalisierung der Situation kann dieser Umstand keine Beihilfe leisten.

Entscheidend für die Veränderung der Organisationskultur und die Umsetzung der Idee einer diskriminierungsfreien Hochschule ist die Kommunikation der Erkenntnisse nach innen und einer damit verbundenen Sensibilisierung. Die Ergebnisse wurden in der Steuerungsgruppe der CAU diskutiert und es wurden Maßnahmen vereinbart. Der Senat befasste sich in einer Sitzung intensiv mit dem Thema und den Ergebnissen und formulierte eine Reihe von möglichen Maßnahmen. Weiterhin wurden sie in der Versammlung der wissenschaftlichen Mitarbeitenden vorgetragen und besprochen. Wie oben erwähnt, wird eine Homepage eingerichtet und auch die Studierendenvertretung wird sich hoffentlich des Themas annehmen. Ob die Hochschule sich auch weiterhin dem Thema Diskriminierung widmen wird, bleibt abzuwarten.

Besonderer Dank für ihre Mitarbeit an der Gestaltung und Umsetzung des Vorhabens gilt den Studierenden des auf zwei Semester angelegten Lehrforschungsprojekts unter Leitung von Fabian A. Rebitzer mit den Seminaren „Design und Datenerhebung" im Wintersemester 2010/11 sowie „Datenauswertung mit SPSS" im Sommersemester 2011 (in alphabetischer Reihenfolge): Michaela Bahr, Geeske Bernert, Nicole Bettin, Kristin Bockler, Jan-Christian Böhm, Tanja Carstens, Claus Dschüdow, Vivian Hachmann, Steffen Heberlein, Isabel Jasper, Ronald Koark, Nina Krüger, Jana Lindemann, Julia Neven, Christina Norden, Sören Pinnekamp, Johannes Raabe, Denise Ralf, Paul Rönicke, Berit Schlachta, Marco Schmidt, Bo Philipp Schramm, Larissa Schuller, David Schulz, Triin Vahtra, Marianne Witt und Rebecca Zenke.

Anna Bouffier, Petra Kehr, Andrea Wolffram
und Carmen Leicht-Scholten

Diversity Monitoring als Instrument des Diversity Managements an Hochschulen

Der Bereich der Wissenschaft ist traditionell von einem hohen Anteil internationaler Akteurinnen und Akteure gekennzeichnet, die den akademischen Betrieb einer Hochschule mit einem Blick von außen befruchten und dazu beitragen, die wissenschaftliche Arbeit interkulturell zu gestalten und Innovationen in der Forschung voranzutreiben. In den vergangenen Jahren ist überdies nicht nur in der Wirtschaft, sondern auch im universitären Bereich ein deutlicher Trend hin zu einer zunehmenden Internationalisierung zu erkennen, der zu einem wachsenden Anteil von internationalen Mitarbeiterinnen und Mitarbeitern an den Hochschulen führt. Parallel dazu wurde insbesondere auf Anregung des Wissenschaftsrats eine Entwicklung des deutschen Hochschulsystems hin zu mehr Selbstverwaltung der Hochschulen angestoßen (vgl. Leicht-Scholten 2011). Mit neuen Freiheiten und Aufgaben ausgestattet, sollen an Hochschulen auf diese Weise die Voraussetzungen geschaffen werden, um angesichts der zunehmenden Internationalisierung und globalen Konkurrenz um die „besten Köpfe" auch im internationalen Kontext wettbewerbsfähig zu bleiben und weiterhin Zukunftsfähigkeit und Innovationskraft in Deutschland sicherzustellen. Daher nimmt für die Hochschulen die Notwendigkeit zu, sich auf dem Bildungsmarkt verstärkt zu positionieren und vermehrt exzellente Beschäftigte zu gewinnen und langfristig an der Hochschule zu halten (Leicht-Scholten 2008). Die Erschließung von Potentialen aus der Diversität von Personen für das Wissenschaftssystem wird vor diesem Hintergrund zu einem Zukunftsthema für die Hochschulen.

Doch nicht nur bundesweite hochschulpolitische Überlegungen und nationale Interessen im Kontext globaler Entwicklungslinien zwingen die Hochschulen in Deutschland zu einer Auseinandersetzung und Selbstreflexion ihrer Strategien und Handlungsmaximen in Hinblick auf eine diversity-gerechte Gestaltung. Auch aus dem Bildungsauftrag, welcher den Hochschulen in Deutschland zufällt, ergibt sich die Anforderung, für eine zunehmend heterogene Studierenden- und Mitarbeitendenschaft Chancengleichheit auf allen Ebenen der Hochschule zu realisieren. Diese Situation führt die ökonomische Frage und die Frage nach Chancengerechtigkeit zusammen.

So kommt die Autorengruppe Bildungsberichterstattung im Bildungsbericht aus dem Jahr 2010 zu dem Ergebnis, dass die soziale Selektivität beim Übergang in die Hochschule trotz diverser politischer Interventionen weiterhin besteht und sich die Disparitäten im sozialen Sektor trotz einer insgesamt zunehmenden Beteiligung am tertiären Bildungsbereich als stabil erweisen (Autorengruppe Bildungsberichterstattung 2010). Bildungsbenachteiligungen für Menschen mit bestimmten Merkmalen lassen sich statistisch insbesondere in Bezug auf die Faktoren sozioökonomischer Status, Migrationshintergrund sowie Geschlecht belegen. So korreliert die Wahrscheinlichkeit einer Universitätsausbildung beispielsweise mit dem Bildungshintergrund der Eltern (ebd.). Weiterhin konnte in Hinblick auf Personen mit Migrationshintergrund festgestellt werden, dass dieser Teil der Bevölkerung seltener ein Studium aufnimmt als deutsche Staatsbürgerinnen und Staatsbürger ohne Migrationshintergrund (ebd.). Der Anteil der Studierenden mit Migrationshintergrund im Erststudium lag im Jahr 2009 bei gerade einmal 11 Prozent (Isserstedt et al. 2010: 500), während im gleichen Jahr circa ein Fünftel der Bevölkerung Deutschlands einen Migrationshintergrund hatten (Statistisches Bundesamt 2010: 7).

Auch im Zuge des prognostizierten Fach- und Führungskräftemangels wird das Thema Bildungsgerechtigkeit für die Hochschulen zu einem zentralen Thema. Um die Nachfrage nach talentierten Wissenschaftlerinnen und Wissenschaftlern decken zu können, wird es für die Hochschulen unabdingbar werden, diverse wissenschaftliche Potentiale auf allen Ebenen auszuschöpfen und in die Organisation Hochschule zu integrieren. Für die Hochschule bedeutet dieser Ansatz nicht nur Heterogenität wahrzunehmen, sondern darüber hinaus die Integration von Diversität in die Organisationskultur der Hochschule (vgl. Heinrich-Böll-Stiftung 2011 und darin insbesondere Leicht-Scholten).

Besonders für technische Hochschulen wie die Rheinisch Westfälische Technische Hochschule Aachen (RWTH Aachen), die traditionell eine geringere Partizipation von Frauen in MINT-Fachbereichen (Mathematik, Informatik, Naturwissenschaft und Technik) aufweisen, ist die Rekrutierung einer diversen Studierenden- und Mitarbeitendenschaft zu einem Schwerpunktthema der Hochschulpolitik geworden (IGaD 2008).

Vor diesem Hintergrund implizieren diese Entwicklungen für die Hochschulen, dass sie sich in den kommenden Jahren verstärkt der Schaffung von institutionellen Rahmenbedingungen widmen müssen, um auf diese Weise ein nachhaltiges Personal- und Organisationsmanagement sicherzustellen (Leicht-Scholten/Wolffram 2010). Perspektiven und Strategien müssen erweitert werden, um neue, vielfältige Zielgruppen zu gewinnen. Die Berücksichtigung von Diversität und der Umgang mit ihr in der Organisation Hochschule in Form eines Diversity Managements ist demnach eine zwingende Notwendigkeit, der sich Hochschulen öffnen und stellen müssen.

Monitoring in der Praxis

Im Rahmen der Hochschulentwicklung müssen Instrumente entwickelt und angewandt werden, um diesen neuen Gegebenheiten gerecht zu werden. So wird an der RWTH Aachen ein Instrument des Diversity Monitorings entwickelt, welches im Hochschulkontext eine Weiterentwicklung und Erweiterung des Diversity Managements befördert. Generell kann durch ein Diversity Monitoring zum einen die Vielfalt innerhalb einer Organisation abgebildet und dargestellt werden. Zum anderen schafft das Monitoring die nötigen Voraussetzungen, um mögliche Einfallstore für Diskriminierungen und Chancenungleichheiten sowie die Unterrepräsentanz verschiedener Personengruppen im Rahmen einer diversity-gerechten Organisationskultur zu identifizieren.

Unter dem Begriff „Monitoring" wird im Allgemeinen ein Instrument der Qualitätsbewertung verstanden, welches im Gegensatz zur Evaluation die quantitative, aber auch qualitative, fortlaufende Erhebung von Daten sowie anderer Informationen beinhaltet (Löther 2009).

Das Monitoring ist kein neues Instrument und findet in vielfältigen Bereichen bereits Anwendung. Ethnic Monitoring, das heißt die Erhebung von Daten über die Lebenssituation von ethnischen Minderheiten, hat beispielsweise in Ländern wie Großbritannien und den Niederlanden als Instrument der Gleichstellungs- und Antidiskriminierungspolitik eine lange Tradition (Heinrich-Böll Stiftung 2009). Ziel des Ethnic Monitorings ist es, Problemlagen zu analysieren und sichtbar zu machen sowie das Ausmaß von Diskriminierungen und die Wirksamkeit von Maßnahmen und Integrationsstrategien zu verfolgen. Im Rahmen der deutschen Antidiskriminierungspolitik kommt das Ethnic Monitoring bisher hingegen nicht zum Einsatz. Allerdings hat im Rahmen der deutschen Integrationspolitik ein Integrations-Monitoring Einzug gehalten. Hier geschehen derzeit die ersten Schritte in Form der Entwicklung von systematisch vergleichenden Daten und Indikatoren (ebd.).

Auch im Kontext des Diversity Managements an deutschen Hochschulen ist das Monitoring ein junges Instrument. Die Universität Duisburg-Essen nutzt das Instrument im Rahmen ihres Diversity Managements mit dem Fokus auf Studierende. Als Grundlage für die Entwicklung von Diversity-Maßnahmen wurde eine umfangreiche Studierenden-Vollerhebung auf freiwilliger Basis durchgeführt. In Kombination mit einer sekundäranalytischen Auswertung vorheriger Teilerhebungen münden sie in die Erarbeitung eines Indikatorensystems, welches als Grundlage für ein periodisches Diversity Monitoring genutzt werden soll. Ziel der

Hochschule ist es, auf diese Weise ihr Diversity Management zu überprüfen und zu dokumentieren (Rektorat der Universität Duisburg-Essen 2009: 20).

Die CHE Consult GmbH hat im Rahmen des Projekts „Vielfalt als Chance" mit CHE-QUEST ein für Deutschland neues Instrument der Studierendenbefragung für den Einsatz im Kontext des Diversity Managements an Hochschulen entwickelt. Ziel der Befragung ist es, die wechselseitigen Anpassungsprozesse zwischen den Studierenden und der Hochschule sowie den Grad dieser Adaption an die Anforderungen und Bedingungen des Studiums zu erfassen. Den partizipierenden Hochschulen wird auf diese Weise die Überprüfung der Rahmenbedingungen des Studiums im Hinblick auf adaptionssteigernde bzw. -hemmende Faktoren ermöglicht (CHE Consult GmbH 2011). Bei der Auswertung der Befragung agiert das Instrument mit acht verschiedenen Studientypen mit jeweils unterschiedlichen Voraussetzungs- und Anpassungsmerkmalen an die Bedingungen des Studiums. Auf der Grundlage dieser Studientypen bildet CHE QUEST die Komplexität und Vielfalt der Studierenden ab und bietet Hochschulen darüber hinaus eine neue Grundlage für Handlungsansätze, Maßnahmen und Entscheidungen im Hinblick auf die Modifikation von Studienbedingungen und Anforderungen (ebd.).

Monitoring-Instrumente finden demnach bereits Einsatz im Kontext von politischen Bestrebungen im Bereich von Diversity und angrenzenden Handlungsfeldern und zielen darauf ab, Vielfalt auf diese Weise sichtbar zu machen und eine Basis für weiterführende Handlungsansätze zu generieren. Vielen dieser Konzepte gemein ist ihr Ansetzen bei der deskriptiven Beschreibung von Diversität. Dies findet seinen Grund häufig darin, dass im hochschulischen Kontext die Datenlage zur Bemessung von Diversität nicht selten Defizite aufweist, was beispielsweise darauf zurückzuführen ist, dass personenbezogene Daten aus datenschutzrechtlichen Gründen nicht umfassend erfasst oder verwendet werden dürfen.

Diversity Monitoring an der RWTH Aachen

Im Kontext des Diversity Managements zur Implementierung von Diversity an Hochschulen als Organisationen greifen Monitoring-Instrumente in diesem Sinne aber zu kurz. Zu einer zweckmäßigen und aussagekräftigen Abbildung von Diversität im Hochschulbereich ist dies aus unserer Sicht nicht ausreichend. Im vorliegenden Beitrag schlagen wir daher eine umfassende Konzeption eines Diversity Monitorings als Erweiterung bestehender Konzepte für die Anwendung an Hochschulen vor.

Mit dem Ziel der diversity-gerechten Gestaltung der Organisation Hochschule gilt es zunächst Methoden zu generieren, mit deren Hilfe der gegenwärtige Entwicklungsstand in Bezug auf Diversität in den verschiedenen Bereichen der Institution abgebildet werden können. Doch wo und wie kann sich Diversität in der Hochschule darstellen? Zur Beantwortung dieser Frage werden im Diversity Monitoring der RWTH Aachen zunächst drei Kernebenen unterschieden, auf denen Diversität untersucht werden kann.

Die erste betrifft den Bereich der *Strukturen*, der daraufhin betrachtet werden soll, inwieweit sich innerhalb der Hochschulstruktur Institutionen, Maßnahmen und/oder Handlungsfelder identifizieren lassen, die die Realität von existierender Vielfalt in der Hochschule auf struktureller Ebene abbilden und belegen. Zu diesen können beispielsweise Maßnahmen und Institutionen gerechnet werden, die sich an bestimmte diversity-relevante Zielgruppen richten sowie Instrumente der Organisationsentwicklung wie Strategiepapiere, in denen Diversität berücksichtigt wird. Durch strukturelle Screenings, in denen derartige Elemente aufgezeigt und sichtbar gemacht werden, wird ein Beitrag zum Prozess der Bewusstseinsbildung geleistet, der wiederum einen Wandel hin zu einer diversity-gerechten Organisationskultur befördert.

Die zweite Kernebene bezieht sich auf den *statistischen Niederschlag* von Diversität. Diese kann sich in verschiedensten Methoden der Datenerhebung widerspiegeln, wie beispielsweise hochschulinternen sowie -externe Statistiken oder auch Befragungen von Hochschulmitgliedern und dergleichen. Auch diese Ebene zielt somit auf eine Abbildung des gegenwärtigen Status Quo, jedoch bezüglich der zahlenmäßigen Verteilung existierender Vielfältigkeit innerhalb der Hochschule. Doch auch über solche Maßnahmen wird dazu beigetragen Diversität sichtbar zu machen, um einen Wertewandel in der Organisation anzustoßen.

Diversity Monitoring sollte sich entgegen seiner herkömmlichen Verwendungsweise nicht darauf beschränken, lediglich zu dokumentieren wie sich Diversität innerhalb der Hochschule strukturell oder statistisch niederschlägt. Vielmehr bedarf es zudem einer qualitativen Bewertung von Diversity-Aspekten, die die bestehenden Ansätze um eine Evaluation auf einer dritten, *konzeptionellen Ebene* erweitert. Um Diversität nachhaltig als querschnittliches Gestaltungsprinzip zu etablieren, bedarf es der Inklusion von Diversity-Aspekten in allen Organisationsbereichen. So sollten sämtliche organisationalen Handlungsbereiche der Hochschule sowie Maßnahmen und Institutionen grundlegend auf ihre konzeptionelle Berücksichtigung von Diversity-Aspekten überprüft werden. Durch diesen Ansatz im Diversity Monitoring der RWTH Aachen werden somit alle drei Ebenen, in denen sich Diversität bemessen lässt, integriert, wie es Abbildung 1 illustriert.

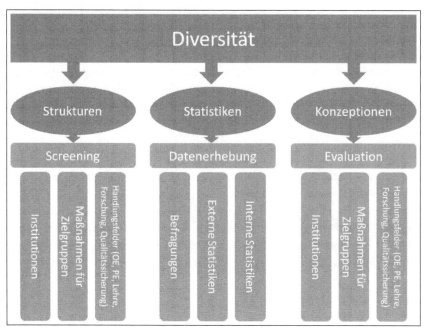

Abbildung 1: Diversity Monitoring an der RWTH Aachen
Quelle: Eigene Darstellung.

Im vorliegenden Beitrag wird das Diversity Monitoring der RWTH Aachen beispielhaft als Instrument zur Bemessung von Diversität an Hochschulen anhand von drei Projekten an der RWTH Aachen veranschaulicht. Diese betreffen jeweils einen der drei Analyseebenen *Struktur*, *Statistik* und *Konzeption*.

Für die Ebene der *Struktur* wird das „Diversity Screening" vorgestellt, in dem sämtliche Maßnahmen mit Bezug auf die an der RWTH Aachen schwerpunktmäßig bearbeiteten Diversity-Dimensionen zusammengestellt und systematisiert werden. Die Ebene der *Statistik* wird durch die „Mentoring-Systeme" abgedeckt, in deren Rahmen personenbezogene Daten der Studierenden auf freiwilliger Basis erfasst und für die Analyse zugänglich gemacht werden, während für die Beschäftigten der RWTH Aachen die entsprechenden Daten vorliegen. Schließlich wird die Bearbeitung der Ebene der *Konzeption* durch das Projekt „Gender- und Diversity-orientierte Maßnahmenevaluation an der RWTH Aachen" (DiEva) illustriert, in dem für jeden der fünf bestehenden Bereiche der Hochschulorganisation (Personalentwicklung; Organisationsentwicklung; Work-Life-Balance, Lehre sowie Forschung) nicht nur ein systematisierendes Screening des angebotenen Gesamtprogramms von Maßnahmen durchgeführt wird, sondern überdies die konzeptionelle Ausgestaltung und inhaltliche Umsetzung einzelner Maßnahmen mit einem Fokus auf Gender- und Diversity-Aspekten qualitativ evaluiert wird.

Diversity auf struktureller Ebene: Diversity Screening

Das Diversity Screening der RWTH Aachen gibt einen Überblick über die vielfältigen Angebote, Maßnahmen und Aktivitäten, die sich an alle Angehörigen der Hochschule mit ihren diversen sozialen und kulturellen Lebensrealitäten und damit unterschiedlichen Bedarfen sowie Belangen richten. Ziel ist es, über die breite Palette der bereits bestehenden Aktivitäten der Hochschule im Zusammenhang mit Diversity-Dimensionen zu informieren und diese für alle Hochschulangehörigen sichtbar zu machen. Aus diesem Grund wurden ausgehend von den von der RWTH Aachen identifizierten fünf Diversity-Zieldimensionen Bildungsgerechtigkeit (a), Internationalisierung (b), Familiengerechtigkeit (c), Barrierefreiheit (d) sowie Geschlechtergerechtigkeit (e), die für die RWTH Aachen von besonderer Relevanz sind, die Aktivitäten den einzelnen Statusgruppen der Hochschule zugeordnet. Das Diversity Management der RWTH Aachen verfolgt einen Potential-Ansatz, in dessen Fokus die Aktivierung vorhandener Potentiale steht. Ziel ist es durch Maßnahmen und Angebote die vielfältigen Kompetenzen der Hochschulangehörigen zu fördern und in die Hochschule zu integrieren. Im Folgenden sollen die jeweiligen Diversity-Zieldimensionen näher erläutert und kurz dargestellt werden.

Bildungsgerechtigkeit bedeutet für die RWTH Aachen nicht nur einen Abbau der Bildungsbenachteiligung, sondern ebenfalls die Förderung besonders talentierter Studierender sowie Nachwuchswissenschaftlerinnen und -wissenschaftler, die es neben der Identifikation von strukturellen Barrieren zu fördern gilt. Im Rahmen der Forschung widmet sich die RWTH Aachen dem Thema Bildungsgerechtigkeit durch das Projekt „Same Same but Different"[1]. Diese interdisziplinär angelegte Untersuchung analysiert die Bildungsgerechtigkeit an Hochschulen im Hinblick auf die Strukturkategorie Geschlecht.

Die RWTH Aachen versteht die *Internationalisierung* der Hochschule als einen qualitativ orientierten Prozess und misst besonders der Internationalisierung der Hochschulbereiche Bildung und Forschung einen hohen Stellenwert bei. Ziel der RWTH Aachen ist es den Anteil der internationalen Studierenden sowie der internationalen Wissenschaftlerinnen und Wissenschaftler zu erhöhen und für alle Hochschulangehörige ein attraktives und interkulturell geprägtes Studien- und Forschungsumfeld zu schaffen (RWTH Aachen 2010).

Die Benennung der *Familiengerechtigkeit* als Zieldimension der RWTH Aachen zielt auf die Förderung der Vereinbarkeit von Beruf bzw. Studium und Familie ab und soll der Gewinnung von Beschäftigten und Studierenden mit Familienaufgaben dienen sowie ihre Bindung an die Hochschule fördern. Die RWTH Aachen legt der Familiengerechtigkeit einen umfassenden Familienbe-

---

[1] Für weitere Informationen zum Forschungsprojekt http://www.gdi.rwth-aachen.de/forschung/sasadi/.

griff zu Grunde[2], der neue familiäre Perspektiven der Hochschulangehörigen fokussiert.

Die Verwirklichung und Etablierung von *Barrierefreiheit* ist ebenfalls ein wesentlicher Bestandteil des Gender und Diversity Managements der RWTH Aachen. Das langfristige Ziel ist nicht nur eine uneingeschränkte physische Zugänglichkeit zur Hochschule, sondern die Entwicklung hin zu einer Barrierefreiheit der Hochschule auf *allen* Ebenen und für alle Hochschulangehörige.

Die Zieldimension der *Geschlechtergerechtigkeit* ist für die RWTH Aachen als Technische Hochschule mit einer traditionell monokulturell geprägten Geschlechterperspektive ein zentrales Thema und stellt ebenso eine besondere Herausforderung dar. Geschlechtergerechtigkeit wird dabei als wichtiges Qualitätskriterium für exzellente Wissenschaft verstanden (vgl. Deutsche Forschungsgemeinschaft 2010). Die RWTH Aachen verfolgt konsequent ihr Ziel, eine signifikante Steigerung des Frauenanteils auf allen Statusebenen der Hochschule zu erreichen.

Durch das Screening der Maßnahmen und Aktivitäten der Hochschule für die dargestellten Zieldimensionen und die dahinterstehenden diversity-relevanten Statusgruppen wird die Vielfalt innerhalb der Hochschule sichtbar gemacht.

Diversity auf statistischer Ebene: flächendeckendes Mentoringsystem

Um Diversity innerhalb der Hochschulgemeinde und insbesondere unter den Studierenden einer Hochschule zu erfassen, gibt es eine Vielzahl von Möglichkeiten. Neben eigens dafür entwickelten Erhebungsinstrumenten wie dem CHE-QUEST für Studierende der CHE Consult GmbH, lässt sich die Ermittlung von diversity-relevanten Merkmalen konzeptuell ebenfalls in Programme integrieren. In der Praxis hat dies an Hochschulen den Vorteil, dass diversity-relevante Merkmale generiert werden können ohne zusätzliche Gelder für eine spezifische Erhebung von Daten aufwenden zu müssen. Als Beispiel für dieses Prinzip dient das Vorgehen im „flächendeckenden Mentoringsystem", welches einen Bestandteil des erfolgreichen Antrags „RWTH 2020 Exzellente Lehre" darstellt, das ab Oktober 2011 an der RWTH Aachen umgesetzt und vom Bundesministerium für Bildung und Forschung im Rahmen des Bund-Länder-

---

2 Der Familienbegriff der RWTH Aachen wurde im Rahmen des Auditierungsprozesses zur familiengerechten Hochschule entwickelt (http://www.igad.rwth-aachen.de/pdf/Familien gerechteHochschule_RWTH_Flyer.pdf). Für weiterführende Informationen zum „audit familiengerechte hochschule" an der RWTH Aachen http://www.igad.rwth-aachen.de/worklifebalance/audit.htm.

Programms für bessere Studienbedingungen und mehr Qualität in der Lehre finanziert wird.[3]

Mit dem Ziel den Studienerfolg gewährleisten und optimieren zu können, fokussiert der Ansatz des Mentoringsystems auf Studierende in der Studieneingangsphase, da eine Analyse von Studienverlaufsdaten der Studierenden an der RWTH Aachen ergab, dass Studienabbrüche insbesondere während der ersten Semester auftreten. Überdies zeigen Studienabbruchstudien (z.b. Wolffram et al. 2009; Heublein et al. 2010), dass Studienabbrüche durch eine frühzeitige Berücksichtigung der Bedürfnisse von Studierenden sowie mithilfe von daran anknüpfenden Unterstützungsangeboten insbesondere im Bereich der Organisation des Studiums und seiner Vereinbarkeit mit anderen Anforderungen reduziert werden können. Vor diesem Hintergrund bietet die RWTH Aachen seit dem Wintersemester 2011/12 Mentoringgespräche flächendeckend für alle Studierenden an, die in den ersten Semestern ihres Studiums weniger als zwei Drittel der zu erreichenden Credit Points erzielt haben oder ein drittes Mal vor einer Prüfung stehen. Darüber hinaus werden ebenfalls Mentoringgespräche mit den besten 10 Prozent der Studierenden zu Beginn des dritten Studiensemestern geführt, um Unterforderungen zu vermeiden und auch sie in der persönlichen Entwicklung ihrer Potentiale möglichst optimal zu fördern.

Um den heterogenen Bedürfnissen dieser Studierenden individuell Rechnung zu tragen, wurden im Instrument der Mentoringgespräche die Berücksichtigung von diversity-relevanten Aspekten implementiert. Neben den studienbezogenen Leistungen und Informationen wird durch speziell geschulte Fachstudienberaterinnen und -berater, den so genannten Mentorinnen und Mentoren, sehr differenziert die individuelle Gesamtsituation der einzelnen Studierenden betrachtet. Auf diese Weise werden Belastungs- und Problemfaktoren, die ihre Studiensituation kennzeichnen und ihren Studienerfolg negativ beeinflussen, ausfindig gemacht. Diese Faktoren können aus einer Vielzahl von Ursachen resultieren, die von Verständnisschwierigkeiten von internationalen Studierenden, über Vereinbarkeitsproblematiken von Personen mit familiären oder anderen außeruniversitären Verpflichtungen, bis hin zu Finanzierungsengpässen oder Prüfungsängsten reichen können. Indem nicht einzelne diversity-relevante Gruppen adressiert werden, sondern einzelfallbezogen angesetzt und agiert wird, werden Stereotypisierungen und Reduktionen auf einzelne Personengruppen vermieden und stattdessen Studierende mit ihren individuel-

---

3 Das Projekt steht im Rahmen des durch den Stifterverband für die Deutsche Wissenschaft und die Kultusministerkonferenz der Länder (KMK) ausgezeichneten Zukunftskonzepts „Studierende im Fokus der Exzellenz" der RWTH Aachen, in welchem der Förderung von Studierenden und der Verbesserung der Lehre eine wesentliche Bedeutung zukommt. Für weiterführende Informationen http://www.rwth-aachen.de/cms/root/Die_RWTH/Profil/Lehre/~ccbd/Exzellente_Lehre/.

len Merkmalskonstellationen in ihrer Diversität angesprochen. Auf dieser Grundlage werden den Studierenden anknüpfend an die analysierten Problemfelder Vorschläge und Angebote unterbreitet, wie ihre Situation verbessert werden könnte und ihnen Unterstützung bei der Erreichung der Studienziele zur Verfügung gestellt werden könnte.

Die Mentoringgespräche für besonders begabte Studierende sind vergleichbar konzipiert. Neben der Bedürfnisabfrage werden daran anknüpfend ebenfalls für diese Studierendengruppe weiterführende Förderungsmöglichkeiten gesucht und Beratungen für die weitere Karriereplanung angeboten, um die Studierenden dabei zu unterstützen, ihr Potential möglichst gut entfalten zu können.

In der praktischen Umsetzung werden die Mentoringgespräche anhand eines umfassenden, standardisierten Fragebogens dokumentiert, der die differenzierten diversity-orientierten Themenkomplexe enthält. Die entsprechenden Angaben werden ausgewertet und auf diese Weise den Fakultäten fundierte Informationen hinsichtlich zentraler Problemfelder in der Studieneingangsphase sowie über die Diversität der Studierendenschaft unter Berücksichtigung des Schutzes personenbezogener Daten für die weiterführende Nutzung zugänglich gemacht.[4]

Diversity auf konzeptioneller Ebene: Gender- und Diversity-orientierte Maßnahmenevaluation an der RWTH Aachen (DiEva)

Im Rahmen des durch Bund und Länder initiierten „Professorinnenprogramms" führt das Lehr- und Forschungsgebiet „Gender und Diversity in den Ingenieurwissenschaften" in der Fakultät für Bauingenieurwesen der RWTH Aachen seit Januar 2012 eine Evaluation der an der RWTH Aachen angebotenen Maßnahmen für die verschiedenen Statusgruppen (Schülerinnen und Schüler, Studierende, Promovierende, Postdocs sowie Juniorprofessorinnen und -professoren) der Hochschule durch. Das Projekt „Gender- und Diversity-orientierte Maßnahmenevaluation an der RWTH Aachen" (DiEva) vereint dabei verschiedene Elemente des vorgestellten Diversity Monitoring-Ansatzes, um die Berücksichtigung von Diversity-Aspekten innerhalb der Hochschule zu untersuchen. Das Forschungsprojekt unter der Leitung von Prof. Dr. Carmen Leicht-Scholten wechselte Ende 2011 vom „Integration Team – Human Re-

---

4 Für ausführliche Informationen http://www.rwth-aachen.de/cms/root/Die_RWTH/ Profil/Lehre/Exzellente_Lehre/Ziele_Kernbereiche/Kernbereich_Studierende/~cczs/ Mentoringsysteme/

sources, Gender and Diversity Management" (IGAD) zur Professur „Gender und Diversity in den Ingenieurwissenschaften".

Auf struktureller Ebene wird in dem Vorhaben ein Screening des bestehenden Angebots für jede der verschiedenen Statusgruppen vollzogen, um die Abdeckung des Angebots für einzelne Statusgruppen sowie für diversity-relevante Gruppen an der Hochschule zu überprüfen. Bei dieser Systematisierung wird nach den fünf bestehenden Bereichen der Hochschulorganisation (Personalentwicklung, Organisationsentwicklung, Work-Life-Balance, Lehre sowie Forschung) geclustert. So gilt es, Parallelangebote mit ähnlicher Ausrichtung zu identifizieren und gegebenenfalls zusammenzuführen, um so Kapazitäten und Expertisen optimal nutzen zu können. Auch sollen auf diese Weise Leerstellen aufgedeckt werden, an denen eine Ausweitung beziehungsweise eine Verlagerung von Angeboten empfehlenswert erscheinen. Überdies soll der Zugang und die Sichtbarkeit der einzelnen Maßnahmen nach innen und außen erleichtert werden. Darüber hinaus bildet die qualitative Analyse der gender- und diversity-gerechten Gestaltung der Maßnahmen einen weiteren Schwerpunkt des Projekts, der an dieser Stelle fokussiert werden soll, weil das Projekt DiEva ein Beispiel dafür darstellt wie qualitative Elemente der Implementierung von Gender und Diversity auf konzeptueller Ebene untersucht werden können, um auch diese Ebene im Rahmen des Diversity Managements einbeziehen und im Sinne der Qualitätssicherung evaluieren zu können.

Die RWTH Aachen hat sich in ihrem Zukunftskonzept das Ziel der Entwicklung hin zu einer gender- und diversity-gerechten Hochschule gesetzt (RWTH Aachen 2007). Um dieses Ziel erreichen zu können und sich dem Potential von Vielfalt zu öffnen, wurden innerhalb der Maßnahme „Mobilising People"[5] eine Reihe von Maßnahmen eingerichtet, die das Ziel verfolgen, den Anteil von diversity-relevanten Gruppen an der Hochschule einerseits sichtbar zu machen und andererseits zu erhöhen und neue Zielgruppen für die Hochschule zu gewinnen. Um das angestrebte Ziel jedoch erreichen zu können, bedarf es mehr als die Installation von spezifischen Maßnahmen in diesem Sinne. Es ist vielmehr notwendig, Aspekte von Gender und Diversity nachhaltig als *querschnittliches* Gestaltungsprinzip zu etablieren und nicht nur in speziellen, sondern grundlegend in allen Handlungs- und Gestaltungsbereichen durchgängig auf allen Ebenen der Hochschule, für alle Zielgruppen und für alle Maß-

---

5 „Mobilising People" bezeichnet einen der vier spezifischen Maßnahmenansätze des Zukunftskonzepts der RWTH Aachen „RWTH 2020 – Meeting Global Challenges", in welchem ein kohärentes Personal- und Organisationsentwicklungskonzept eingeführt wird, mit dem die Integration von Gender- und Diversity-Aspekten innerhalb der Hochschule angestoßen wurde und seitdem umgesetzt wird. Für weitere Informationen http://www.rwth-aachen.de/cms/root/Die_RWTH/Exzellenzinitiative/Zukunftskonzept/~qiw/Menschen_in_Bewegung_setzen/

nahmen der „People Policy"[6] zu berücksichtigen und dauerhaft zu implementieren. Somit liegt der besondere Ansatz des DiEva-Projektes in der Untersuchung eben jener querschnittlichen Implementierung von Gender und Diversity im Kontext von Maßnahmen der People Policy der RWTH Aachen.

Zunächst wurden die an der Schnittstelle Schule-Hochschule angesiedelten Maßnahmen evaluiert, welche die Zielgruppe der Schülerinnen und Schüler als potentielle Studieninteressierte adressieren. Um der großen Heterogenität der Maßnahmen ausreichend Rechnung zu tragen und die Besonderheit einzelner Maßnahmen berücksichtigen zu können, wurde eine Konzeptevaluation methodisch mithilfe von qualitativen Erhebungs- und Auswertungsinstrumenten gestaltet und umgesetzt.

Auf der Basis einer Dokumentenanalyse der zentralen Strategiepapiere der RWTH Aachen wurden zunächst die zentralen Entwicklungsziele der Hochschule in Form einer Zielmatrix systematisiert, in welcher der Handlungsbereich Gender- und Diversity ein zentrales Ziel-Cluster darstellt. Die generierte Zielmatrix diente anschließend als Grundlage für die Entwicklung des Erhebungs- und Auswertungsinstruments. Die in der Zielmatrix enthaltenen Ziele wurden in einem teilstandardisierten Fragebogen operationalisiert, der die Grundlage für eine mündliche Befragung von Maßnahmenkoordinatorinnen und -koordinatoren bildete. Im Fragekomplex Gender und Diversity wurde deren Implementierung in Form von Fragen hinsichtlich der Einstellung und Sensibilisierung in diesem Themenbereich sowie in Bezug auf konkrete Umsetzungspraktiken und Gestaltungsweisen operationalisiert.

Das entwickelte qualitative Auswertungsinstrument sah vor, anhand der in der Befragung gewonnenen Informationen für jedes Ziel zu beurteilen, ob die jeweilige Maßnahme zum einen in ihrer konzeptionellen Form sowie in ihrer Umsetzungspraxis mit den betreffenden Zielen übereinstimmt (Zielkonformität). Zum anderen wurde eingeschätzt, inwiefern sie einen ihren Möglichkeiten entsprechenden Beitrag zur Erreichung dieses Ziels durch die Hochschule leistet (Zielerreichung). Auf der Basis dieser Beurteilung wurde jedes Ziel hinsichtlich seiner Zielkonformität und Zielerreichung einer von drei Stufen der Kategorisierung (Zielkonformität und Zielerreichung überwiegend gegeben; Zielkonformität und Zielerreichung nur teilweise gegeben; Zielkonformität und Zielerreichung überwiegend nicht gegeben) zugeordnet. Überdies wurden weitere Kategorien verwendet, um auch solche Fälle kennzeichnen zu können, in denen eine Beurteilung nach den genannten drei Kategorien nicht möglich war.

---

6 Im Rahmen ihres Zukunftskonzeptes setzt die RWTH Aachen einen zentralen Schwerpunkt auf die Aktivierung des Potentials ihrer Mitglieder, wie im Titel des betreffenden Maßnahmenansatzes „Mobilising People" zum Ausdruck kommt. In ihrer „People Policy" beschreibt die RWTH Aachen dementsprechend ein kohärentes Personalentwicklungskonzept, das auf die Mobilisierung des Potentials einer diversen Mitgliederschaft zielt.

Die Ergebnisse der Evaluation lagen demnach am Ende der Auswertung in Form einer differenzierten farbcodierten Evaluationsmatrix vor, die für jede der evaluierten Maßnahmen an der Schnittstelle Schule-Hochschule angefertigt wurde. In dieser wird anschaulich darstellt, ob die verfolgten Ziele der RWTH Aachen *überwiegend*, *teilweise* oder *überwiegend nicht erreicht* wurden. Abbildung 2 führt die Evaluationsergebnisse der einzelnen Maßnahmen an der Schnittstelle Schule-Hochschule in einer Übersicht zusammen.

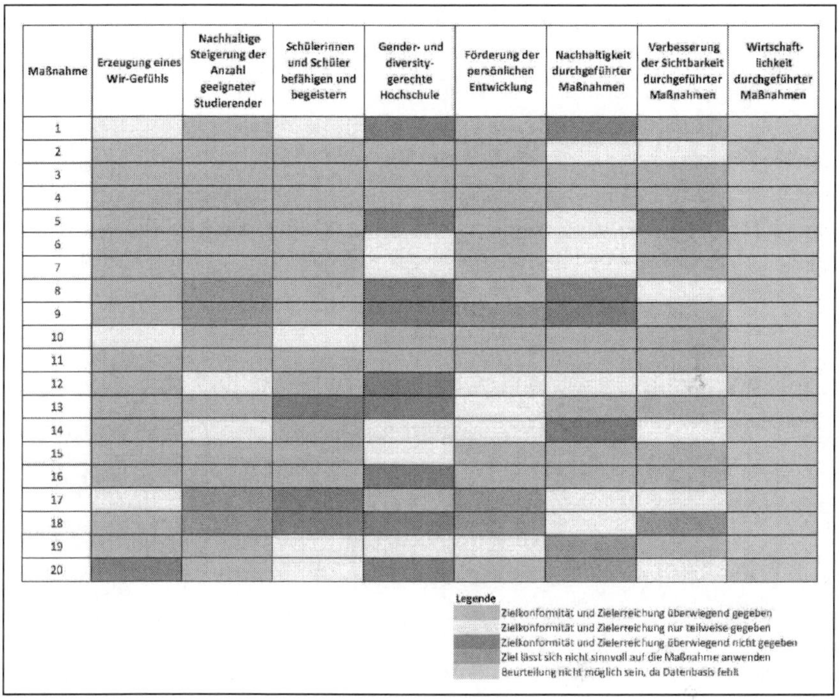

Abbildung 2: Ergebnisse der Maßnahmenevaluation an der Schnittstelle Schule-Hochschule als Evaluationsmatrix in der Übersicht
Quelle: Eigene Darstellung

In der Evaluationsmatrix wird deutlich, dass die Ergebnisse der Auswertung insgesamt für eine hohe Maßnahmenqualität an der RWTH Aachen sprechen und die evaluierten Maßnahmen die Ziele der Hochschule in den acht Clustern gut abdecken. Lediglich im Cluster Gender und Diversity sind deutliche Defizite zu erkennen. Zwar gibt es Maßnahmen, denen es gelingt, Gender- und Diversity-Aspekte erfolgreich zu implementieren, jedoch steht diesen fast eine ganze Hälfte der untersuchten Maßnahmen gegenüber, denen dies überwiegend nicht gelingt sowie ein weiteres Viertel, welches nur teilweise die Zielkonformität und Zielerreichung erfüllt. In der Zusammenschau der Ergebnisse nach Clustern in Abbildung 3 wird besonders deutlich, dass das Cluster Gender und Diversity das mit dem größten Verbesserungsbedarf und Entwicklungspotential darstellt.

Bei der genauen Betrachtung der Analyse der einzelnen Maßnahmen, zeigt sich, dass die mangelnde Berücksichtigung von Gender- und Diversity-Aspekten häufig auf ein fehlendes Bewusstsein bezüglich dieser Dimensionen bei den Ausführenden zurückzuführen ist. Viele der Koordinatorinnen und Koordinatoren der Maßnahmen für Schülerinnen und Schüler verfügen nicht über ausreichendes Hintergrundwissen über unterschiedliche Voraussetzungen von Mädchen und Jungen im Bereich der Studien- und Berufswahl und sind nur wenig vertraut mit den Möglichkeiten einer gender- und diversity-sensitiven Gestaltung ihrer Maßnahmen. Von den Aktivitäten, die in der „mittleren" Kategorie eingestuft wurden und somit zumindest teilweise die adressierten Ziele erfüllen, setzt der Großteil der Maßnahmen Schwerpunkte im Bereich der Geschlechtergerechtigkeit. So sprechen viele von ihnen gezielt Mädchen an und bemühen sich, die besonderen Interessen und Bedürfnisse von Schülerinnen zu berücksichtigen.

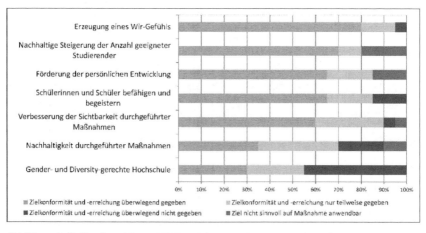

Abbildung 3: Zielkonformität und Zielerreichung in den untersuchten Ziel-Clustern im Kontext der Maßnahmenevaluation an der Schnittstelle Schule-Hochschule
Quelle: Eigene Darstellung

An der Schnittstelle Schule-Hochschule, die an der RWTH Aachen überwiegend das Handlungsfeld der Bildungsgerechtigkeit betrifft, haben jedoch neben dem Geschlecht auch beispielsweise Merkmale wie der familiäre Bildungshintergrund, die soziale Herkunft und die finanziellen Möglichkeiten einer Familie, ein Migrationshintergrund, sprachliche oder physische Fähigkeiten einen Einfluss auf die Berufs- und Studienwahl von Schülerinnen und Schülern sowie auf ihre Zugangs- und Entwicklungschancen an der Hochschule. Vor diesem

Hintergrund sollten auch sie Berücksichtigung in den Maßnahmen finden, was bislang jedoch nur vereinzelt der Fall ist, wie sich in der Evaluation zeigte. Ebenso sollten besonders begabte und hochbegabte Schülerinnen und Schüler sollten an der RWTH Aachen als eine diversity-relevante Gruppe angesehen werden, die durch besondere Bedürfnisse gekennzeichnet ist, wie es beispielsweise durch die Maßnahme „Studieren vor dem Abi"[7] bereits bedacht wird.

Ungeachtet der der sich in der stichprobenhaften Befragung einzelner Maßnahmenkoordinatorinnen und Koordinatoren abzeichnenden eher ungenügenden Berücksichtigung von Diversity-Aspekten in den Angeboten für Schülerinnen und Schüler ließen sich auch Angebote finden, die als gute Beispiele genannt werden können und belegen, dass ein Umdenken an der Hochschule stattfindet und Veränderungen an viele Stellen bereits angestoßen wurden. So veranstaltete beispielsweise das Bürgerforum „RWTHextern" im Sommersemester 2010 eine Vortragsreihe mit dem Thema „Die Lebenswirklichkeit homosexueller Menschen in Deutschland", in der unter anderem im Kontext von Schule und Hochschule für das Thema sensibilisiert wurde. In anderen Maßnahmen wie dem „Schnupperstudium für Schülerinnen"[8] der Zentralen Studienberatung werden Konzepte bewusst reflektiert und Möglichkeiten entwickelt wie auf Rollenstereotype verzichtet werden kann und stattdessen diverse, nicht-stereotype Rollenvertreterinnen und Rollenvertreter präsentiert werden können, um gegenüber Studieninteressierten die Offenheit und Erwünschtheit von Vielfalt an der RWTH Aachen zu signalisieren.

Die Ergebnisse der ersten Evaluationsrunde im Projekt DiEva verdeutlichen die bestehende Notwendigkeit einer Verbesserung im Bereich der konzeptionellen diversity-gerechten Gestaltung der Aktivitäten an der Schnittstelle Schule-Hochschule. Für Hochschulen allgemein lässt sich daraus ableiten, dass ein umfassendes Diversity Management der Hochschulleitung bis auf die einzelnen Maßnahmen der Hochschule wirken muss, um neue wie auch bestehende Zielgruppen individuell und bedürfnisorientiert anzusprechen. Nur so können Hochschulen langfristig eine Qualitätssicherung gewährleisten.

Zwischenbilanz: Diversity Monitoring als Instrument des Diversity Managements an Hochschulen

Im Bereich des Diversity Managements zur Implementierung von Diversity wird das Instrument des Monitoring bislang überwiegend als deskriptives Instrument angewendet. Dies manifestiert sich in der Praxis in quantitativen Aus-

---

7 Weitere Informationen zu dieser Maßnahme unter: http://www.rwth-aachen.de/cms/root/ Studium/Vor_dem_Studium/Liste/~efu/Studieren_vor_dem_Abi/)
8 Für weitere Informationen http://www.rwth-aachen.de/go/id/tkv

zählungen und Beschreibungen. Derartige Ansätze greifen jedoch nicht alle Dimension auf, in denen sich Diversität bemessen lässt. Neben der strukturellen und der statistischen Ebene, auf denen sich Vielfalt wiederfinden lässt, bildet die konzeptionelle Ebene einen weiteren möglichen Bereich für die Untersuchung der Berücksichtigung von Diversität. Im Diversity Monitoring der RWTH Aachen werden die erstgenannten zwei Dimensionen daher um die konzeptionelle Ebene ergänzt, um ein qualitatives Element in die Analyse einzubeziehen.

In der hochschulpolitischen Praxis des Diversity Managements der Hochschule werden im Diversity Monitoring-Konzept Screenings der Hochschulstrukturen durchgeführt und daraufhin untersucht, inwiefern verschiedene Diversity-Dimensionen auf struktureller Ebene berücksichtigt werden und diversity-relevante Gruppen sichtbar gemacht und gefördert werden. Darüber hinaus bemüht sich die RWTH Aachen wie andere Hochschulen auch um eine Abbildung der Diversität ihrer Mitglieder, indem sie im Rahmen der rechtlichen Möglichkeiten auf interne Statistiken zurückgreift sowie eigene Informationen aus bestehenden Aktivitäten als Quellen nutzt. Sie hat ebenfalls die Möglichkeit die Generierung von Daten bei der Entwicklung von neuen Aktivitäten mitzudenken und zu berücksichtigen, wie es im flächendeckenden Mentoringsystem der Fall ist. Auf diese Weise werden zusätzliche Kosten vermieden. Neben der *strukturellen* und der *statistischen* Ebene stellt sich die Hochschule überdies der Herausforderung eine *inhaltliche* Bemessung der Berücksichtigung von Diversität in ihren Aktivitäten vorzunehmen. Im Rahmen der umfassenden Evaluation der Aktivitäten der People Policy der RWTH Aachen im Projekt DiEva wird die Implementierung von Diversity-Aspekten in den Konzepten aller Maßnahmen für die verschiedenen Zielgruppen der Hochschule untersucht. Dabei werden die Maßnahmen den verschiedenen Handlungsfeldern (Organisationsentwicklung; Personalentwicklung, Lehre, Forschung und Work-Life-Balance) zugeordnet und differenziert betrachtet. Diese Analyse bildet eine fundierte Grundlage, auf der nicht nur strukturelle, sondern ebenfalls inhaltliche Verbesserungen erreicht werden können. Mit der Integration des Diversity Monitoring in das Diversity Management der Hochschule macht die RWTH Aachen einen wichtigen Schritt auf dem Weg zur Erreichung ihres Zieles der diversity-gerechten Hochschule. Darüber hinaus lässt sich das beschriebene Instrument des Diversity Monitoring auf der Basis der drei Ebenen Strukturen, Statistiken und Konzeptionen auch in die Praxis anderer Hochschulen übertragen. Die RWTH Aachen bietet damit ein hochschulübergreifendes Instrument an, um Diversity-Aspekte qualitativ bewerten zu können. Die Erweiterung der Evaluation um die konzeptionelle Ebene kann dabei als Grundvoraussetzung angesehen werden, um letztlich Diversität nachhaltig als querschnittliches Gestaltungsprinzip zu etablieren.

Literatur

Autorengruppe Bildungsberichterstattung (2010): Bildung in Deutschland 2010. Ein indikatorengestützter Bericht mit einer Analyse zu Perspektiven des Bildungswesens im demographischen Wandel [im Auftrag der Ständigen Konferenz der Kultusminister der Länder in der Bundesrepublik Deutschland und des Bundesministeriums für Bildung und Forschung]. Bielefeld: W. Bertelsmann Verlag.

CHE Consult GmbH (2011): CHE-QUEST – ein Analysetool für das Hochschulmanagement. Studienrelevante Diversität. Kurzbeschreibung einer Methodik und von ermittelten Studientypen. Gütersloh: CHE Consult GmbH.

Deutsche Forschungsgesellschaft (2010): Grundlagen der DFG Förderung. Wie die DFG Forschung fördert. Website der DFG. Online verfügbar unter: http://www.dfg.de/foerderung/ grundlagen_dfg_foerderung/index.html [Zugriff: 22.05.2012].

Heinrich-Böll Stiftung (2009): Ethnic Monitoring. Datenerhebung mit oder über Minderheiten? Dossier. Berlin: Heinrich-Böll-Stiftung. Online verfügbar unter: www.migration-boell.de/web/diversity/48_2269.asp [Zugriff: 01.09.2011].

Heinrich-Böll Stiftung (Hrsg.) (2011): Öffnung der Hochschule. Chancengleichheit, Diversität, Integration. Dossier, Berlin: Heinrich-Böll Stiftung. Online verfügbar unter: http:// www.migration-boell.de/downloads/integration/Dossier_Oeffnung_der_Hochschule.pdf [Zugriff: 22.05.2012].

Heublein, Ulrich/Hutzsch, Christopher/Schreiber, Jochen/Sommer, Dieter/Besuch, Georg (2010): Ursachen des Studienabbruchs in Bachelor- und in herkömmlichen Studiengängen – Ergebnisse einer bundesweiten Befragung von Exmatrikulierten des Studienjahres 2007/ 08. In: HIS: Forum Hochschule, 2. Hannover: HIS Hochschul-Informations-System GmbH. Online verfügbar unter: www.his.de/pdf/pub_fh/fh-201002.pdf [Zugriff: 01.09.2011].

Integration Team – Human Resources, Gender and Diversity Management (IGaD) (2008): Gender and Diversity Management. Gleichstellungskonzept der RWTH Aachen. Kurzfassung. Aachen: Integration Team – Human Resources, Gender and Diversity Management (IGaD). Online verfügbar im Internet unter: http://www.igad.rwth-aachen.de/pdf/Kurzfassung_GSK_IGaD.pdf.

Isserstedt, Wolfgang/Middendorf, Elke/Kandulla, Maren/Borchert, Lars/Leszczensky, Michael (2010): Die wirtschaftliche und soziale Lage der Studierenden in der Bundesrepublik Deutschland 2009. 19. Sozialerhebung des Deutschen Studentenwerks durchgeführt durch HIS Hochschul-Informations-System. Herausgegeben vom Bundesministerium für Bildung und Forschung (BMBF). Bonn/Berlin: Bundesministerium für Bildung und Forschung (BMBF).

Leicht-Scholten, Carmen (2008): Exzellenz braucht Vielfalt – oder: wie Gender and Diversity in den Mainstream kommt. In: Journal Netzwerk Frauenforschung NRW, Nr. 23, S. 33-39.

Leicht-Scholten, Carmen/Wolffram, Andrea (2010): Managing Gender and Diversity Mainstreaming an Hochschulen im Spannungsfeld zwischen Theorie und Praxis. In: Gender. Zeitschrift für Geschlecht, Kultur und Gesellschaft 2, 2, S. 87-95.

Leicht-Scholten, Carmen (2011): Managing Gender und Diversity Mainstreaming in Zeiten der Exzellenz: alte Schwierigkeiten, neue Herausforderungen, geeignete Maßnahmen. In: Blättel-Mink, Birgit/Franzke, Astrid/Wolde, Anja (Hg.): Neue Karrierewege von Frauen an Hochschulen? Sulzbach/Taunus: Ulrike Helmer Verlag, S. 185-207.

Leicht-Scholten, Carmen (2011): Hochschule öffne dich, oder: Wie Vielfalt und Chancengerechtigkeit Hochschulen stärken. In: Heinrich Böll Stiftung (Hrsg.): Öffnung der Hochschule. Chancengleichheit, Diversität, Integration. Dossier, Berlin: Heinrich-Böll Stiftung, S. 47-51.

Löther, Andrea (2009): Die Qualität von Gleichstellungsmaßnahmen. In: Andresen, Sünne/ Koreuber, Mechthild/Lüdke, Dorothea (Hg.): Gender und Diversity: Albtraum oder Traumpaar? Interdisziplinärer Dialog zur „Modernisierung" von Geschlechter- und Gleichstellungspolitik. Wiesbaden: VS Verlag für Sozialwissenschaften, S. 231-247.

Rektorat der Universität Duisburg-Essen (2009): Hochschulentwicklungsplan 2009-2014 Universität Duisburg-Essen. Online verfügbar unter: www.uni-due.de/imperia/md/content/ webredaktion/2009/hochschul-entwicklungsplan_2009-14.pdf [Zugriff: 01.09.2011].

RWTH Aachen (2010): Internationalisierungskonzept. Online verfügbar unter: www.international.rwth-aachen.de/global/show_document.asp?id=aaaaaaaaaabzoeo [Zugriff: 01.09.2011].

RWTH Aachen, der Rektor (2007): Proposal for the Establishment and Funding of the Institutional Strategy to Promote Top-Level Research: "RWTH 2020 – Meeting Global Challenges". Aachen: RWTH Aachen.

Statistisches Bundesamt (2010): Bevölkerung und Erwerbstätigkeit. Bevölkerung mit Migrationshintergrund. Ergebnisse des Mikrozensus 2009. Wiesbaden: Statistisches Bundesamt.

Wolffram, Andrea/Derboven, Wibke/Winker, Gabriele (2009): Women withdrawers in engineering studies. Identity formation and learning culture as gendered barriers for persistence? In: Equal Opportunities International 28, 1, S. 36-49.

Uta Klein

Gleichstellungspolitiken und Diversitykonzepte an Hochschulen: Problematische oder konstruktive Verbindungen?[1]

Die Gleichstellung von Frauen und Männern im Wissenschaftsbetrieb gehört heute zu den – auch gesetzlich fixierten – Kernaufgaben der Hochschulen. Ausgehend von der Zweiten Frauenbewegung und der Frauen- und Geschlechterforschung, beide waren eng miteinander verflochten, institutionalisierten sich die Gleichstellungsaktivitäten an westdeutschen Hochschulen ab Mitte der 1980er Jahre (Blome et al. 2005).[2] Seitdem hat sich die Gleichstellungspolitik sehr verändert und steht heute im Zuge der Hochschulmodernisierung vor der Aufgabe, Gleichstellungsziele systematisch in die Organisationsentwicklung zu integrieren und zugleich ihre gesellschaftspolitischen Anliegen weiterhin zu transportieren. Die Wissenschaftsorganisationen und Geldgeber üben einen enormen Druck auf Hochschulen aus, wie nicht zuletzt die Vorgaben zur Gleichstellung im Zusammenhang mit der Exzellenzinitiative zeigen.

Unter dem Stichwort Diversity oder Vielfalt werden inzwischen neue Anforderungen an die Hochschulen formuliert. Die Erhöhung der Studierquote und gesellschaftliche Veränderungen insgesamt führen zu einer vielfältigeren Zusammensetzung der Studierendenschaft und Belegschaft. Auch kann eine ungleiche Bildungsteilhabe verschiedener Bevölkerungsgruppen immer weniger legitimiert werden. Nachdem Ralf Dahrendorf im Jahr 1965 auf die damalige Bildungsbenachteiligung von Arbeiterfamilien, Mädchen, katholischer und ländlich lebender Bevölkerungsgruppen hingewiesen und das Recht auf Bildung als „Bürgerrecht" angemahnt hatte, stehen heute Benachteiligungen und Ausschlussprozesse von jungen Menschen mit Migrationshintergrund und aus

---

1 Für die Erlaubnis zur Verwendung des Titels bedanke ich mich bei der Landeskonferenz der Frauenbeauftragten der Hochschulen im Lande Bremen. Die LaKoF Bremen hatte unter gleichnamigem Titel am 20.1.2012 einen Fachtag durchgeführt, auf dem ich Teile des vorliegenden Beitrags vortrug.
2 Für den Aufbau der Frauen- und Gleichstellungspolitik an ostdeutschen Hochschulen vgl. Arndt et al. 1993.

Nicht-Akademiker_innenhaushalten sowie von Menschen mit Behinderungen auf der Agenda.

Eine Diversity-Orientierung der Hochschulen kann so aus gesellschaftlicher Verantwortung und aus Ansprüchen auf Bildungsgerechtigkeit abgeleitet werden. In der Praxis allerdings wird sie nicht selten auf eine betriebswirtschaftliche Sichtweise reduziert. In Deutschland entstammt der Diversity-Diskurs dem wirtschaftlichen Argumentationszusammenhang. Danach ist Vielfalt zu begrüßen, wenn sie bisher unbeachtete Ressourcen erschließt und im Sinne des Ziels der jeweiligen Organisation „Profit" abwirft. Im Unterschied dazu ist Diversity Management an Hochschulen der USA oder in Kanada von der Entstehung und Ausrichtung her mit affirmative action Programmen für Minderheiten und mit Antidiskriminierung verbunden (Vedder 2006a; Werz/Morgan 2010).

Die Beschäftigung mit Diversity Management ist eine (für Deutschland) neue und notwendige Aufgabe der Hochschulen. Einige begegnen den neuen Entwicklungen mit der Einrichtung von Stabsstellen, von Abteilungen oder von Prorektoraten bzw. Vizepräsidien.

Das Verhältnis der Gleichstellungspolitik zu Diversity Management ist bisher ungeklärt. Handelt es sich um austauschbare Strategien? Kann Diversity Management Gender Mainstreaming bzw. Gleichstellungspolitik ersetzen, da Gender ein Aspekt von Diversity ist? Gefährden möglicherweise Diversitystrategien bisherige Interessensvertretungen wie die Frauen- bzw. Gleichstellungsbeauftragten?

In diesem Beitrag werden die beiden Konzepte Gender Mainstreaming und Diversity Management auf ihre Grundlagen hin untersucht. Sind die wissenschaftstheoretischen Annahmen über die Kategorien Diversity und Gender bzw. über Kategorien sozialer und geschlechterbezogener Ungleichheit vergleichbar? Welche Rechtsgrundlagen liegen den Konzepten zugrunde? Welche normativen Leitbilder? Welche Unterschiede bestehen möglicherweise zwischen einem Konzept der *geschlechtergerechten* Hochschule und der *vielfältigen* Hochschule? Beinhaltet Diversity Management eine Antidiskriminierungspolitik oder wenn nicht, wie müsste Antidiskriminierung an den Hochschulen implementiert werden?

Zu Beginn wird ein kurzer Überblick über die verschiedenen Ansätze gegeben. Danach werden Gleichstellungspolitik/Gender Mainstreaming und ihre Bezugskategorie „gender" gegenüber dem Diversity Management und seiner Bezugskategorie „diversity" hinsichtlich folgender Aspekte verglichen: Reichweite der Kategorien, rechtliche Grundlagen, normative Grundlagen, Konzeptualisierung der Hochschule und wissenschaftstheoretische Bezüge. Schließlich werden daraus Folgerungen für die zukünftige Arbeit an Hochschulen abgeleitet.

1. Ansätze an Hochschulen

Frauenförderung / Gleichstellung

Gleichstellungspolitik ist insgesamt, nicht nur an Hochschulen, eng mit der Zweiten Frauenbewegung und feministischen Aktivitäten verbunden, die ab den späten 1970er Jahren in die Institutionalisierung ihrer Anliegen mündeten. Die Hochschulen wurden Mitte der 1980er Jahre durch das novellierte Hochschulrahmengesetz verpflichtet, Ämter für Frauenbeauftragte einzurichten (Blome et al. 2005). Seitdem gaben die verschiedenen Empfehlungen der Bund-Länder-Kommissionen wichtige Impulse in Hinblick auf die „Förderung von Frauen im Wissenschaftsbetrieb" (so der Wortlaut 1989) und später der Chancengleichheit bzw. Gleichstellung von Frauen in Wissenschaft und Forschung. Vorgaben über die konkrete Ausgestaltung der Aufgaben erfolgten auf Länderebene in den jeweiligen Hochschulgesetzen und auch die Vorgaben der Landesgleichstellungsgesetze sind, da auf den öffentlichen Dienst bezogen, gültig für die Hochschulen.

Entsprechende Maßnahmen und Aktivitäten beziehen sich zum einen auf die gesamte Hochschule, zum anderen sind sie in bestimmten Fachdisziplinen bzw. Fachbereichen angesiedelt. Unter *Frauenförderung* werden Maßnahmen verstanden, die sich ausschließlich an Frauen wenden und diesen den Zugang zu bisher verschlossenen Bereichen und Tätigkeiten ermöglichen bzw. sie in ihrer wissenschaftlichen Laufbahn unterstützen. Sie zielen darauf ab, Benachteiligungen für Frauen im Wissenschaftsbetrieb abzubauen und reichen etwa vom so genannten Schnupperstudium und Girls'Day in Fächern und Disziplinen mit einem sehr geringen Studentinnenanteil über Angebote des Mentoring bis zur Mobilisierung des weiblichen Nachwuchses in männerdominierten Bereichen wie den MINT Fächern.

Der Frauenförderung wird nicht selten eine Reproduktion der Marginalisierung vorgeworfen, indem sie Frauen als den „*Sonderfall*" markiere, Frauen als defizitär begreife und eine vermeintliche Differenz der Geschlechter fortschreibe. Im Extremfall wird den Maßnahmen der Frauenförderung eine generelle Wirkungslosigkeit bzw. eine kontraproduktive Wirkung, indem sie geschlechtsspezifische Zuschreibungen reproduziere, konstatiert (Wetterer 1998), die freilich empirisch nicht zu überprüfen ist. Jedoch sollte betont werden, dass der „unglückliche" und mangels besserer Alternativen verwendete Begriff Frauenförderung (der ja nichts anderes meint, als eine Kompensation für Männerbevorzugung) nicht per se Maßnahmen impliziert, die an eine vermeintliche Differenz der Geschlechter anknüpfen. So gehört beispielsweise eine Maßnahme wie das heutige Mentoring, sei es für die Zielgruppe der Promovierenden, sei es für Post-Docs, zum Maßnahmenrepertoire der Frauenförderung und ist Teil notwendiger ausschließlich an Frauen gerichteter Instrumente, um Aufstiegsmöglichkeiten im Wissenschaftsbetrieb zu ermöglichen. Die gegenwärtige Sichtweise dürfte deutlich stärker in die Richtung gehen, die eklatante Ungleichheit als Versagen der Hochschulen zu betrachten statt individuelle Versäumnisse von Frauen anzunehmen.

Gleichstellung umfasst ebenfalls Maßnahmen, die neben Frauen jedoch auch Männer als Adressaten einbeziehen. So gibt es inzwischen an fast allen Hochschulen Weiterbildungs- und Qualifizierungsmaßnahmen mit Gleichstellungsinhalten oder Gender-Bezug. Unter Gleichstellungsmaßnahmen fallen vor allem aber Maßnahmen zur Organisationsentwicklung – dies kann beispielsweise die Aufnahme entsprechender Ziele und Verpflichtungen in den Leitbildern der Hochschule und in den Zielvereinbarungen sein.[3] Neu für die deutschen Hochschulen sind dual career couple Angebote, die sich an Frauen und Männer richten. Diese Angebote sind der Erkenntnis geschuldet, dass ein Paar heute zwei unterschiedliche Berufslaufbahnen vereinbaren muss und von der Partnerin nicht mehr wie früher zu verlangen ist, ihre berufliche Karriere zu opfern.

An der bisherigen Umsetzung der Gleichstellung wird kritisiert, dass sie in den Hochschulen nicht überall eine hohe Sichtbarkeit habe, die für einen Organisationswandel jedoch notwendig sei; dass ihre Breitenwirkung fraglich sei und ihre Erfolge und Durchsetzungskraft abhängig von der jeweiligen Hochschulleitung sind und dass nicht selten sämtliche Genderthemen an die Gleichstellungsbeauftragte delegiert werden (Blome et al. 2005; Macha et al. 2011; Metz-Göckel 2007; Schlegel 2003).

Ein großer Teil der deutschen Hochschulen konzentriert sich auf Maßnahmen zur Vereinbarkeit von Familie und Beruf bzw. Tätigkeit an der Hochschule bzw. Studium. Besonders das Audit „Familiengerechte Hochschule" wird dabei in Anspruch genommen, zumal es sich auch um eine Maßnahme handelt, die äußerst öffentlichkeitswirksam ist. Die starke Hinwendung zu Angeboten in Hinblick auf die Vereinbarkeit von Familie und Beruf/Studium/wissenschaftliche Laufbahn – „für viele AkteurInnen insbesondere in den Hochschulleitungen stellen sie oft sogar den Kern der Gleichstellung dar" (Gender-Report 2010: 122) – ist nicht ohne Tücken. Aus einer Geschlechterforschungsperspektive ist es unabdingbar, die Zuweisungen der Sphären des Privaten an Frauen und des Beruflichen an Männer abzubauen und anzugreifen, da diese die Geschlechterungleichheit mit verursachen. Die Ansiedlung familienfreundlicher Maßnahmen bei der Gleichstellungsbeauftragten erweckt jedoch den Eindruck,

---

[3] Ich verwende hier den Begriff „Maßnahmen" zur Gleichstellung im Sinne der üblichen Verwendung in der Gleichstellungspolitik und unterscheide Maßnahmen, die sich an konkrete Zielgruppen, d.h. Personen richten und strukturelle Maßnahmen, die Strukturen verändern. Macha et al. verstehen unter Maßnahmen nur ersteres, während sie von „strukturellen Programmen" für letztere sprechen (2011: 172f).

es handele sich um Maßnahmen zur Frauenförderung. Sie sind es zwar insofern, als vor allem Frauen wegen der ungleichen Verteilung der Familienaufgaben Nachteile entstehen. Die Einbindung als Gleichstellungsmaßnahme perpetuiert aber die Verlagerung und Delegation der Familienaufgaben an Frauen.

Sicherlich wirken sich Theorien der Geschlechter*forschung* auf gleichstellungspolitische Positionen und Vorgehensweisen aus. Gleichzeitig sollte die Passungsfähigkeit zwischen Geschlechtertheorie und politischer Praxis nicht überschätzt werden. Allen feministischen Theorien gemeinsam ist das Anliegen, soziale Ungleichheit der Geschlechter in der Gesellschaft aufzudecken und abzubauen. Die anfangs sperrige Rezeption der poststrukturalistischen und dekonstruktivistischen Theorieansätze hat heute bei Frauen- und Gleichstellungsbeauftragten insofern ihre Wirkung gezeigt, als sie den Blick dafür geschärft haben, dass Maßnahmen, die ausschließlich bei Frauen ansetzen und nicht auch den Wissenschaftsbetrieb sowie die Erkenntnisproduktion kritisch hinterfragen, performativ wirken und Geschlechterungleichheit zementieren. Ebenso ist heute die notwendige Differenzierung *zwischen* Frauen entlang weiterer Kategorien wie Behinderung oder Staatsbürgerinnenschaft bzw. Migrationshintergrund unbestritten.

Aus meiner Sicht ist eine Trennung von Frauenförderung und Gleichstellungspolitik – auch wenn es sich um zwei unterschiedliche Strategien handelt – künstlich und nicht weiterführend (vgl. Klein 2012a). Auch die Gleichstellungspolitik greift auf Maßnahmen der Frauenförderung zurück. Beide beziehen sich zwangsläufig auf eine Geschlechtergruppe oder beide und müssen gleichzeitig von einer Konstruktion der Geschlechter ausgehen (Angelika Wetterer nannte dies „paradoxe Intervention", vgl. Müller 1998). Beide fordern die stärkere Partizipation von Frauen am Wissenschaftsbetrieb, müssen aber gleichzeitig den Wissenschaftsbetrieb in seinen männerbündischen Strukturen und seinem androzentristischen Wissenschaftsverständnis dekonstruieren. Am deutlichsten wird dies, wie oben gezeigt, im Fall der Maßnahmen zur Vereinbarkeit von Familie/Care und Beruf/Studium (Gender-Report 2010).

Gender Mainstreaming

Bei Gender Mainstreaming handelt es sich um eine *Strategie*, die Gleichstellung als Querschnittsaufgabe begreift. Genderaspekte sind dabei auf allen Ebenen und in allen Prozessen und Entscheidungen zu berücksichtigen – im Fokus sind Rahmenbedingungen und die gesamte Organisation. Oft vergessen wird, dass die Berücksichtigung der Genderaspekte ein Ziel hat: nämlich zur Gleichstellung beizutragen. Gender Mainstreaming ist vor allem eine Top-Down-Strategie und ist damit auch Aufgabe der Führungs- und Leitungsebene. Deren Zuständigkeit für die strategische Aufgabe Chancengleichheit wird ebenso vom Wissenschaftsrat angemahnt (2007). Gender Mainstreaming ist ein Bestandteil eines Change Managements von Organisationen (Kahlert 2007).

Ein Bekenntnis zu Gender Mainstreaming ist gleichwohl in den Leitbildern an den deutschen Hochschulen selten. Ein Beispiel für die Aufnahme des Gender Mainstreaming Gedankens in das Leitbild ist die Ruhr-Universität Bochum. Es heißt dort: „Die Ruhr-Universität betrachtet die Gleichstellung der Geschlechter als Querschnittsaufgabe und integriert sie in alle Entscheidungsstrukturen und Verwaltungsprozesse." (Gender-Report 2010: 112) In der Außendarstellung der Hochschulen werden insgesamt Gender-Aspekte nicht „in der umfassenden Weise integriert, wie es das Konzept des Gender Mainstreamings erfordert" (ebd.: 113).

Auch in der Praxis kann von einer tatsächlichen Umsetzung der Gender Mainstreaming-Strategie nicht die Rede sein. Der Idee des Gender Mainstreamings kommen zwar einzelne Maßnahmen nahe wie z.B. Entwürfe für Berufungsverfahren unter Gleichstellungsaspekten oder Ausgestaltungen für ökonomische Anreizsysteme. Jedoch spielen der systematische Gender-Mainstreaming-Prozess und die Anwendung entsprechender Methoden und Instrumente, seien es das Gender Impact Assessment, die 3R- oder 4R-Methode oder ein Gender Budgeting in der deutschen Hochschullandschaft bisher keine Rolle. Die Befragungen der Hochschulleitungen oder Führungskräfte der Universitäten, aber auch einiger Frauen- und Gleichstellungsbeauftragten zeigen, dass in der Praxis kaum Unterschiede zwischen Frauenförderung/Gleichstellungspolitik und Gender Mainstreaming gemacht werden, das heißt auch die Kenntnis und Information nicht überall vorhanden ist (so Kahlert 2007; Macha et al. 2011[4]). Dabei könnte die systematische „Durchleuchtung" durchaus zur Transparenz und damit zur Demokratisierung der Organisationskultur der Hochschule beitragen (Kahlert 2007: 139). Die Verantwortlichkeit für den Bereich der Gleichstellung könnte dann aber nicht mehr auf die Frauen- bzw. Gleichstellungsbeauftragte abgewälzt werden, was heute in der Praxis üblich ist.

Gender Mainstreaming steht nicht in Konkurrenz zur bisherigen Frauenförderung oder Gleichstellungsorientierung, sondern ist eine Ergänzung. Gender Mainstreaming ist eine Doppelstrategie, die neben der strukturierten Implementierung einer Gender- und Gleichstellungsperspektive in sämtliche Prozesse und Entscheidungen auch mit dem Instrument der Frauenförderung arbeitet (Klein 2012a).

---

4 Allerdings sprechen Macha et al. auch dann, aus meiner Sicht nicht nachvollziehbar, von Gender Mainstreaming, wenn die benannten Maßnahmen und Ansätze *nicht* der Idee des systematischen Gender Mainstreaming entsprechen. Sie kommen deshalb zu deutlich positiveren Ergebnissen zur Umsetzung von Gender Mainstreaming an den 15 von ihnen untersuchten Hochschulen.

Diversity Management

Diversity Management ist in Deutschland für den Hochschulbereich sehr neu, erfährt momentan aber eine hohe Aufmerksamkeit. Wie anfangs dargestellt, geht es bei Diversity Management um Angehörige verschiedener Gruppen über Geschlechtergruppen hinaus bzw. um die Vielfältigkeit der Hochschulmitglieder. Diversity *Management* beschreibt ein Organisationskonzept und umfasst eine Vielzahl von Maßnahmen. Die Praxis an den Hochschulen beschränkt sich bislang allerdings auf einzelne Projekte bzw. Maßnahmen, eine Stringenz, ein Gesamtkonzept ist (noch) nicht erkennbar. Diversity *Mainstreaming* dagegen wäre analog zu Gender Mainstreaming eine Strategie, mit der systematisch der Gedanke der Förderung von Vielfalt in sämtliche Entscheidungsprozesse hinein getragen wird. Im konkreten Anwendungsbereich an Hochschulen bezieht sich Diversity Management bisher vor allem auf die Zielgruppe der Studierenden, besonders wenn es um Rekrutierung geht. Vereinzelt wird Diversity Management auch im Bereich der Personalführung umgesetzt, dem Hauptanwendungsbereich in der freien Wirtschaft.

Die wachsende heterogene Zusammensetzung der Studierenden steht in der deutschen Hochschulpolitik und Rekrutierungspraxis erst seit wenigen Jahren auf der Agenda, sieht man von dem Bereich der Geschlechtergleichstellung ab. Die Studierendenschaft ist heterogener geworden, dies bezieht sich unter anderem auf soziale Herkunft, auf die Geschlechterfrage, auf ethnische Herkunft, religiöse Zugehörigkeiten oder aber vorherige Qualifizierungen. Zugleich steht der Zugang zu höherer Bildung nicht gleichermaßen allen Bevölkerungsgruppen offen, so dass hier ein dringender Bedarf zur Öffnung der Hochschulen deutlich wird. Ebenso spiegelt die Zusammensetzung der Beschäftigten, der wissenschaftlichen wie Verwaltungskräfte, die gesellschaftlichen Veränderungen wieder. Gerade in der wissenschaftlichen Karriere zeigen sich Schließungsprozesse nicht nur für Frauen, sondern etwa auch in Hinblick auf Migrationshintergrund oder Behinderung (Heitzmann/Klein 2012).

Dabei ist nicht geklärt, auf welche Kategorien sich Diversity bezieht, wie im Folgenden noch ausgeführt wird. Nach den EU-Antidiskriminierungsrichtlinien und dem deutschen Allgemeinen Gleichbehandlungsgesetz (AGG) wären neben dem Geschlecht fünf weitere Zugehörigkeiten bzw. Kategorien zu beachten: sexuelle Orientierung, ethnische Herkunft, Religion/Weltanschauung, Behinderung, Alter. Häufig werden diese als „Big 6" kommuniziert. Besonders für die Hochschule kommt die soziale Herkunft hinzu und ebenso wie für andere Organisationen Themen wie Vereinbarkeit von Familie und Berufsleben und work-life-balance im weitesten Sinne. In der Praxis stehen an deutschen Hochschulen vor allem die folgenden Zielgruppen im Fokus: Frauen, Studierende mit Migrationshintergrund oder aber nicht-deutscher Herkunft,[5] (einige) Studierende mit Behinderung und spätestens seit den PISA-Ergebnissen auch die soziale Herkunft, die im AGG nicht erwähnt ist. Für diese Gruppen weist aus sehr unterschiedlichen Gründen, wie die Beiträge in diesem Buch zeigen, der Hochschulzugang starke Barrieren auf.

Antidiskriminierung

Aus dem Allgemeinen Gleichbehandlungsgesetz (AGG) leitet sich eher die Idee der Antidiskriminierung als die Idee eines Diversity Managements ab. Im Unterschied zu letzterem ist Antidiskriminierung in Deutschland kein beliebter Begriff. Anders in den USA: Gesetzliche Diskriminierungsverbote gehen hier bis zum Civil Rights Act von 1964 zurück und sind verbunden mit so genannten affirmative action Programmen für „Minderheiten" und Frauen zur Förderung der akademischen und beruflichen Teilhabe, d.h. für solche Bevölkerungsgruppen, die historisch benachteiligt wurden (Vedder 2006b). Im Bereich der Tertiären Bildung waren die verschiedenen Programme besonders erfolgreich, sind aber durchaus umstritten und Objekt zahlreicher Gerichtsprozesse gewesen (Werz/Morgan 2010). Ihre Umsetzung erschöpft sich keineswegs in simplen Quotierungen, wie bei uns zuweilen kolportiert wird, sondern besteht aus einer Reihe von Instrumenten.

In Deutschland hat der Begriff Antidiskriminierung erst seit In-Kraft-Treten des Allgemeinen Gleichbehandlungsgesetzes (AGG) erkennbare Relevanz, auch an Hochschulen. Gleichwohl sind Begriff und Konzept an den Hochschulen völlig marginal, wie die Untersuchung der Internetpräsenz deutscher Hochschulen zeigt (Klein/Rebitzer in diesem Band). Das mag nicht zuletzt daran liegen, dass das AGG nach bisheriger Auslegung nicht für Studierende gilt. Gleichwohl ließe sich das Konzept übertragen, um Benachteiligungen und Diskriminierungen abzubauen, und das AGG gilt auf jeden Fall für die Beschäftigten der Hochschule wie in allen Organisationen.

---

5 Für die Problematik der begrifflichen Trennung von Nicht-Deutschen, Deutschen mit Migrationshintergrund, Bildungsin- und Bildungsausländer_innen siehe die Beiträge von Heitzmann/Klein 2012 sowie Klein/Rebitzer in diesem Band.

2. Grundlagen und Praxen von Gender (Gleichstellungspolitik) und Diversity (Diversity Management) im Vergleich

Im Folgenden wird eine Unterscheidung zwischen einer Gender- bzw. Gleichstellungsorientierung und einer Diversityorientierung bzw. eines Diversity-Managements vorgenommen. In Abbildung 1 findet sich eine Übersicht, der sich die entsprechenden Ausführungen anschließen: Untersucht werden Unterschiede und Gemeinsamkeiten hinsichtlich der Bezugskategorien und ihrer Reichweite, der rechtlichen Grundlagen, der normativen Konzepte und der wissenschaftstheoretischen Grundlagen.

Zuständigkeit

Es wurde bereits erwähnt, dass die (gesetzlich verankerte) Zuständigkeit für *Gleichstellungspolitik* bei der jeweiligen Frauen- oder Gleichstellungsbeauftragten liegt. Eine vergleichbare Zuständigkeit für *Diversity Management* gibt es nicht. Dort wo das Konzept verankert ist, liegt die Zuständigkeit bisher beim Rektorat oder Präsidium (so an der Universität Duisburg-Essen) oder es existiert eine Stabsstelle wie an der RWTH Aachen. Das AGG sieht (für die Beschäftigten) eine_n AGG-Beauftragte_n vor. In nicht wenigen Fällen sind diese an Hochschulen nicht bekannt und üben ihre Tätigkeit nicht pro-aktiv aus.

Bezugskategorien

Gleichstellung bezieht sich auf die Kategorie „Geschlecht" und versteht dieses in seiner sozialen, historischen und kulturellen Form (gender), wobei Maßnahmen sich in der ersten Zeit ausschließlich und heute auch noch häufig auf Frauen beziehen.[6]

Für *Diversity* gibt es, wie oben angesprochen, keine verbindliche Definition mit einer Festlegung der Kategorien von Vielfalt. Im Vordergrund stehen bisher in der Praxis für die Studierenden neben Geschlecht Migrationshintergrund, Familienstatus, selten Behinderungen oder chronische Krankheiten, vereinzelt die soziale Herkunft. Die Liste ist gleichwohl (potentiell) unendlich, was mit der Gefahr einer Beliebigkeit verbunden ist. Kaum werden religiöse Zugehörigkeit oder aber sexuelle Orientierung beachtet bzw. thematisiert, was für den Abbau von Diskriminierungen durchaus zu fordern wäre. Innerhalb der Verwaltung gelten die Kriterien des AGG.

---

6 Zum wissenschaftstheoretischen Hintergrund siehe später ausführlicher.

	Gender (Gleichstellungspolitik)	Diversity (Management)
Zuständigkeit	– Frauen-/Gleichstellungsbeauftragte	– keine – Rektorat / Präsidium (u.a. UDE; CAU Kiel) – Stabsstelle (RWTH Aachen) – Abteilung des Gleichstellungsbüros (Goethe Universität Ffm)
Bezugskategorien	– Geschlecht	– „Diversity" ∅ Kategorie; – „Big 6": Geschlecht, Alter, ethnische Herkunft/ Migrationshintergrund, Religion/ Weltanschauung; sexuelle Orientierung; Behinderung – soziale Herkunft; Familienpflichten
Rechtliche Grundlagen	– HRG / HSG der Länder – BGLG/ LGG der Länder → Kernaufgabe	∅ für alle Kategorien/alle Zielgruppen zugleich – Behinderung: UN-Konvention – Behinderung/ausländische Studierende: HRG – „Big 6" bei Beschäftigten: AGG
Normatives Leitbild	– Gleichstellung ist elementarer Bestandteil moderner Gesellschaften	– ökonomische Orientierung: Vielfalt als Ressource – ableitbar durch Bologna auch Bildungsgerechtigkeit: stärkere Teilhabe bislang unterrepräsentierter Gruppen
Konzeptualisierung der Hochschule	– Geschlechtergerechte Hochschule	– Unternehmerische Hochschule bietet Anknüpfungspunkte für Diversity – Konzeptualisierung als Chancengleiche Hochschule bisher ungebräuchlich
Wissenschaftstheoretischer Ansatz	– Gleichstellungspolitik untrennbar mit Geschlechterforschung/ Geschlechtertheorien verbunden – Geschlecht als Kategorie sozialer Ungleichheit und als Kategorie sozialer Differenzierung ∅ Differenz der Geschlechter ✓ Konstruktion des Geschlechts – Kritik an Heteronormativität – Intersektionalität – Wissenschaftskritik	∅ für „Diversity" – Intersektionalität als 1. Schritt ∅ kritische Gesellschaftsanalyse – Anknüpfungsmöglichkeiten an Postcolonial-Studies – DiM: Differenzblick – Antidiskriminierung: Soziale Ungleichheit

Abbildung 1: Unterschiede und Gemeinsamkeiten von Gender (Gleichstellungspolitik) und Diversity (Diversity Management) im Vergleich.
Quelle: Eigene Darstellung.

---

7 Hier bildet die Tabelle die aktuelle Umsetzung ab. Es geht an dieser Stelle nicht um das Wünschenswerte.

Rechtliche Grundlagen

Für die *Gleichstellung der Geschlechter* auch im Hochschulbereich sind seit langem Gesetzesgrundlagen geschaffen worden.[8] Noch beinhaltet das *Hochschulrahmengesetz* sowohl den Auftrag an die Hochschulen, „die tatsächliche Durchsetzung der Gleichberechtigung von Frauen und Männern" zu fördern und „auf die Beseitigung bestehender Nachteile hin [zu wirken]" (§3).[9] Auch soll „die Arbeit der Hochschulen in Forschung und Lehre, bei der Förderung des wissenschaftlichen Nachwuchses sowie der Erfüllung des Gleichstellungsauftrags [...] regelmäßig bewertet werden" (§ 6). Ein konkretes Ziel, nämlich die Erhöhung des Frauenanteils, wird in Bezug auf das wissenschaftliche und künstlerische Personal formuliert. Dazu ist explizit die Förderung von Frauen unter Beachtung des Vorrangs von Eignung, Befähigung und fachlicher Leistung vorgesehen (§ 42). Ein Bezug zur Geschlechtergleichstellung ergibt sich auch aus der Forderung des HRG, die besonderen Bedürfnisse von Studierenden mit Kindern zu berücksichtigen (§ 2). In Zusammenhang mit der Föderalismusreform ist die Rahmengesetzgebungskompetenz des Bundes aus dem Grundgesetz entfernt worden. Die Aufhebung des HRG war mehrfach angekündigt worden, ist aber bislang noch nicht erfolgt.

In den *Hochschulgesetzen der Länder* werden die Aufgaben, Zuständigkeiten und Mitwirkungsrechte der Frauen- und Gleichstellungsbeauftragten der Hochschulen geregelt. Relevant sind aber auch die *Gleichstellungsgesetze für den öffentlichen Dienst* wie das Bundesgleichstellungsgesetz und die Landesgleichstellungsgesetze. Hier sind vor allem Regelungen zur Sicherung der Diskriminierungsfreiheit und zu positiver Diskriminierung beim Zugang zu Ausbildung, Beruf, beruflichem Aufstieg, zu Arbeitszeiten und Rahmenbedingungen, zur Erhöhung des Frauenanteils in Führungs- und Leitungspositionen und zu sexueller Belästigung am Arbeitsplatz relevant. Insgesamt ist deutlich, dass Geschlechtergleichstellung zu den Kernaufgaben der Hochschulen gehört. Vor allem bezieht sich diese Kernaufgabe auf sämtliche Angehörige der Hochschulen. Bei den Verwaltungskräften und wissenschaftlichen Kräften kommen die Gleichstellungsgesetze für den öffentlichen Dienst zum Tragen, die Hochschul-

---

8 Eine Datenbank des CEWS (Center of Excellence Women and Science) gibt einen Überblick über rechtlich relevante Vorschriften auf dem Gebiet des Hochschul- und des Gleichstellungsrechts. Sie beinhaltet Regelungen in den Hochschulgesetzen und auch über die wissenschaftsrelevanten Vorschriften zur Gleichstellung von Männern und Frauen auf Bundes- und Länderebene. Vgl. www.gesis.org/cews/informationsangebote/gleich stellungsrecht/blaettern/ [Stand: 09.09.2011]
9 Hochschulrahmengesetz in der Fassung der Bekanntmachung vom 19. Januar 1999 (BGBl. I S. 18), zuletzt geändert durch Artikel 2 des Gesetzes vom 12. April 2007 (BGBl. I S. 506) [keine amtliche Bekanntmachung] [www.bmbf.de/pubRD/HRG_20070418.pdf].

gesetze beziehen sich dann explizit auf die wissenschaftlichen Kräfte und die Studierenden.

Für ein *Diversity Management* insgesamt bzw. als Gesamtstrategie existieren keine rechtlichen Grundlagen, wenn man alle Kategorien oder Dimensionen (außer Geschlecht, s.o.) in Betracht zieht. In Bezug auf die Beschäftigten ergeben sich aus dem Sozialgesetzbuch IX und verschiedenen Landesgesetzen rechtliche Regelungen für Menschen mit Behinderungen. Diese haben u.a. ein Recht auf eine Schwerbehindertenvertretung. Einen wesentlichen Fortschritt markiert besonders für Studierende mit Handicaps die UN- Behindertenrechtskonvention. Artikel 24 Abs. 5 verlangt von den Vertragsstaaten, sicher zu stellen, dass „Menschen mit Behinderungen ohne Diskriminierung und gleichberechtigt mit anderen Zugang zu allgemeiner Hochschulbildung, Berufsausbildung, Erwachsenenbildung und lebenslangem Lernen haben".[10] Auch Paragraf 2 Abs. 4 des Hochschulrahmengesetzes verpflichtet die Hochschulen, den Zugang zu ihren Angeboten für Studierende mit Behinderungen „möglichst ohne fremde Hilfe" zu gewährleisten.[11]

Aus dem Hochschulrahmengesetz ergibt sich des Weiteren eine Verpflichtung in Hinblick auf zumindest die ausländischen Studierenden (nicht Studierende mit Migrationshintergrund): „sie [die Hochschulen, U.K.] berücksichtigen die besonderen Bedürfnisse ausländischer Studenten" (§ 2).

Schließlich hat das Allgemeine Gleichbehandlungsgesetz (AGG), das 2006 in Kraft trat, die Diskussion an den Hochschulen forciert. Das im AGG ausgesprochene Verbot der Diskriminierung – sowohl direkten als auch indirekten – bezieht sich auf das Geschlecht, die ethnische Herkunft, die Religion oder Weltanschauung, eine Behinderung, das Alter und die sexuelle „Identität" (§ 1 AGG).[12] Es regelt Ansprüche und Rechtsfolgen bei Diskriminierungen sowohl für das Arbeitsleben als auch für das Zivilrecht und gilt damit für die Hochschulen als Arbeitgeberinnen in Hinblick auf die Beschäftigten.

Normatives Leitbild

Die *Gleichstellung* von Frauen und Männern im Wissenschaftsbetrieb wird heute in den Hochschulen auch normativ weitgehend als Desiderat geteilt. Gleichwohl ist die Gleichstellung als Kernaufgabe der Hochschulen nicht in allen Leitbildern der Hochschulen genannt.

Gerade im letzten Jahrzehnt haben die großen deutschen Wissenschaftsorganisationen den Druck zur Gleichstellung erhöht. Die normative Prämisse

---

10 Text der Konvention u.a. unter www.institut-fuer-menschenrechte.de
11 Text vgl. website in Fn. 8.
12 Text vgl. website in Fn. 9.

wird dabei bereits in den frühen Dokumenten betont. So betrachtete der Wissenschaftsrat in seinen „Empfehlungen zur Chancengleichheit von Frauen in Wissenschaft und Forschung" 1998 die „gleichberechtigte Beteiligung von Frauen" unter anderem als ein „Grundrecht" (Wissenschaftsrat 1998). In den neueren Dokumenten werden die Effizienz- und Qualitätsaspekte durch Gleichstellung betont, wie u.a. in der 2006 unterzeichneten „Offensive für Chancengleichheit von Wissenschaftlerinnen und Wissenschaftlern", in der auf das „ungenügend genutzte(s) Potential für unsere künftige Leistungsfähigkeit" hingewiesen wird (Wissenschaftsrat 2007: 151).

Dabei soll nicht übersehen werden, dass in der Praxis Bemühungen um Gleichstellung durchaus auch auf Skepsis und Abwehr stoßen, als Auflagen von außen und als Partikularinteressen wahrgenommen werden. „Es gibt daher nicht per se eine Aufgeschlossenheit für dieses Thema", so Metz-Göckel, „im Gegenteil, diese muss sich erst im Prozess herstellen bzw. hergestellt werden. Und da Interventionen in Routinen eingreifen, ist immer von einem besonderen Legitimationsbedarf und auch von Abwehr auszugehen, wie auch immer diese motiviert ist" (Metz-Göckel 2007: 112). Die Abwehr speist sich auch aus der Überzeugung, dass Wissenschaft geschlechterneutral sei. Der Nachweis eines gender bias ist daher besonders provokant, da er mit „einer der Kernüberzeugungen der wissenschaftlichen Gemeinschaft" konfligiert, nämlich dem Glauben an wissenschaftliche Objektivität (Brouns 2007).

Diversity-Orientierung bzw. *Diversity Management* fußen zuallererst auf einem ökonomischen Interesse, es geht um Wettbewerbsvorteile durch die Berücksichtigung und die Nutzung von Heterogenität und Vielfalt. Hier ist der Unterschied zwischen deutschen/europäischen und US-amerikanischen Ausrichtungen bemerkenswert (Werz/Morgan 2010). An deutschen Hochschulen ist jedoch durchaus zu beobachten, dass Diversity mit einer hohen normativen Wertorientierung kommuniziert wird, die neben wirtschaftlichen Vorteilen auch die sozialen Aspekte betont.

Birnbaum (1983) ist ein Vorreiter, der Begründungen für den positiven Wert von Vielfaltsorientierung in der Tertiären Bildung aufgelistet hat: die Vielfaltsorientierung trifft auf den Bedarf der Studierenden; fördert die Möglichkeit für soziale Mobilität; greift Erfordernisse der Arbeitsmärkte sowie Ansprüche verschiedener Interessensgruppen auf; erlaubt die Kombination von Eliteförderung und „Massenbildung" und erhöht die Effizienz der Einrichtungen. Auch aus bildungspolitischen Dokumenten lässt sich normativ ein Bezug auf Chancengleichheit oder Bildungsgerechtigkeit ableiten. Im Zuge des Bologna-Prozesses wurde einerseits angemahnt, Belange der Studierenden aus sozial benachteiligten Gruppen stärker zu berücksichtigen (so im Jahre 2005 auf der Konferenz von Bergen) und andererseits wurde vereinbart, dass die Länder konkrete Ziele für die Teilhabe, d.h. Zugangsquoten für bislang unterrepräsentierte Gruppen festlegen (Konferenz in Leuven 2009). In der „Budapest-Vienna Declaration on the European Higher Education Area" (2010) wird neben anderen Zielen erneut auf die Verwirklichung des Angebots der höheren Bildung für alle hingewiesen.

So lässt sich Diversity Management durchaus mit Fragen der Bildungsgerechtigkeit und Teilhabe vereinbaren. Allerdings sind die Veränderungen durch den Bologna-Prozess im Hinblick auf soziale Öffnung ambivalent. Pasternack und von Wissel (2010: 47) machen darauf aufmerksam, dass gestufte Studiengänge einerseits inklusiv angelegt werden können – indem durch Stufen das Risiko des Nicht-Erfolgs gemindert wird – andererseits auch exklusiv wirken können, indem der Übergang von Bachelor zum Master mit hohen Hürden ausgestattet ist. Auch sollte nicht übersehen werden, dass der Bologna-Prozess letztendlich ökonomisch motiviert war. Er steht in Zusammenhang mit der Prämisse der *employability*, der stärkeren Orientierung der europäischen Politik auf den veränderten Bedarf, den die Entwicklung zur Wissensgesellschaft (knowledge society) für die Arbeitsmärkte bewirkt (vgl. auch Reichert 2009). In der gesellschaftlichen Debatte besteht heute weitgehend Konsens, dass die Berufsanforderungen eine Erhöhung der Studierquote erfordern: „Daher werden Hochschulen ihre Anstrengungen darauf richten müssen, die Studienangebote so zu gestalten, dass sie von Studierenden trotz unterschiedlicher Voraussetzungen erfolgreich absolviert werden können." (Pasternack/von Wissel 2010: 23)

Die Umsetzung von Diversity an der Hochschule könnte also durchaus von einem Interessenskonflikt begleitet sein, einem Konflikt zwischen denjenigen, die ökonomische Interessen vertreten und denjenigen, die mit Diversity stärkere Teilhabe an Bildung durchsetzen wollen. Ebenso wurde die Gleichstellungsorientierung zwischen Männern und Frauen selbstverständlich immer auch im wirtschaftlichen Interesse gefördert und es zeigen sich ähnliche Gefahren, nämlich dann, wenn es um Exzellenz und Elitediskurse geht und die Ressourcenflüsse – so Neaves Warnung (2000) – eine Polarisierung zwischen „Massenlehre" und Exzellenz bewirken und damit der gleiche Zugang zu öffentlichen Leistungen für alle konterkariert wird.

Konzeptualisierung der Hochschule

Pasternack und von Wissel (2010) arbeiten unterschiedliche Entwürfe programmatischer Konzepte der deutschen Hochschulentwicklung seit 1945 heraus, die verschiedenen normativen Grundlagen folgen und bestimmte Interessenbindungen repräsentieren. Nicht immer sind sie explizit gemacht, sind aber dann Teil der hochschulpolitischen Debatten und enthalten Grundideen zu

Aufgaben der Hochschulbildung. Für unseren Zusammenhang sind die Geschlechter- und Diversitätsfragen als Elemente der Konzeptualisierung interessant.

Das Konzept einer *geschlechtergerechten* Hochschule wird von Pasternack und von Wissel genannt. Es ist ohne die Zweite Frauenbewegung nicht vorstellbar, nachdem der Ausschluss von Frauen aus Bildungsinstitutionen bereits von der Ersten Frauenbewegung thematisiert worden war. Vorangetrieben wurde das Konzept seit Ende der 1970er Jahre vor allem von Wissenschaftlerinnen im Bereich der Frauenforschung, die sich aus der Frauenbewegung rekrutierten bzw. Teil der Frauenbewegung waren, und ihren späteren Studierenden. Ab Mitte der 80er Jahre gelang die Institutionalisierung, vor allem die Einsetzung von Frauen- und Gleichstellungsbeauftragten zur Umsetzung der Aufgaben. Das Konzept „geschlechtergerechte Hochschule" bezieht sich auf organisationale und inhaltliche/wissenschaftliche Dimensionen (Pasternack/von Wissel 2010; Schlüter 2011). Bei der organisationalen Dimension geht es um die Repräsentation von Frauen in der Hochschule sowohl in disziplinären Bereichen als auch in den verschiedenen Hierarchiestufen.[13] Bei den inhaltlichen Dimensionen steht der Androzentrismus der Wissenschaftsdisziplinen sowie der ihnen zugrunde liegenden Theorien im Vordergrund (immer noch relevant: Hausen/Nowotny 1986; Harding 1991; als Überblick s. Singer 2004).

Normativ ist heute ein Stadium erreicht, in dem Hochschulen „in ernst genommene Legitimationsprobleme geraten, wenn sie nicht in der Lage sind, auf Fragen mangelnder Geschlechtergerechtigkeit institutionelle Antworten zu geben" (Pasternack/von Wissel 2010: 39). Die Ziel- und Leistungsvereinbarungen zwischen Hochschulen und Bundesländern enthalten Maßnahmen zur Gleichstellungsförderung. Die jeweiligen Verständnisse dessen, was unter Gleichstellung oder aber Geschlechtergerechtigkeit zu verstehen ist, sind von Hochschule zu Hochschule unterschiedlich. Zu vermuten ist ohnehin, dass sie nicht Ausdruck eines common sense der Leitung und der Gleichstellungsbeauftragten sind, sondern dass sie sehr stark von der Sichtweise, der Konzeptionierung und dem Selbstverständnis einzelner Akteure und Akteurinnen an der Hochschule abhängig sind. In einer Untersuchung der Gleichstellungsaspekte der Zielvereinbarungen der Hochschulen in Sachsen-Anhalt wurde deutlich, dass sie genau dort sehr konkret waren, wo auch die Berichterstattung über den Stand und die Erfolge der Gleichstellungsaktivitäten sehr konkret war (vgl. Kahlert/Burkhart/Myrrhe 2008). Die Zielvereinbarungen im Land Nordrhein-Westfalen unterteilt der Gender-Report bei seiner Analyse in zwei Gruppen. In der ersten finden sich sehr konkrete Vereinbarungen wie z.B. eine Zahl des zu

---

13 Aktuelle Zahlen dazu siehe für den europäischen Vergleich „She Figures 2009" der Europäischen Kommission und CEWS für das jeweils aktuelle Hochschulranking nach Gleichstellungsaspekten.

erreichenden Professorinnenanteils oder die Gründung eines Genderinstitutes. Bei der zweiten Gruppe werden keine konkreten Angaben gemacht, sondern nur Gleichstellungsaktivitäten allgemein genannt (vgl. Gender-Report 2010: 121).

Zunehmend wird Gleichstellung in den Kontext von Neuer Steuerung, von Exzellenz und Qualität gebracht, eine Entwicklung, die durchaus ambivalent ist (Brouns 2007; Metz-Göckel 2007; Klein 2012b). Geschlechtergerechtigkeit hat eine neue Legitimation erfahren und die institutionelle Verankerung ist gestärkt worden, auf der anderen Seite birgt die Entwicklung die Gefahr der „strategischen Aneignung" (Pasternack/von Wissel 2010) des Themas durch Hochschulleitungen. Diese präsentieren dann einzelne Entscheidungen, z.B. Personalbesetzungen sehr öffentlichkeitswirksam, ohne aber eine stringente, systematische Problembearbeitung voranzutreiben (ebd.).

Anders als bei Gleichstellungspolitik existiert bislang kein Konzept einer Diversity-gerechten oder vielfältigen Hochschule. Eine *Diversity-Orientierung* ist jedoch höchst anschlussfähig an die Modernisierungsprozesse, an denen sich Hochschulen in Deutschland zunehmend ausrichten. Nennt man sie nun „unternehmerische Universität", „Hochschule im Wettbewerb" (Pasternack/von Wissel 2010) oder spricht vom „aktivierenden Wissenschaftsmanagement" (Lüthje 2010) – im Vordergrund der Hochschulmodernisierung stehen Leitideen, die stark ökonomisch und betriebswirtschaftlich ausgerichtet sind. Beschleunigend wirkt die Umgestaltung des Verhältnisses von Staat und Hochschulen: die staatliche Einflussnahme verschiebt sich von Detailsteuerung zu einer politischen Gesamtsteuerung, anstelle staatlicher Verordnungen treten Formen des Kontraktmanagements. Über Erfahrungen mit den neuen Formen der Steuerung wie Ziel- und Leistungsvereinbarungen verfügen die Hochschulen inzwischen seit über zehn Jahren. Zugleich ist keine Routine eingetreten, Rankings, Ziel- und Leistungsvereinbarungen und Controllingverfahren sind noch immer umstritten und diskutiert und auch innerhalb der Hochschulen besteht keine Einigkeit über Sinnhaftigkeit und Ausgestaltung (Schimank 2006; König 2007). Schimank spricht gar von einer „Misstrauensfalle" (Schimank 2006: 7).

Zunehmend stehen Hochschulen im nationalen und internationalen Raum in Konkurrenz zueinander, so dass die Ansprache unterschiedlicher Gruppen von Studierenden und Wissenschaftler_innen bedeutender wird.

Wissenschaftstheoretischer Ansatz

Geschlecht wird als Kategorie sozialer Ungleichheit (Geschlecht strukturiert den Zugang zu gesellschaftlichen Ressourcen) und als Kategorie sozialer Differenzierung (an Geschlecht werden unterschiedliche Handlungserwartungen und soziale Zuschreibungen geknüpft) gleichermaßen betrachtet.

Dabei ist nicht unerheblich, wie die Kategorie Geschlecht erkenntnistheoretisch gefasst ist. Hier gehen die Ansätze über die eher makrotheoretisch orientierte Perspektive, die auf die gesellschaftlichen Strukturen blickt, hinaus und fragen nach der „Gemachtheit" von Geschlecht – dem „wie". Der interaktionistische Konstruktivismus beobachtet, wie Geschlecht im Alltag hergestellt wird (doing gender), während der Dekonstruktivismus diskurstheoretisch vorgeht und die symbolische Ordnung und die damit verbundenen Machtmechanismen aufdeckt. Gleichstellungspolitische Bestrebungen laufen dabei jeweils Gefahr, an eine vermeintliche Differenz der Geschlechter anzuknüpfen, auch wenn es an Hochschulen – anders als in privaten Unternehmen – heute eher selten geworden ist, von essentiellen Unterschieden von Männern und Frauen auszugehen. Durch den an Hochschulen geführten Dialog zwischen Gleichstellungsbeauftragten und Geschlechterforscherinnen ist die Problematik solcher Differenzansätze, nämlich dass sie Stereotype über Frauen und Männer und damit das binäre und polare Geschlechterverständnis fortschreiben, deutlich geworden.

In der Geschlechterforschung werden inzwischen unter dem Stichwort Intersektionalität auch die Unterschiede innerhalb der Genusgruppen sowie die Überschneidung verschiedener Kategorien betont. Das heißt, Ungleichheitsrelationen ergeben sich nicht nur entlang der Kategorie Geschlecht, sondern entlang anderer Kategorien wie Ethnizität und Klasse. Für die Gleichstellungspolitik ergibt sich daraus die Notwendigkeit, die Zielgruppen ihrer Maßnahmen genauer zu reflektieren.

Wichtig ist auch, sich hier nochmal in Erinnerung zu rufen, dass die Geschlechterfrage an den Hochschulen nie auf die Frage der Gleichstellung der Beschäftigten und Studierenden und auf die Frage der wissenschaftlichen Karriere reduziert war. Parallel wurden Aktivitäten forciert und Forschungen vorgelegt, die den Androzentrismus der Wissenschaftsdisziplinen aufdeckten. Nicht nur wurde sehr früh gezeigt, dass Leistungen von Frauen zur Entwicklung der Wissenschaften ungenannt, ignoriert, unterbewertet und nicht zur Kenntnis genommen worden waren. Auch der „male bias" der Wissenschaft konnte für viele Disziplinen selbst für die Theoriebildung deutlich gemacht werden. Mit der Geschlechterfrage ist an Hochschulen stets auch Erkenntnis- und Wissenschaftskritik verbunden (Hausen/Nowotny 1986; Harding 1991; als Überblick s. Singer 2004).

Diversity als Begriff ist deutlich unschärfer, vor allem ist Diversity bzw. Vielfalt oder Heterogenität kein wissenschaftlicher Begriff an sich. Problematisch ist, dass Diversity konzeptionell meist als Differenz, als Verschiedenartigkeit betrachtet wird. So ist eine Sicht auf Verschiedenheit notwendig, wenn die

Lebenslage bestimmter Gruppen beachtet werden soll (Krell/Sieben 2011), problematisch wird es aber, wenn die Verschiedenheit entlang der Zugehörigkeitsgruppen gedacht wird. Während die Sichtweise „everyone is different" dekonstruktivistisches Potential hat, kann in der Alltagspraxis die Konzentration auf unterschiedliche ethnische Herkunft oder Homo- und Heterosexualität zu einer Essentialisierung führen. Personen werden als Repräsentant_innen von Gruppen wahrgenommen (ebd.), obwohl Menschen immer mehreren Gruppen zugleich angehören und die Zugehörigkeit je nach sozialem Kontext und Prozess relevant wird oder nicht oder sich in Hybridität, Uneindeutigkeit zeigt. Identitäten werden hier von Differenz ausgehend konstruiert. Als Ausweg wird, allerdings eher selten, Vielfalt als Unterschiede und Gemeinsamkeiten begriffen (vgl. Heitzmann/ Klein 2012).

Konzeptionell ist Diversity – wie oben für den Begriff Geschlecht oder Geschlechterdifferenz erläutert – nicht gegeben, nicht ein Faktum, sondern ein „Ergebnis von Prozessen und Handlungen – interpretativen Handlungen", genauer gesagt, ein „Resultat von Differenzierungen, von Differenz*handlungen*" (Fuchs 2007: 17, Herv. im Orig.).

Ähnlich wie gender studies für die Gleichstellungspolitik können für Diversity Management postcolonial studies, queer studies und disability studies eine Bereicherung hinsichtlich des wissenschaftstheoretischen Ansatzes darstellen. Gender studies und die genannten Zugänge vereinen wissenschaftstheoretische, wissenschaftskritische und gesellschaftstheoretische Prämissen. Sie zeigen das Grenzziehende binärer und dichotom gedachter und thematisierter Kategorien auf: das gilt für Kategorien wie gender, Ethnizität, sexuelle Orientierung – Mann vs. Frau, eigene vs. fremde Kultur, westliche Kultur vs. nicht-westliche Kultur, Homo- vs. Heterosexualität. Damit geht eine Einteilung in „wir" und die „Anderen" und – wie die gender studies und die disability studies deutlich machen – in „Norm/normal" und „Abweichung/anormal" einher.

Nur wenn dies reflektiert wird, hat Diversity das Potential, auch Organisations*kulturen* und -strukturen zu verändern. Wenn cultural studies die Praxis der Diversity-Orientierung an Hochschulen informieren, ergeben sich spannende Perspektiven auch für die Wissenschaftspolitik.

3. Bilanz

Unter dem Strich bleibt festzuhalten, dass die Diversity-Orientierung der Hochschulen noch sehr am Anfang steht. Während es eine nicht unerhebliche Zahl einzelner Projekte gibt, von denen auch schon viele existierten, bevor der Begriff Diversity aufkam – etwa Integrationsprojekte für ausländische Studierende, Studienprogramme im Bereich interkultureller Kommunikation oder auch Kooperationsprojekte zwischen Schulen und Hochschulen –, so bedarf es doch gründlicher konzeptioneller Überlegungen, bevor von einem Diversity Management an Hochschulen die Rede sein kann.

Demgegenüber verfügt die Gleichstellungsarbeit an deutschen Hochschulen über ein hohes Know-how auch in Hinblick auf Maßnahmen zur Unterstützung/Förderung von Frauen und zur Umsetzung von Geschlechtergerechtigkeit im Wissenschaftsbetrieb. Gleichzeitig ist festzuhalten, dass die Ziele von Gender Mainstreaming (nicht nur) im Hochschulbetrieb keineswegs erreicht sind, wie die Geschlechterasymmetrien im Bereich der wissenschaftlichen Karriere und der wissenschaftlichen Anerkennung zeigen.

Es wäre daher fatal, wenn Hochschulen dazu übergingen, die Gleichstellung von Frauen und Männern in Diversity Management aufgehen zu lassen. Gerade jetzt, wo die Frage der Geschlechtergerechtigkeit als normatives Leitbild nicht mehr ernsthaft in Frage gestellt wird und der Druck auf Hochschulleitungen zur Umsetzung immens ist, muss Gender Mainstreaming (als Doppelstrategie) gestärkt und konsequenter als bisher umgesetzt werden.

Gleichstellungsarbeit an Hochschulen muss also einen eigenen Stellenwert behalten und eine eigene Zuständigkeit. Eine partielle Kooperation zwischen Gender Mainstreaming/Gleichstellung und Diversity Management ist für bestimmte Bereiche/Fragen jedoch sehr sinnvoll. Zum einen muss die Gleichstellungsarbeit stärker als bisher Vielfalt innerhalb der Genusgruppen berücksichtigen und klären, in welchen Kontexten das „Geschlecht" im Vordergrund steht und in welchen Kontexten z.B. Migrationshintergrund eine größere Rolle spielt oder/und Elternschaft oder/und Alter. Ein Desiderat ist es auch, zu analysieren, inwiefern bisher sehr vernachlässigte Kategorien wie Alter, sexuelle Orientierung etwa in der Organisation Hochschule relevant sein können. Die Erfahrungen aus der Gleichstellungsarbeit sollten zum anderen umgekehrt für Diversity genutzt werden. Von der Systematik her können zwar viele Impulse aus dem Gleichstellungsbereich übernommen werden, aber viele Kenntnisse in Bezug auf verschiedene Zielgruppen sind dennoch spezifisch, beispielsweise Kenntnisse der vielfältigen Barrieren für Menschen mit Behinderungen. Diese Aufgaben können nicht von der Gleichstellungsbeauftragten zusätzlich übernommen werden.

Beide Orientierungen, an Gleichstellung und Diversity, lassen sich in die neue Hochschulsteuerung im Rahmen der „unternehmerischen Hochschule" oder „Hochschule im Wettbewerb" gut integrieren. Von Hochschulmanagement (Organisationsentwicklung, Personalentwicklung, Kulturentwicklung) angefangen über leistungsabhängige Mittelvergabe, Controlling bis sogar zum Marketing können entsprechende Ziele und Kennziffern integriert werden (De Ridder et al. 2008). Auf das Spannungsverhältnis zu den neuen Prozessen der Profilbildungen war zuvor hingewiesen worden. Gerade in Hinblick auf die

Veränderung der Organisationskultur sind die Debatten im Vorfeld der Beschlussfassungen über die Ziel- und Leistungsvereinbarungen, die in den verschiedenen Gremien stattfinden, nicht zu unterschätzen.

Die wissenschaftstheoretischen Klärungen, die die gender studies für die Kategorie „Geschlecht" durchlaufen hat, stehen für „Diversity" noch aus. Noch wird Diversity als fast beliebige Endlosliste von Differenzkategorien (gerne markiert durch ein „…") kommuniziert. Für eine wirkliche Konzeptualisierung von „Diversity-Gerechtigkeit" ist jedoch eine Klärung unausweichlich.

Es wird dann entscheidend sein, ob es Hochschulen gelingt, nicht nur die ökonomische Nutzenorientierung im Blick zu haben, sondern ob sie an Gerechtigkeits- und Teilhabeüberlegungen anknüpfen (dazu Klein 2012b). Diversity Management in Hochschulen muss mit einem in Betrieben und Unternehmen in der Regel nicht vertretenen Fokus auf gesellschaftliche Verantwortung zu Bildungsgerechtigkeit betrieben werden. Das Argument, dass Gleichstellung der Geschlechter auch ökonomisch vorteilhaft ist, ist zwar rhetorisch schlagkräftig, aber insofern nebensächlich, als Geschlechtergleichstellung einen normativen Wert öffentlichen Handelns darstellt und als solcher unabhängig von Nützlichkeit Geltung beansprucht. Durch den öffentlichen Auftrag an Hochschulen gilt dies ebenso für Bemühungen, andere soziale Schieflagen und Nachteile beim Zugang zu Bildung zu minimieren. Auch steht die Hochschule in besonderer gesellschaftlicher Verantwortung. Da sich zukünftig „in Deutschland die Eliten nicht mehr ausschließlich aus der Personengruppe der weißen christlichen Männer rekrutieren", so Strohschneider, muss auch die Rolle von Hochschulen als „gesellschaftliche Integrationsagenturen" neu gestaltet werden (2007: 57).

Insofern ist die zunehmende Orientierung in Richtung Diversity an den Hochschulen sehr zu unterstützen, wenn sie von diesen normativen Orientierungen getragen ist.

Literatur

Arndt, Marlis et al. (Hg.) (1993): Ausgegrenzt und mittendrin. Frauen in der Wissenschaft. Tagungsdokumentation. Berlin: Ed. Sigma Bohn.

Birnbaum, Robert (1983): Maintaining Diversity in Higher Education. San Francisco: Jossey-Bass.

Blome, Eva/Erfmeier, Alexandra/Gülcher, Nina/Smasal, Kerstin/Smykalla, Sandra (2005): Handbuch zur universitären Gleichstellungspolitik. Von der Frauenförderung zum Gendermanagement? Wiesbaden: VS-Verlag.

Brouns, Margo (2007): The making of Excellence – gender bias in academia. In: Wissenschaftsrat (Hg.): Exzellenz in Wissenschaft und Forschung – Neue Wege in der Gleichstellungspolitik. Dokumentation der Tagung am 28./29.11. 2006 in Köln. Köln: S. 23-42.

De Ridder, Daniela/Leichsenring, Hannah/von Stuckrad, Thimo (2008): Diversity Management. In: Wissenschaftsmanagement 2, Mai/Juni, S. 41-43.

Fuchs, Martin (2007): Diversity und Differenz. Konzeptionelle Überlegungen. In: Krell, Gertraude/Riedmüller, Barbara/Sieben, Barbara/Vinz, Dagmar (Hg.): Diversity Studies. Grundlagen und disziplinäre Ansätze. Frankfurt/M.: Campus, S. 17-34.

Gender-Report (2010): Geschlechter(un)gerechtigkeit an nordrhein-westfälischen Hochschulen. Fakten, Analysen, Profile. Studien Netzwerk Frauen- und Geschlechterforschung NRW Nr. 9, Autorinnen: Ruth Becker, Anne Casprig, Beate Kortendiek, A. Senganata Münst, Sabine Schäfer. Online verfügbar unter www.geschlechtergerechte-hochschule-nrw.de/g_bericht.html.

Harding, Sandra (1991[1986]): Feministische Wissenschaftstheorie. Zum Verhältnis von Wissenschaft und sozialem Geschlecht. Hamburg: Argument.

Hausen, Karin/Nowotny, Helga (Hg.) (1986): Wie männlich ist die Wissenschaft? Frankfurt/M.: Suhrkamp.

Heitzmann, Daniela/Klein, Uta (2012): Zugangsbarrieren und Exklusionsmechanismen an deutschen Hochschulen. In: Klein, Uta/Heitzmann, Daniela (Hg.): Hochschule und Diversity. Theoretische Zugänge und empirische Bestandsaufnahme. Weinheim/Basel: Beltz Juventa, S. 11-45.

Kahlert, Heike (2007): Qualitätssteigerung oder Qualitätsverlust? Wie hochschulische Führungskräfte den Beitrag von Gender Mainstreaming zum Change Management sehen. In: die hochschule 16/1, S. 132-147.

Kahlert, Heike/Burkhardt, Anke/Myrrhe, Ramona (2008): Gender Mainstreaming im Rahmen der Zielvereinbarungen an den Hochschulen Sachsen-Anhalts: Zwischenbilanz und Perspektiven (HoF-Arbeitsberichte 2'2008). Hrsg. vom Institut für Hochschulforschung (HoF) an der Martin-Luther-Universität Halle-Wittenberg. Wittenberg.

Klein, Uta (2012a): Geschlechterverhältnisse, Geschlechterpolitik und Gleichstellungspolitik der Europäischen Union. 2. akt. Aufl. Wiesbaden: VS Verlag [im Druck].

Klein, Uta (2012b): Diversity-Orientierung und Hochschulen im Wettbewerb: Ein Plädoyer für Diversitypolitik. In: Wolde, Anja et al. (Hg.): Diversity ent-decken. Reichweiten und Grenzen von Diversity Policies an Hochschulen. Weinheim/Basel: Beltz Juventa (i.E.).

Klein, Uta/Rebitzer, Fabian (2012): Diskriminierungserfahrungen von Studierenden: Ergebnisse einer Erhebung. In: Heitzmann, Daniela/Klein, Uta (Hg.): Diversity konkret gemacht. Wege zur Gestaltung von Vielfalt an Hochschulen. Weinheim/Basel: Beltz Juventa, S. 118-136.

König, Karsten (2007): Kooperation wagen. 10 Jahre Hochschulsteuerung durch vertragsförmige Vereinbarungen (Arbeitsbericht 1'07). Hrsg. von HoF Wittenberg –Institut für Hochschulforschung an der Martin-Luther-Universität Halle-Wittenberg. Wittenberg.

Krell, Gertraude/Sieben, Barbara (2011): Diversity Management: Chancengleichheit für alle und auch als Wettbewerbsvorteil. In: Krell, Gertraude/Ortlieb, Renate/Sieben, Barbara (Hg.): Chancengleichheit durch Personalpolitik. Gleichstellung von Frauen und Männern in Unternehmen und Verwaltungen. Wiesbaden: Gabler, S. 155-174.

Lüthje, Jürgen (2010): Aktivierendes Wissenschaftsmanagement. In: Simon, Dagmar/Knie, Andreas/Hornbostel, Stefan (Hg.): Handbuch Wissenschaftspolitik. Wiesbaden: VS Verlag, S. 262-279.

Macha, Hildegard/Gruber, Susanne/Struthmann, Sandra (2011): Die Hochschule strukturell verändern. Gleichstellung als Organisationsentwicklung an Hochschulen. Opladen/Farmington Hills: Budrich UniPress.

Metz-Göckel, Sigrid (2007): Wirksamkeit und Perspektiven von gleichstellungspolitischen Maßnahmen in der Wissenschaft. In: Wissenschaftsrat (Hg.): Exzellenz in Wissenschaft und Forschung – Neue Wege in der Gleichstellungspolitik. Dokumentation der Tagung am 28./29.11. 2006 in Köln. Köln, S. 111-146.

Metz-Göckel, Sigrid/Kamphans, Marion (2002): Gespräche mit der Hochschulleitung zum Gender Mainstreaming. In: Zeitschrift für Frauenforschung und Geschlechterstudien 20/3, S. 67-88.

Müller, Ursula (1998): Asymmetrische Geschlechterkultur in Organisationen und Frauenförderung als Prozeß – mit Beispielen aus Betrieben und der Universität. In: Zeitschrift für Personalforschung, 2, S. 123-142.

Neave, Guy (2000): The Social Responsibility of the University. Oxford: Elsevier Science.

Pasternack, Peer/von Wissel, Carsten (2010): Programmatische Konzepte der Hochschulentwicklung in Deutschland seit 1945. Hans-Böckler-Stiftung, Arbeitspapier 204.

Reichert, Sybille (2009): Institutional Diversity in European Higher Education: Tensions and challenges for policy makers and institutional leaders. Russels: European University Association.

Schimank, Uwe (2006): Zielvereinbarungen in der Misstrauensfalle. In: die hochschule 15/2, S. 7-17.

Schlegel, Uta (2003): Unfreiwillige Vielfalt. Gleichstellungspolitische Maßnahmen an Hochschulen. In: die hochschule 12/2, S. 28-49.

Schlüter, Anne (2011): Auf dem Weg zur geschlechtergerechten Hochschule – Bedingungen, Potentiale und Instrumente der Entwicklung. Gutachten im Auftrag der Hans-Böckler-Stiftung, Düsseldorf.

Singer, Mona (2004): Feministische Wissenschaftskritik und Epistemologie: Vorrausetzungen, Positionen, Perspektiven. In: Becker, Ruth/Kortendiek, Beate (Hg.): Handbuch Frauen- und Geschlechterforschung. Theorien, Methoden, Empirie. Wiesbaden: VS-Verlag, S. 257-266.

Strohschneider, Peter (2007): Exzellenz in Wissenschaft und Forschung. Neue Wege in der Gleichstellungspolitik. Tagung des Wissenschaftsrats. Zusammenfassung der Diskussionen am 29. November 2006 (Versuch einer Rekonstruktion). In: Wissenschaftsrat (Hg.): Exzellenz in Wissenschaft und Forschung – Neue Wege in der Gleichstellungspolitik. Dokumentation der Tagung am 28./29.11. 2006 in Köln. Köln, S. 147-150.

Vedder, Guenther (2006a) (Hg.): Managing Equity and Diversity at Universities. Trierer Beiträge zum Diversity Management 8. München.

Vedder, Guenther (2006b): The importance of equity and diversity at universities. In: ders. (Hg.): Managing Equity and Diversity at Universities. Trierer Beiträge zum Diversity Management 8. München, S. 35-45.

Werz, Michael/Morgan, Margetta (2010): Affirmative Action in the United States. In: Heinrich-Böll-Stiftung (Hg.): Dossier Positive Maßnahmen – Von Antidiskriminierung zu Diversity. Berlin, S. 80-84.

Wissenschaftsrat (1998): Empfehlungen zur Chancengleichheit von Frauen in Wissenschaft und Forschung, Köln.

Wissenschaftsrat (2007): Empfehlungen zur Chancengleichheit von Wissenschaftlerinnen und Wissenschaftlern. Drs. 8036-07 Berlin, 13. Juli 2007.

Die Autorinnen und Autoren

Elke Bosse, Dr. phil., wissenschaftliche Mitarbeiterin, Institut für Interkulturelle Kommunikation, Universität Hildesheim. Arbeits- und Forschungsschwerpunkte: Interkulturelle Kommunikation, Interkulturelle Qualifizierung, Angewandte Diskursforschung, Internationalisierung von Hochschulen. Publikationen: Qualifizierung für interkulturelle Kommunikation: Trainingskonzeption und -evaluation. München 2011; Kulturelle und sprachliche Diversität an Hochschulen: Herausforderungen, Möglichkeiten und Perspektiven. In: Mondial. SIETAR Journal für interkulturelle Perspektiven, 2/2011, S. 19-25; Vielfalt erkunden – ein Konzept für interkulturelles Training an Hochschulen. In: Gwenn Hiller/Stefanie Vogler-Lipp (Hg.): Schlüsselqualifikation Interkulturelle Kompetenz an Hochschulen. Wiesbaden 2010, S. 109-133.

Anna Bouffier, M.A., wissenschaftliche Mitarbeiterin im Lehr- und Forschungsgebiet „Gender und Diversity in den Ingenieurwissenschaften" an der Fakultät für Bauingenieurwesen, RWTH Aachen. Arbeits- und Forschungsschwerpunkte: Gender- und Diversity-Forschung, insbesondere im Bereich der gender- und diversitygerechten Hochschulentwicklung, qualitativen Sozialforschung und der Integration von hochqualifizierten MigrantInnen im deutschen Wissenschaftssystem. Publikationen: Migrierte Wissenschaftlerinnen und ihre berufliche Integration an deutschen Hochschulen (zus. mit Andrea Wolffram). In: Elvira Scheich/Karen Wagels (Hg.): Körper Raum Transformation. Gender-Dimensionen von Natur und Materie, Münster 2011, S. 158-175.

Vincenzo Cusumano, MHA, Lehrkraft für besondere Aufgaben, Fachbereich Sozialversicherung, Hochschule Bonn-Rhein-Sieg. Arbeits- und Forschungsschwerpunkte: Betriebliches Gesundheitsmanagement, Diversity Management und Gesundheitsförderung an Hochschulen, Konzeption eines Handbuchs der Sozialversicherungswissenschaft.

Daniela Heitzmann, Diplom-Soziologin, wissenschaftliche Mitarbeiterin bei der Gender Research Group, Institut für Sozialwissenschaften, CAU Kiel. Arbeits- und Forschungsschwerpunkte: Geschlechterforschung, Diversity, Wissenschaftsforschung. Publikationen: Hochschule und Diversity. Theoretische Zugänge und empirische Bestandsaufnahme (zus. mit Uta Klein). Weinheim 2012; Gender-Forschung – Zwischen disziplinärer Marginalisierung und institutioneller Etablierung. Zum aktuellen Stand des Institutionalisierungsprozesses von Genderprofessuren an deutschsprachigen Hochschulen (zus. mit Ulla Bock und Inken Lind). In: Gender. Zeitschrift für Geschlecht, Kultur und Gesellschaft 2/2011, S. 98-113.

Barbara Hey, Dr. phil., MBA, Historikerin und Politologin. Leiterin der Koordinationsstelle für Geschlechterstudien, Frauenforschung und Frauenförderung der Karl-Franzens-Universität Graz. Arbeitsschwerpunkte: Konzeption und Umsetzung von chancengleichheitsbezogenen Personalentwicklungs- und Gender Mainstreaming-Maßnahmen; Integration von Frauen- und Geschlechterforschung in Studiengänge; interdisziplinäres Studiengangsmanagement für MA-Programme zum Themenbereich Frauen- und Geschlechterforschung. Daneben: Tätigkeit als Lehrbeauftragte an der Universität Graz und an der Donau-Universität Krems; Vortrags- und Publikationstätigkeit zu Fragen der Förderung der Chancengerechtigkeit in der Wissenschaft; diverse beratende Tätigkeiten zu unterschiedlichen Genderaspekten im universitären Bereich. Letzte einschlägige Publikation: Qualität messen und sichern. Werkstattberichte aus zehn Jahren universitärer Frauenförderung in Graz (hg. zus. mit Anna Rath und Ilse Wieser). Graz 2010.

Petra Kehr, M.A., wissenschaftliche Mitarbeiterin im Lehr- und Forschungsgebiet „Gender und Diversity in den Ingenieurwissenschaften" an der Fakultät für Bauingenieurwesen, RWTH Aachen. Arbeits- und Forschungsschwerpunkte: Gender- und Diversity-Forschung, insbesondere in den Bereichen der gender- und diversitygerechten Hochschulentwicklung, Gender Mainstreaming sowie Bildungsgerechtigkeit im Hochschulkontext.

Uta Klein, Dr., Professorin für Soziologie, Gender und Diversity und Leiterin der Gender Research Group, Institut für Sozialwissenschaften, CAU Kiel. Gastdozenturen und -professuren in Jerusalem/Israel; Graz/Österreich (Aigner-Rollett-Gastprofessur für Geschlechterforschung); Tallin/Estland. Arbeits- und Forschungsschwerpunkte: Geschlechterforschung, Diversity und Antidiskriminierung; Gleichstellungspolitik der EU; Israelische Gesellschaft, Militär und Gender. Aktuelle Publikationen: Hochschule und Diversity. Theoretische Zugänge und empirische Bestandsaufnahme (zus. mit Daniela Heitzmann). Weinheim 2012; Geschlechterverhältnisse und Gleichstellungspolitik in der Europäischen Union. Akteure – Themen – Ergebnisse. Lehrbuch. Akt. 2. Auflage. Wiesbaden 2012.

Ulrike Lahn, Dipl. Soz., Promovendin und Lehrbeauftragte im ZGS/ZentrumGenderStudies; Projektplanung/-organisation Student_innenförderungs-programm ‚debating gender' der Frauengleichstellungsstelle Universität Bremen (Modellbeispiel im DFG-Instrumentenkasten zu Forschungsorientierten Gleichstellungsstandards). Arbeits- und Forschungsschwerpunkte: Gender & Queer-Theory/-Politics, soziale Bewegungsforschung: Subjektkonstitution/Handlungsfähigkeit politischer Generationen, Kultursoziologie, Intersektionalitäts- und Antidiskriminierungsansätze. Publikationen: Flog die Tomate auch in die Provinz? Die Anfänge der zweiten Frauenbewegung in der Provinz und ihre Bewegungsstrategien. In: Ariadne. Forum für Frauen- und Geschlechtergeschichte, Mai 2007, Heft 51: Wechselwirkungen zwischen Zentrum und Provinz. Frauenemanzipationsbestrebungen im 19. und 20. Jahrhundert, S. 54-59.

Bettina Langfeldt, Dr., wissenschaftliche Mitarbeiterin im Bereich Methoden empirischer Sozialforschung und Statistik, Fakultät für Geistes- und Sozialwissenschaften, Helmut-Schmidt-Universität Hamburg. Arbeits- und Forschungsschwerpunkte: Empirische Hochschulforschung, soziale Ungleichheit und Geschlecht, Arbeits- und Industriesoziologie, qualitative und quantitative Methoden. Publikationen: Subjektorientierung in der Arbeits- und Industriesoziologie. Theorien, Methoden und Instrumente zur Erfassung von Arbeit und Subjektivität. Wiesbaden 2009; Unterschiede im sozialen Kapital von Doktorandinnen und Doktoranden (?) In: Kathrin Ruhl/Jan Schneider/Jutta Träger/Claudia Wiesner (Hg.): Herausforderungen an politische Kultur und demokratisches Regieren heute, Münster u.a. 2006, S. 89-102.

Carmen Leicht-Scholten, Dr., Universitätsprofessorin „Gender und Diversity in den Ingenieurwissenschaften an der Fakultät für Bauingenieurwesen, RWTH Aachen, zuvor Gastprofessorin im Fachgebiet „Gender und Diversity Management in den Ingenieurwissenschaften", Institut für Softwaretechnik, Technische Universität Berlin, davor Leiterin der Stabsstelle „Integration Team – Human Resources, Gender and Diversity Management" (IGaD) an der

RWTH Aachen. Arbeits- und Forschungsschwerpunkte: Gender und Diversity in der Wissenschafts- und Technikforschung, Gender und Diversity in Wissenschaftsorganisationen, anwendungsbezogene Forschungsprojekte in MINT-Fächern. Publikationen: Going Diverse: Innovative Answers to Future Challenges. Gender and Diversity Perspectives in Science, Technology and Business (hg. zus. mit Elke Breuer, Nathalie Tulodetzki und Andrea Wolffram), Opladen 2011; Managing Gender and Diversity Mainstreaming an Hochschulen im Spannungsfeld zwischen Theorie und Praxis (zus. mit Andrea Wolffram). In: Gender. Zeitschrift für Geschlecht, Kultur und Gesellschaft, 2/2010, S. 87-95.

Susanne Lummerding, Dr. habil., Universitätsdozentin für Medienwissenschaften, Institut für Theater-, Film- und Medienwissenschaften, Universität Wien, Universitätsdozentin für Gender Studies im Master-Studiengang Gender Studies der Universität Wien, Coach/ Supervisorin (Berlin/Wien). Arbeits- und Forschungsschwerpunkte: kritisch revidierte Konzepte von Medialität und des Politischen, Hegemonie- und Repräsentationstheorie, Differenzierung/Subjektkonstituierung und Handlungsfähigkeit. Publikationen: agency@? Cyber-Diskurse, Subjektkonstituierung und Handlungsfähigkeit im Feld des Politischen, Wien 2005; Signifying theory_politics/queer? In: María do Mar Castro Varela/Nikita Dhawan/Antke Engel (Hg.): Hegemony and Heteronormativity. Farnham 2011, S. 143-168; Facebooking – What You Book is What You Get – What Else? In: Oliver Leistert/Theo Röhle (Hg.): Generation Facebook. Über das Leben im Social Net, Bielefeld 2011, S. 199-215. www.lummerding.at

Sabine Mehlmann, Dr., Programmkoordination des Gleichstellungkonzepts, Büro der Frauenbeauftragten der Justus-Liebig-Universität-Gießen. Arbeits- und Forschungsschwerpunkte: Biopolitik, Männlichkeitsforschung, Bildung und Geschlecht. Publikationen: Unzuverlässige Körper: Zur Diskursgeschichte des Konzepts geschlechtlicher Identität. Königstein 2006; Gender Studies/Feminismus (mit Stefanie Soine). In: Rolf Kammler/Rolf Parr/Ulrich Johannes Schneider (Hg.): Foucault-Handbuch. Leben-Werk-Wirkung. Stuttgart 2008, S. 367-379; „Für Dein Alter siehst Du gut aus!" Von der Un/Sichtbarkeit des alternden Körpers im Horizont des demographischen Wandels (hg. zus. mit Sigrid Ruby), Bielefeld 2010.

Anina Mischau, Dr., wissenschaftliche Mitarbeiterin, Interdisziplinäres Zentrum für Frauen- und Geschlechterforschung (IFF), Universität Bielefeld. Arbeits- und Forschungsschwerpunkte: Gender in der Mathematik, den Naturwissenschaften und der Technik. Publikationen: Die Promotion als erste Etappe einer akademischen Laufbahn. MathematikerInnen und InformatikerInnen im Vergleich (mit Sonja Neuß und Jasmin Lehmann). In: Mechthild Koreuber (Hg.): Geschlechterforschung in Mathematik und Informatik. Eine (inter)disziplinäre Herausforderung. Baden-Baden 2010, S. 63-86; Doing gender by doing mathematics? Frauen und Männer im Mathematikstudium. In: Mechthild Koreuber (Hg.): Geschlechterforschung in Mathematik und Informatik. Eine (inter)disziplinäre Herausforderung, Baden-Baden 2010, S. 19-35.

Fabian A. Rebitzer, M.A., wissenschaftlicher Mitarbeiter, Forschungsbereich Sozial- und Wirtschaftswissenschaften, FH Vorarlberg. Arbeits- und Forschungsschwerpunkte: R&D-Projekte im Bereich der Personal- und Organisationsentwicklung sowie der gesellschaftlichen Entwicklung regionaler Räume; Sozialkapital, Diversity, Migration & Integration; demographischer Wandel & Generationenmanagement; Betriebliches Gesundheitsmanagement;

Fachkräftegewinnung & Bindung von Mitarbeiter_innen. Publikationen: Integrationsmonitoring für die Landeshauptstadt Kiel – Design und Datenanalyse 2010 (zus. mit Uta Klein). Hg. v. d. Landeshauptstadt Kiel, Amt für Familie und Soziales, Referat für Migration. Kiel 2011.

Uwe Sielert, Dr., Universitätsprofessor für Sozialpädagogik, Institut für Pädagogik, CAU Kiel. Arbeits- und Forschungsschwerpunkte: Diversity Education, Sexualpädagogik und Gewaltprävention, Schulsozialarbeit. Publikationen: Kompetenztraining Pädagogik der Vielfalt. Ein Handbuch (zus. mit Katrin Jaenecke, Fabian Lamp und Ulrich Selle). Weinheim 2009; Handbuch der Sexualpädagogik und sexuellen Bildung (zus. mit Renate-Berenike Schmidt). Weinheim und Basel 2012.

Corinna Tomberger, Dr. phil., wissenschaftliche Mitarbeiterin, Gleichstellungsbüro, Universität Hildesheim. Arbeits- und Forschungsschwerpunkte: Gender in der Hochschullehre, Männlichkeitsforschung, Bilderpolitiken, Erinnerungskultur. Publikationen: Das Berliner Homosexuellen-Denkmal: Ein Denkmal für Schwule und Lesben? In: Insa Eschebach (Hg.): Homophobie und Devianz. Weibliche und männliche Homosexualität im Nationalsozialismus, Berlin 2012, S. 187-207; The Counter-Monument: Memory Shaped by Male Postwar Legacy. In: Bill Niven/Chloe Paver (Hg.): Memorialization in Germany since 1945, Basingstoke 2010, S. 224-232; Das Gegendenkmal. Avantgardekunst, Geschichtspolitik und Geschlecht in der bundesdeutschen Erinnerungskultur, Bielefeld 2007.

Andrea Wolffram, Dr. phil., stellv. Leiterin der Stabsstelle „Integration Team – Human Resources, Gender and Diversity Management" (IGaD) an der RWTH Aachen. Arbeits- und Forschungsschwerpunkte: Gender und Diversity in der Wissenschafts- und Technikforschung sowie Geschlechterverhältnisse in Organisationen, insbesondere geschlechter- und diversity-gerechte Personal- und Organisationsentwicklung im Kontext Hochschule. Publikationen: Managing Gender and Diversity Mainstreaming an Hochschulen im Spannungsfeld zwischen Theorie und Praxis (zus. mit Carmen Leicht-Scholten). In: Gender. Zeitschrift für Geschlecht, Kultur und Gesellschaft, 2/2010, S. 87-95; Neue Wege in der Organisationsentwicklung an Hochschulen: Gender- und Diversity-Management an der RWTH Aachen (zus. mit Carmen Leicht-Scholten). In: Martina Schraudner (Hg.): Diversity im Innovationssystem, Stuttgart 2010, S. 79-100.